中国旅游协会推荐教材 | 旅游管理专业新视野教材

谢彦君·主编

# 旅游景区管理

## 第二版

陈 才 黄 丽·编著

中国旅游出版社

项目统筹：孙妍峰
责任编辑：孙妍峰
责任印制：冯冬青
封面设计：中文天地

图书在版编目（CIP）数据

旅游景区管理／陈才，黄丽编著 . --2 版 . --北京：
中国旅游出版社，2016.5（2020.8 重印）
（旅游管理专业新视野教材丛书／谢彦君主编）
ISBN 978-7-5032-5589-2

I. ①旅…　II. ①陈…　②黄…　III. ①旅游区—经营
管理—高等学校—教材　IV. ①F590.6

中国版本图书馆 CIP 数据核字（2016）第 071856 号

书　　名：旅游景区管理（第二版）

作　　者：陈才　黄丽　编著
出版发行：中国旅游出版社
　　　　　（北京静安东里 6 号　邮编：100028）
　　　　　http：//www.cttp.net.cn　E-mail：cttp@ mct.gov.cn
　　　　　营销中心电话：010-57377108，010-57377109
　　　　　读者服务部电话：010-57377151
排　　版：北京旅教文化传播有限公司
经　　销：全国各地新华书店
印　　刷：北京明恒达印务有限公司
版　　次：2016 年 5 月第 2 版　2020 年 8 月第 3 次印刷
开　　本：787 毫米×1092 毫米　1/16
印　　张：16.75
字　　数：339 千
定　　价：34.00 元
ISBN　978-7-5032-5589-2

# 再版序言

《旅游管理专业新视野教材》初版于 2005 年，至今已过十个年头。其间，出版社曾有过修订再版的动议，但终因一些因素的影响而未果。这次再版，给了这批教材进一步完善的机会，也算是一件好事。我们寄希望于它能够在原有的基础上有一个更大的进步，更加适合 21 世纪中国旅游高等教育的需要。

我一直主张，教材是大学教育的基本建设之一，也是影响大学教育质量的根本元素之一，甚至在某种情况下可能是最重要的影响因素。对于旅游高等教育而言，很多教育问题其实都可以归根或溯源于教材方面，因为它既是这个领域科学研究所积累的知识的集成式存在形态，也是教育工程实施的蓝本。前者体现了旅游科学界工作成果的总结，后者体现了旅游教育界工作过程的起点和依据。身在旅游教育流程中的施教者和受教者，其工作的效率、效果离不开教科书的质量。所以，教材建设可谓大学教育的重中之重。

然而，毋庸讳言，旅游管理专业的大学教育在其繁荣的背后还是存在一些问题的，有些问题可能还很严重，其中就有教材建设问题。这种情况的细节可以存而不论，造成这种状况的社会根源可以存而不论，就连我们在每一次教材编写过程中能在多大程度上提升教材的品质也可以存而不论，但完全失察于这些问题的性质和程度，完全在功利心的驱动下采取鸵鸟策略来对待旅游管理专业教材建设方面所存在的问题，则无论如何是不可取的。因此，借此机会，笔者还是想利用这一角之地，谈谈这方面的问题，其主旨是希望旅游教育界的同人在使用本专业的任何一套教材时，都能够更多地立足于一种超越的境界，本着一种探索的精神，敢于采取一种批评的态度，能够在教学过程中建设性地、开放性地利用现有的这些教材。旅游管理学科正处于其幼年阶段，教材的幼稚病显而易见，在这种情况下，倘若过于倚重教材甚至完全视某一本教材上白纸黑字的条条为金科玉律的话，对于这样一个稚嫩的学科来说，恐将大大影响教育质量，从而也会影响本专业领域人才的职业发展历程。

旅游管理专业的教材建设究竟存在什么问题？对此学界同人所见虽有不同，但往往都各有其高明之处。如果避开一些根源性、体制性和机制性的问题不谈，仅就技术层面来看，那么，教材建设所存在的问题与高等教育的定位策略是密切相关的。

　　关于本科层次旅游管理高等教育的定位问题，一直是一个争论不休而且始终不能达成基本一致性认识的一个问题。这种状况不仅是旅游管理专业自身的长期困惑，其实也是中国高等教育一直以来教育指导思想混乱的一个局部折射。其中最为重要的一个方面，即关于大学教育中的理论与实践的关系问题，长期以来一直就未曾获得理论上的解决，导致高等教育的行政主管部门一直摇摆于"学术型"和"应用型"之间，从而不断地制造人工的一刀切行政局面，使得中国半个多世纪以来的高等教育如同玩跷跷板游戏一般，不断地在"理论"与"实践"、"理论"与"应用"、"学术型"与"应用型"这两端颠来倒去。其实，这种局面的根本在于，并没有真正把握高等教育的本质：教育过程到底是理论教育还是实践教育？这是所有问题的核心，明确了这个根本点，相应的施政纲领也就会顺应规律并取得应有的成效。

　　从本质上来说，一切教育，尤其是高等教育，作为知识的传授过程，都是理论教育过程，而非实践教育。如果以某种极端的形式来表述的话，那么，可以说，实践就是实践，实践仅仅是实践，实践教育不存在于教育过程中，而仅仅存在于实践过程中。同理，大学教育没有实践教育，只有教育实践。大学所实施的专业教育，都是在提供专业领域的理论教育。延伸到可能被某些人视为错误而在我看来仅仅是一种极端表述而已的观点，那就是，甚至连研究生层次的专业学位教育（如 MBA、MTA 教育），都应该明确是从事理论教育的过程。在这里，恐怕不需要再唠叨"什么是理论"这样的基本问题了，我们只需要重提任何人也否认不了的一个事实就可以了：理论来源于实践，理论用于指导实践，但理论不同于实践。换言之，理论是一种知识形式，实践是一种生命状态，两者的差异是根本性的。将正确的理论恰当地应用于实践，会极大地提升人类生命状态的能力和质量，这就是理论的应用价值，这一事实本身也再次明确了理论与实践的区别和联系。在旅游高等教育乃至中国整个高等教育中，当前存在的错误认识是：不管学科的成熟度（即理论的体系化程度）如何，都同时并存着两种教育类型，即理论教育和实践（应用）教育。这种错误思想导致了教育实践的扭曲，其根本点在于，混淆了作为教育之目标的"理论"与作为教育之工具、方法、手段、路径的"实践性教学"（诸如案例教学、情境化教学，总之是"理论联系实践"的教学方式）之间的关系，以至于在不分学科知识深度（如经济学与旅游管理两个学科在理论深度上的巨大差异）的前提下，就把转向

"应用型大学"、实施"应用型教育"以及编写"应用型教材"等一系列误导教育实践的观念和主张贯彻到全国各类高校当中。此类错误教育思想所导致的教育实践方面的荒唐思想和实践，可谓不一而足。本人曾亲历一事：有某出版社曾邀我主编一套针对二本和三本院校旅游管理本科专业的应用型教材，被我拒绝，但此事足可见人们对"应用型"教育理解偏颇到何种程度。因此，从根本上来看，教材建设领域在对待理论与应用的关系这个问题上所流行的舍本逐末、绝源逐流的做法，其实是教育定位问题的一种反映。试想，那种没有理论的应用，究竟能应用个什么呢？

基于这种认识，我提出旅游管理专业本科教材建设的几点建议：

第一，突破理念局限，向着"理论化"方向努力，吸收旅游管理研究领域的最新科研成果，打造一批有理论分量的本科教材。理论总是体现在范畴和命题层面，只有借助于一些新范畴、新命题的提出及其体系化，理论作为一个知识体系才能得以成立。在我的课堂经验中曾有一例，可以用来说明理论知识与单一事实知识之间的区别：我曾不止一次问过所教过的学生，蚊子有几条腿？答案中除了没有一条腿、三条腿的之外，几乎说几条腿的都有。接着，我告诉大家："所有的昆虫，都是六条腿。"这时，大家似乎恍然大悟，大有松了一口气的样子。我告诉学生，这后一个结论，就是昆虫学家的一个科学命题，是一种理论结论，它的特点是抽象表述，表达了从特殊到一般的知识转化过程和结果。昆虫学专业教育的目标，就是告诉学生这个一般性的理论结论，而不是逐个去考证个别事实；但好的教学方式，可能会借助于野外观察的方式（实践教学）来让学生获得这个理论知识。这就体现了"理论教学是目的、实践教学是方法"的教育理念。就目前的旅游管理类本科教材的内容构成来看，缺少的是抽象的理论，充斥的是个别的事实甚至带有极大局限性的对策或行动策略。这样的教科书，在科学性上已经大打折扣了。

第二，旅游管理专业本科教材的建设，也要与人才培养的专业定位和人才规格层次定位相呼应，立足于专业方向，限定在普通高等教育层次，力图在这个经纬交叉点上建立起本科旅游管理专业教材的定位基点。在旅游管理专业的高等教育领域，与旅游学研究的情况相对应的一种糟糕情况是，也同样存在着"泛化"的取向：比如，旅游管理专业的课程设置框架泛化，以至于可以开设旅游医学、旅游保险学、旅游交通学等莫名其妙的课程，并把"旅游××学"作为设置旅游管理专业课的基本思路，殊不知这种以交叉性学科为主的专业课设置思路（名为"交叉"，实为"戴帽"），已经在埋没旅游管理专业的"专业特性"；再比如，每一门课程的内容框架泛化，以至于每一门课都搞前后、左右、上下的关联，让人感觉每一门课的内容中都包容着别一门课的内容，重复度极高。如果再联系到旅游管理专业的授课教师同时承担多门课程（我所知道的最多门数是一人承担 20 门，其中有 14 门专业课程，而通常都在 5 门左右）这一事实，那么，不难想象，旅游管理专业教科书在内容框架上的彼此缺乏区分度，其实是教师与教材之间长期形成的一个互为因果的循环关系的反映。这种因果链条如果不主动去打破，那么，旅游管理专业本科教育过程中存在的低效率和差效果的局面，必将会持续下去。此外，还存在着普通本科教育因近年来教育主管部门着力推行的就业导向的教育思想而催生出来的"向两边看齐、唯独失却自我"的教育倾向：普通本科专业教育盲目向高职高专教育学习，并将其美称为"应用型"教育模式，或者片面强调研究型教育。以上种种，都是近年来旅游管理普通本科教育因教育思想混乱所引发的教育实践问题。因此，旅游管理专业的教材建设，必须建立在深刻理解作为专业教育和普通本科教育这两个定位维度的根本特性的基础上。

第三，旅游管理专业的教材建设，还应该瞄准人才培养的能力目标来加以组织、建设。其实，大学人才培养的目标往往是复合型的，但每个专业必然有其主导或突出的主体目标，旅游管理专业也不例外，否则，就不成其为专业教育和大学教育。就旅游管理专业而言，依个人浅见，其人才培养的能力目标宜理解为一个"五层金字塔"结构的能力组合，是一个分类、分层的组合结构。具体结构如下：

塔尖层级：对应于专业核心能力，即学习本专业必须具备的最根本能力。由极有限、但必需的课程来加以培养。这一层级是能够在本体论意义上回答"什么是'旅游管理专业'"这一"专业"核心问题的层级，带有学科知识的纵向区分功能。一般地，用以构造一个专业与其他专业根本区分度的课程，是这个专业独特的、专属的少数几门核心基础课。就当前中国旅游管理本科教育层次而言，最为迷失的就是这一层次。这种迷失的表现是：在旅游教育界，人们很难就此几门核心基础课达成基本的共识。

塔檐层级：对应于专业发展能力，即学习本专业必须具备的专业核心能力。由有限的、但必需的、能形成专业核心能力的重要课程来加以培养。就当前中国旅游管理专业普通本科教育层次而言，应属于那些能够构成旅游管理专业基本特色和独特知识保护带的"自足性分支学科"，即可以表述为"××旅游学"形态的知识内容。毋庸讳言，目前此类课程的建设是比较弱的，甚至是有结构性缺欠的，也是旅游教育界未来应积极、自觉地加以巩固和拓展的知识领域。只有这一层次与塔尖层次的完美结合，才能构筑旅游管理专业独特的知识样貌，其学科独立性才能得以彰显。

塔腰层级：对应于专业拓展能力，即学习本专业应该具备的专业巩固能力。由有限的、但相关的、能助成专业延展能力的相关课程来加以培养。在旅游管理普通本科教育当中，传统上是由"旅游××学"＋各类旅游企业管理的分支学科构成这一层级的主体课程，其发育程度相对较好，但因其长期篡位于塔尖、塔檐两个层次而导致了本专业特色的迷失，这是值得警觉和应予调整、复位的。

塔座层级：对应于专业转换能力，即学习本专业应该具备的专业转换能力。由一些体现本校特色和优势、与本专业有所关联的"院校平台课"来加以培养。通常，一些财经和管理类大学会通过设立诸如统计学、经济学、管理学、会计学、财政学等平台课程来培养学生的专业转换能力，或者通过大类招生等办学模式来达到这一目标。其他一些以外语或文史类为特色的大学，也可能在其平台课的设置中寻求旅游管理专业中的外语或人文特色。

塔基层级：对应于人生成就能力，即作为本科教育层次毕业生的基本能力。由一些能体现大学教育层次、养成本专业人才所需要的综合品质的大学共同课来培养。本层次的课程几乎不带有专业色彩，但却充分展现了层次水平，是构成大学生和非大学生在普通人文和自然科学知识领域上层级区分的基本课程。

以上所论，无非个人的区区之见，未必得体。正如本人在第一版序言中曾指出的那样：教材建设实际上是科学研究成就的一个反映，是一个与学术论文、学术专著相关联的知识链条。教材内容的深刻性、系统化程度以及整体协调性，是一个学科长期积累的结果。就旅游管理专业而言，在短短的三四十年的历史中，是不可能一下子达到完善的程度的。好在我们身在其中的每个人，都在为这个目标而努力，而最终呈现给世人的究竟是一个怎样的结果，那也只好留待教材的使用者批评、指正了。

是为序。

谢彦君

2016 年 3 月 7 日

于灵水湖畔

# 目　　录

# 第二版修订说明

  为更好地适应《旅游景区管理》教学的需要，本书进行了修订再版。在本书的修订中，作者跟踪国内外旅游景区管理理论和实践发展，将管理学、旅游学的最新理论和方法引入其内，保持了本教材的先进性、系统性和科学性。

  在修订过程中，本书对内容结构进行了必要的调整，增加了旅游景区企业文化、旅游景区信息管理等章节，调整并充实了旅游景区规划管理、旅游景区营销管理、旅游景区质量管理等章节的内容，使全书结构更趋合理，知识更加全面，内容更加丰富，形式更加多样，更具可操作性，大大增强了可读性。

  《旅游景区管理（第二版）》共十二章，可分为四大部分。第一部分为管理基础篇，包括第一章旅游景区概述和第二章旅游景区管理概述，主要介绍旅游景区的基础知识与管理体系。第二部分为经营管理篇，包括第三章旅游景区管理制度与企业文化和第四章旅游景区战略管理，主要从制度层面和战略层面阐述景区管理，相当于旅游景区管理的顶层设计。第三部分为规划建设篇，包括第五章旅游景区规划管理与第六章旅游景区建设项目管理，主要介绍旅游景区规划与建设。第四部分为管理实务篇，包括第七章旅游景区项目开发管理、第八章旅游景区营销管理、第九章旅游景区质量管理、第十章旅游景区设施设计与安全管理、第十一章旅游景区的信息管理与数字化建设、第十二章旅游环境管理等，相当于旅游景区的中层与基层管理。

  《旅游景区管理（第二版）》将现代管理理论与旅游管理实践相结合，对旅游景区多个管理子系统进行了开拓性的探讨和构建，对景区管理中存在的问题及解决办法进行了深层次的探讨，为旅游景区管理研究做了奠基性的工作。

  本书由陈才修订第一章至第四章，黄丽修订第五章至第十二章，最后由陈才统一定稿。本书在修订过程中参考了大量国内外相关文献，借鉴了相关教材的结构体系，充实了相关案例和内容，在此向业界同仁表示诚挚的谢意。如有不当之处，敬请批评指正。

# 第一章 旅游景区概述

【学习目标】

1. 能够描述旅游景区的发展。
2. 能够解释旅游景区的概念。
3. 能够说明旅游景区的类型。
4. 能够理解旅游景区的功能。

【内容结构】

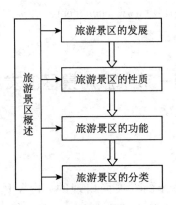

【重要概念】

旅游景区　风景名胜区　自然保护区　森林公园　主题公园

## 导入案例

### 天涯海角游览区的相关传说

天涯海角游览区坐落于中国三亚市西郊 26 公里处，是一个集热带海洋风光、历史遗迹与中华民俗文化于一体的旅游风景区。这里碧水蓝天，烟波浩瀚，帆影点点，椰林婆娑，奇石林立，刻有"天涯""海角""南天一柱"等字样的巨石雄峙海滨，整个景区如诗如画，美不胜收。

古时候交通不便，此地远离中原，是人迹罕至的蛮荒之地，帝王往往将这里作为流放"逆臣"的地方。被流放的人跋山涉水来到这里，面对着茫茫大海，发出了"天之涯，海之角"的感叹。清雍正年间，当地官员程哲命人在此镌刻了"天涯"二字，后又有文人在另一块巨石上题刻"海角"二字，此后，这里就成为一处天下闻名的风景点。此外一种传说是，一对热恋青年男女分别来自两个有世仇的家族，他们的爱情遭到各自族人的反对，于是被迫逃到此地双双跳进大海，化成两块巨石，永远相对。后人为纪念他们坚贞的爱情，刻下"天涯""海角"字样，后来男女恋爱常以"天涯海角永远相随"来表明自己的心迹。

"南天一柱"据说是清宣统年间崖州知州范云梯所书。"南天一柱"来历还有传说。相传很久以前，陵水黎族有两位仙女偷偷下凡，立身于南海中，为当地渔家指航打鱼。王母娘娘知道后非常恼怒，派雷公雷母抓她们回去，二人不肯，化为双峰石，被劈为两截，一截掉在黎安附近的海中，一截飞到天涯之旁，成为今天的"南天一柱"。

（资料来源：http：//www.cncn.com，欣欣旅游网）

# 第一节　旅游景区的发展

## 一、古代景区的发展

旅游景区是随着旅游与休闲的发展而出现的。由于休闲和旅游活动在古代就已存在，因此，古代那些能吸引人们的自然景观和人文景观所在地实际上就是当时的旅游景区，也是现代社会中旅游景区的最原始形态。

从西方历史文献来看，观光、休闲在古希腊和古罗马出现较早。古希腊人和古罗马人创造了灿烂的人类文明，在西亚、北非和地中海沿岸留下了一大批珍贵的物质遗产和文化遗产。在古希腊希罗多德（约公元前 484 年～公元前 425 年）的作品中就描述了4000 年前的巴比伦和埃及的休闲与旅游活动，当时的古希腊人和古罗马人经常外出游览观光，他们所访问的场所大多是艺术或建筑珍品所在地。早在罗马帝国时期，人们就认识到温泉的疗养功能，去温泉洗浴几乎成了罗马社会各个阶层人士都喜爱的一种娱乐活动，因此出现了一批温泉疗养地。

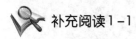 补充阅读1-1

### 古罗马的温泉旅游

据史料记载，古罗马的公共浴室一般都建在温泉带上，浴室内设有游泳池、健身房、社会活动中心，成为当时社会各界人士休憩、保健、娱乐和社交的场所。公元前3世纪的古希腊十分盛行矿泉洗浴、集会和各种竞技活动，一批旅馆设施也兴建起来，促进了温泉疗养地的发展。据考证，世界上最早的度假饭店就是罗马人在温泉浴室四周修建起来的。以后随着罗马军团的征战，在北非海岸、希腊、土耳其等地，许多温泉疗养胜地迅速得以开发，成了当时的保健中心和游乐中心。

（资料来源：编者根据相关资料整理）

图1-1 古罗马浴池　　　　图1-2 现存完好的古罗马温泉浴池

从东方历史文献来看，在古代中国，旅游与休闲在上层社会也较为盛行，出现了帝王巡游、官吏宦游、士人漫游、僧侣云游、学子修学等多种形式的旅游活动。许多达官显贵利用特权为自己修建各种各样的休闲场所和娱乐设施。古代帝王大都广兴土木，修建宫殿、园林和各种休闲娱乐场所供自己享乐。封建士大夫们也竞相模仿，修建私家园林。特别是一些士大夫和文人由于政治失意、仕途坎坷，转而畅游山水，大大促进了隐逸文化传统和旅游文化的融合，推动了旅游文学和旅游审美文化的繁荣。也因此，中国灿烂的历史文化和优美的自然风光相互交融，为我们留下了大量的风景名胜，成为中国旅游景区的一大特点，并吸引了众多的中外游客，是旅游业发展的宝贵资源和财富。

图1-3　士人漫游图

图1-4　泰山

## 二、近代景区的发展

进入近代以后，人类社会发生了重大变化，旅游与休闲活动也相应地变化。在近代社会的演进过程中，欧洲兴起的文艺复兴运动和产业革命是两个标志性的事件，大大改变了传统社会的价值观念、思维方式和生活状态。以工业革命为标志，人类社会进入了一个新的发展阶段——近代时期。随着工业革命在世界各地的相继完成，生产力得到了极大提高，推动了社会经济的飞速发展和社会阶层的分化。新技术的不断出现大大提高了生产力，增加了闲暇时间，带来了交通工具的不断改进，这些都为旅游活动的普及和发展奠定了坚实的条件。

旅游条件的改善进一步推动了旅游市场的发展，旅游需求也越来越多样化，人们不再满足于近距离的观光度假和简单的游山玩水。在旅行社出现之后，人们的旅行变得越来越便利，越来越有组织，极大地推动了旅游活动的发展进程。为满足日益增长的旅游市场需求，风景资源在世界各地都得到了有效的开发，出现了大量的旅游景区景点，各种相关的服务设施、基础设备也逐渐完善。由于旅游市场主要以观光、休闲、度假为主，这一时期的旅游景区开发基本上是依托风景资源，进行初步的开发。旅游景区的功能主要是满足较为单一的观光、度假、休闲需求，旅游景区的各种服务与相关设施日趋齐全，大大地方便了人们的游览观光、休闲、娱乐活动。

到17世纪中叶，国家公园理念开始在君主立宪制国家逐渐形成。1872年，经美国国会批准，在怀俄明州建立了世界上第一个国家公园——黄石国家公园，将黄石公园保留为公共公园。此后的50年间，国家公园理念在美国得以广泛传播。到了20世纪初期，英国、加拿大、德国、澳大利亚等一些国家开始效仿美国，建立国家公园，使得国家公园理念得到逐步推广。

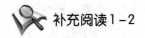 **补充阅读1-2**

### 黄石国家公园

黄石国家公园（Yellowstone）位于美国西部北落基山和中落基山之间的熔岩高原上，绝大部分在美国怀俄明州的西北部，海拔 2134～2438 米，面积 8956 平方公里。黄石河、黄石湖纵贯其中，有峡谷、瀑布、温泉以及间歇喷泉等，景色秀丽，引人入胜。园内森林茂密，还牧养了一些残存的野生动物，如美洲野牛等，供人观赏。园内设有历史古迹博物馆。

黄石公园是世界上最原始、最古老的国家公园。根据 1872 年 3 月 1 日的美国国会法案，黄石公园"为了人民的利益被批准成为公众的公园及娱乐场所"，同时也是"为了使她所有的树木、矿石的沉积物、自然奇观和风景，以及其他景物都保持现有的自然状态而免于破坏"。

最初吸引人们的兴趣并使黄石成为国家公园的显著特征是地质方面的地热现象，这里拥有比世界上其他所有地方都多的间歇泉和温泉、彩色的黄石河大峡谷、化石森林，以及黄石湖。黄石公园是一个实实在在的荒野，是保存于美国 48 个州中少有的大面积自然环境之一，在这里，你可以感受自然。6、7、8 月是参观的高峰时期，公园为了保护游人的安全，为了保护各种自然文化遗产，制定了各种规章制度。

（资料来源：编者根据相关资料整理）

## 三、现代景区的发展

现代旅游开始于第二次世界大战结束之后，尤其是 20 世纪 60 年代以后迅速普及于世界各地的大众旅游，促进了旅游业的迅速发展并奠定了旅游业在世界经济中的产业地位。在这期间，世界经济快速发展，科学技术日新月异，城市化进程进一步加速，教育水平持续增长，人们的生活观念不断更新。在诸多因素推动下，大众旅游迅速兴起，推动了全球旅游市场的迅猛发展，旅游地之间竞争也愈加激烈。在此期间，随着世界人口的不断增长，全球资源出现危机，生态环境问题日益严重。上述种种因素导致旅游景区景点的数量和种类发生了巨大变化，大大改变了旅游景区的面貌。

（1）主题公园大量出现并迅速发展。1955 年，美国人沃尔特·迪士尼以全新理念建造了第一座迪士尼主题公园，标志着以迪士尼为典型代表的主题公园登上了历史舞台。这种以喜剧化、舞台化为理念建造的旅游景区可以让游客体验新奇、刺激并进入梦幻世界。在此之前，旅游景区开发主要是依赖自然景观和人文景观赋予，因而开发出来的主要是资源依托型旅游产品，而主题公园的出现大大改变了传统的旅游景区经营理念。此后，迪士尼公园在全球迅速扩张，取得了巨大成功。在此驱动下，各种各样的主题乐园在世界各地兴起，诸如水族馆、野生动物园等各种形式的主题公园层出不穷，形成了新的旅游景区开发热潮。

（2）大量的国家公园、森林公园、自然保护区等旅游景区出现。随着社会经济的发展，人们越来越意识到对自然和文化进行保护的必要性。战争、自然灾害、环境破坏和工业发展等已经对世界各地珍贵的文化和自然遗产形成了严重的威胁。为保护自然和文化的多样性，许多国家开始把大量具有历史文化价值、科学研究价值和休闲娱乐价值的旅游景区纳入环境保护系统，加强保护管理，这进一步推动了旅游景区资源的保护，可持续发展成为旅游景区经营管理的主导理念。

## 四、旅游景区的未来发展

从旅游景区未来态势来看，将呈现出如下4种发展趋势。

（1）类型多样化。人们外出旅游的基本动机就是追新求异，不断满足好奇心，这必然导致旅游需求走向个性化、多元化。为满足日益丰富的旅游需求，必然开发出多种形态的旅游景区产品，导致旅游景区类型多样化，旅游景区发展的历史也清晰地印证了这一趋势。从现实来看，以观光旅游、文化旅游和度假旅游为主的传统景区不断开发新的旅游项目，丰富旅游活动内容，而且大量新型景区也不断增加，出现了以满足人们回归自然需求的生态旅游景区与乡村旅游景区，以满足人们康体健身需求的登山旅游景区、滑雪旅游景区、高尔夫旅游景区，以满足人们探险和刺激需求的秘境旅游景区、漂流旅游景区、沙漠旅游景区，以满足人们求知需求的工业旅游景区、学艺旅游景区、科考旅游景区，等等。

（2）主题特色化。在现代信息社会中，缺乏主题和特色的产品很难被消费者认知和识别出来，从而失去其竞争力。随着景区景点的开发建设，景区数量不断增加，类型日益多样，景区之间的竞争日益激烈。为了提高旅游景点的吸引力，许多旅游景点都在突出主题特色和差异性方面狠下功夫，以吸引旅游者，增强竞争力。

（3）内容综合化。旅游是一种综合性的消费活动，旅游景区要扩大利润空间，增强竞争力，在保持特色化、主题化的同时，必须丰富自身的旅游内容，注重游客休闲娱乐、康体健身、增长知识等综合旅游体验产品的提供，因此，内容综合化成为旅游景区发展的重要趋势之一。例如美国奥兰多的迪士尼世界发展到现在，已经有6大主题景点、3个水上乐园和1个电影城，还有26个主题酒店、6个高尔夫球俱乐部、1座巨型体育中心、大量的体育运动设施、餐厅、购物中心等。

（4）规模大型化。随着旅游市场竞争的加剧，许多旅游景区加大了对现代科技成果的应用，进一步丰富了旅游景区的内容，增强了旅游景区的国际吸引力。未来旅游景区的投资规模将呈现出日益扩大的趋势，这主要体现在三个方面：一是旅游景区空间面积大，如韩国民俗村占地面积达98000公顷；二是旅游景区投资规模大，如美国奥兰多迪士尼世界累计投资达80多亿美元；三是旅游景区接待旅游者人数的规模也会不断扩大。

## 第二节　旅游景区的性质

### 一、旅游景区的定义

#### （一）旅游景区的字面含义

旅游景区，简称景区，是一个比较直观的概念。从汉语字面含义来看，"景"即景致、景观、风景，"区"即区域、地方或场所，"旅游景区"就是风景集中之地。《现代汉语词典》中将旅游景区解释为"供游览的风景区"。从西方英语国家来看，用来表示景区概念的词语很多，通常是用 visitor attractions、attractions 或 tourist attractions，有时也用 places of interests 和 site 等词。国内学者大多将 tourist attractions 理解为旅游吸引物，把 places of interests、site、resort 译为旅游景区景点或度假地。

#### （二）旅游景区的一般定义

目前，各国在界定旅游景区标准和管理体系方面存在诸多差异，至今还没有形成一个被普遍接受的定义。国内通常采用国家质量技术局 2003 年发布的《旅游区（点）质量等级的划分和评定标准》中对旅游区的界定标准去解释旅游景区的概念。在这份文件中，对旅游区做了如下规定：旅游区是具有参观、游览、休闲度假、康乐健身等功能，具备相应旅游服务设施并提供相应旅游服务的独立管理区。旅游区应该有统一的经营管理机构和明确的地域范围，包括文博院馆、寺庙观堂、旅游度假区、自然保护区、主题公园、森林公园、地质公园、游乐园、动物园、植物园及工业、农业、经贸、科教、军事、体育、文化艺术等多种类型。

根据上述标准，本书给旅游景区下一个简明定义，即旅游景区是具有明确地域，以旅游、休闲活动为主要功能，具有明确管理机构并从事商业性经营活动，为游客提供游览观赏、娱乐休闲、审美求知等综合服务的一种地域空间。旅游景区的定义可从以下 4 个方面理解。

（1）旅游景区有一定清晰的空间范围。不论旅游景区的规模多大，通常都有一个确定的空间范围，这一范围一般表现为它的门票范围。

（2）旅游景区具有明确的功能。旅游景区主要以吸引游客为目的，为游客提供一种愉悦体验，吸引游客前来消磨闲暇时间或度假。这里的游客既包括外地游客，也包括本地游客。在此，旅游景区的主体功能取决于旅游景区的旅游资源特征。具体可以是观光性的参观、游览，也可以是度假性的休闲、康乐，还可以是专项性的教育、求知等。

（3）旅游景区具有统一的管理机构。每个旅游景区要有一个明确的管理主体，对旅游景区内的资源开发、经营服务进行统一的管理。它是旅游景区经营的主体，是服务的供方。

这个主体可以是政府机构，或是具有部分政府职能的事业单位，也可以是独立的法人企业。

（4）旅游景区具有必要的旅游设施，提供相应的旅游服务。资源、设施与服务构成旅游景区产品的主体，也是旅游景区旅游功能得以发挥的基础。没有设施与服务，再好的旅游资源也还是旅游资源，不会成为可供旅游者消费的旅游景区产品。

**（三）与旅游景区相关的概念辨析**

与旅游景区相关的概念主要有旅游吸引物、旅游资源、旅游景观、旅游地、旅游区、旅游点、旅游度假区、风景名胜区和风景旅游区等。按照汉语习惯可将这些概念分为以下3组进行辨析。

1. 旅游地、旅游景区与旅游景点

旅游地是旅游目的地的简称，是一个比较宽泛的概念。就一般情况而言，旅游地是一个空间概念。从空间上看，旅游地往往包含了不同数量的旅游景区；从功能上看，旅游地能够满足游客的食、住、行、游、购、娱等多种需求。所以，旅游目的地在内容和范围上通常要比旅游景区大得多，一般都包含一个旅游中心城市（镇）。

旅游景点和旅游景区实质是一个概念。在汉语习惯中，旅游景区景点经常混在一起，甚至不加区别地使用，两者的差异仅在于空间尺度的不同。一般而言，旅游景点的区域范围较小，而旅游景区的区域范围要大一些，往往包含若干个景点。但有些景点空间范围较大时，可直接视为一个旅游景区。因此，旅游景区应该是由旅游景点构成的，包含服务设施、独立的管理机构的地域系统。

2. 旅游吸引物、旅游资源、旅游景观与旅游景区

旅游吸引物、旅游资源是十分近似的概念，一般认为旅游资源基本上等同于旅游吸引物，只不过国内学者一般使用旅游资源概念，而西方学者习惯于使用旅游吸引物。旅游吸引物是一个比较宽泛的概念，通常指旅游目的地中对旅游者具有吸引力的要素，与之相对应的概念是旅游排斥物。国内学者习惯于使用旅游资源，被普遍使用的旅游资源定义是"自然界和人类社会中凡能对旅游者产生吸引力，可以为旅游业开发利用，并可产生经济效益、社会效益和环境效益的各种事物和因素"。

"景观"一词广泛应用于建筑学、地理学、美学、园林学、文学、美术等各个领域，它的最初含义就是视野中的一切景物，通常是由地貌、水体、生物、建筑等景观要素构成的一个有机整体。在地理学上，景观还可以是一个类型概念，如城市景观、热带景观等。当把"旅游景观"一词用于旅游研究中时就派生出一个新概念，即旅游景观。

旅游吸引物、旅游资源与旅游景观在内容上是较多重叠的，它们和旅游景区的关系主要在于旅游景区一定是包含有旅游吸引物、旅游资源、旅游景观的区域，而且一般是旅游吸引物比较集中、旅游资源比较丰富、景观具有一定规模和特色的区域。这些区域经过规划开发，能接待游客，才成为旅游景区。因此，旅游吸引物、旅游资源和旅游景观是旅游景区得以存在的物质基础。

3. 风景名胜区、风景旅游区、人造旅游景区、旅游度假区与旅游景区

旅游度假区、风景名胜区、风景旅游区、人造旅游景区与旅游景区之间的关系比较明确，它们都是旅游景区的一种类型。一般而言，风景名胜区、人造旅游景区、旅游度假区都从属于旅游景区，是旅游景区的类型。

风景名胜区是一个特定概念，我国国务院 1985 年颁布的《风景名胜区管理暂行条例》规定："风景名胜区系指具有欣赏、文化或科学价值，自然景物、人文景观比较集中，环境优美，具有一定规模和范围，可供人们游览、休息或进行科学、文化活动的地域。"我国历史悠久，山河壮丽，风景名胜众多，所以风景名胜区构成了我国旅游景区的主体，具有重要的地位。

风景旅游区也是一个常用的概念，其含义是指以原生的、自然赋存的或历史遗存的景观为载体，向大众旅游者提供的旅游观光对象物。它应当包括向大众游客开放的风景名胜区、森林公园、历史文化名城（镇）、自然保护区、主题公园等，原则上不包括游乐园、室内博物馆、美术馆等旅游区。

人造旅游景区主要指主题公园，是根据特定的主题，利用现代化的科学技术手段，创造出来的一种类似公园性质的旅游景区，是一种资源脱离型的旅游产品。目前，主题公园在世界各地蓬勃发展，深受广大游客喜爱。

旅游度假区是以度假为主导功能的旅游区，一般都依托于良好的气候条件和优美的自然景观，建有大量的度假设施。世界旅游组织的旅游规划专家爱德华·因斯克普（Edd Ins keepwar）认为：旅游度假区是一个相对自给自足的目的地，是为满足游客娱乐、放松需求而提供的可以广泛选择的旅游设施与服务。

## 二、旅游景区的性质

对于旅游景区性质的认识通常有两种观点：一是地理学的视角，即从空间功能上来理解旅游景区的性质，将其界定为游览娱乐的场所；一是从旅游学的角度，将旅游景区界定为一种体验场。本书基于旅游学的视角来界定旅游景区的性质，即从旅游现象的本质——体验来理解旅游景区。

对旅游本质的认识有旅游经济论、旅游文化论等多种观点。目前，随着体验经济理论的发展，从体验视角解读旅游的性质成为目前的主流观点。

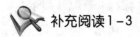　补充阅读1-3

### 体验与体验经济

体验经济是美国经济学家约瑟夫·派恩二世和詹姆斯·吉尔摩首次提出来的，1999年两人出版了《体验经济》一书。按体验经济学者对经济形态的解释，人类社会在摆脱

穴居生活之后，经济形态演变为产品经济、商品经济、服务经济和体验经济4个阶段。

在产品经济阶段，经济生活的基本单位是家庭，家庭既是生产者，又是消费者。典型的产品经济存在于农业社会，是自给自足的小农经济。在这种经济形态中，产品是从自然界发掘和提炼出来的可互换的材料，是从土地提取出的，是可以替代的，核心属性是自然性的。产品能够大批储存，每一个产品交易者都要根据出售同样产品的价格进行交易。

随着社会经济的发展，分工、交换和专业化逐渐导致了工业经济，人类的经济生活进入了商品经济阶段。在此阶段，基本的生产单元是企业，家庭则蜕变为单纯的消费单元。在这种经济形态中，把产品作为原材料，企业得以生产并储存大量的商品，而后这些产品又从商店、商场或者以订货的方式被出售到消费者手中。在竞争中，通过采用标准化生产技术，公司得以大规模生产以降低成本，获得竞争优势。换言之，商品是公司标准化生产销售的有形产品。

随着分工、交换、专业化进入更高的发展阶段，服务的价值逐渐超越商品本身的价值，标志着社会经济进入服务经济阶段。服务是根据已知客户的需求进行的定制的、无形的活动，服务人员以商品为依托，为特定的客户服务。在服务经济形态中，消费者通常很难发现商品之间的差别，所以商品和产品一样面临着低价格的竞争，结果消费者在购买商品时考虑得越来越多的是价格和便利的因素，因此，顾客通常认为服务比商品更有价值。精明的制造商也逐渐放弃了传统的商品观念，在很大程度上更像是一个服务提供商，市场竞争的焦点转移到了服务。

当服务经济发展到一定水平的时候，规模经济受到了极大的限制，客户要求提高服务质量而导致高档次服务业的发展，追求个性化使得传统的服务逐渐失去竞争优势，只有适应这一转变的企业才能生存和发展。而这种高度个性化的东西不能再称之为服务，而是一个事件，被称为"体验"。体验是当一个人达到情绪、体力、智力甚至精神的某一特定水平时，意识中所产生的美好感觉，是个人本身心智状态与所策划事件之间互动作用的结果。

（资料来源：编者根据体验经济相关材料整理）

体验经济概念的提出对旅游景区这一产品性质的认识提供了基本参考。旅游景区具有多种类型，但其本质上都是为游客提供各种旅游体验的场所。从游客的角度来看，这种体验是从访问景区的打算和旅行计划开始，然后是访问过程，包括前往景区和离开景区的旅行，以及在景区的活动，最后游客形成了关于旅游景区的整体体验。从上述这一过程来看，对旅游景区体验构成影响的因素有：①景区的有形部分。包括景区建筑、文化遗址、商店、餐厅等，这些因素带给游客视觉体验，是旅游景区体验的基础。②提供体验服务的要素。这些要素包括员工的仪表仪容、态度、行为和能力。③游客的期望、行为和态度。④景区管理部门和游客无法控制的一些因素。如在某一特定时间游览景区的游客的构成，以及到景区来的交通状况、天气状况等。

# 第三节 旅游景区的功能

## 一、游憩功能

游憩功能是旅游景区的首要功能，也是旅游景区最基本的功能。旅游景区一般都具有良好的生态环境、优美的自然风景和丰富的文物古迹，是广大游客向往的游览观赏之地。在闲暇时间，人们到旅游景区进行观光度假或娱乐，获得身心休息和锻炼，陶冶性情。显然，一个地方之所以能够成为旅游景区，就在于它能提供给人们各种形式的愉悦体验，从而满足人们观赏、度假、休闲、审美、求知、健身等多种心理需要。在旅游景区中，游客们尽情享受景观中丰富的美感，获得精神的愉悦，放松身心，恢复体力和精力，并充实和提高自我，抒发对生活的热爱。通过到旅游景区中参观游览，不同的游客得以分别或者同时满足了不同层次的游憩需求。旅游景区的游憩功能越强，对游客的吸引力就越大。

## 二、教育功能

旅游景区是个天然的课堂，能够提供审美、自然、历史和文化等多个方面的教育。

首先，旅游景区一般都是景观独特、美感丰富的地段，具有审美教育功能。任何一个旅游景区都具有特色鲜明的美的形象、美的环境和美的意境。在自然旅游景区中，自然界中各种物体的形、色、质、光、声、态等因素相互影响、相互交织、相互配合而成，呈现出险、秀、雄、幽、旷、奥、坦等千变万化的自然之美；在人文旅游景区中，各种文物古迹、历史遗迹、神话传说等相互渗透，形成了瑰丽多彩的人文之美。因此，旅游景区具有强烈的审美价值。许多旅游景区，自古以来被誉为"诗境""画境"，成为诗人、画家、摄影家的创作源泉，也是广大人民群众普及美育的课堂。

其次，旅游景区具有历史教育功能。我国山河壮丽，历史悠久，古迹众多。这些文物古迹大都存在于旅游景区当中。尤其是我国的风景名胜区中，有的是古代"神山"，例如，因被历代帝王封禅祭天活动而形成的"五岳"；有的是自古以来因宗教活动而逐渐发展的佛教名山和道教的洞天福地；有的是千百年来就是人民群众游览的地方；有的是人民革命纪念地；有的则是近代发展起来的避暑胜地……因此，很多风景名胜区中，都保存着不少的文物史迹、摩崖石刻、古建园林、诗联匾额、壁画雕刻……它们都是文学史、革命史、艺术史、科技发展史、建筑史、园林史等的重要史料，是历史的见证，是进行历史教育的理想场所。

最后，旅游景区具有文化教育功能。我国的旅游景区与其他国家的旅游景区明显的不同点是我国的旅游景区在历史发展过程中深受古代哲学、宗教、文学、艺术的深远影响。中国是最早发展山水诗、山水画、山水园林等山水文学艺术的国家，这与我国古代人民最早认识自然之美，开发建设名山风景旅游区有密切关系。我国的风景名胜区自古以来就吸引了不少文人学士、画家、园林家、建筑家，创作了诸多文学艺术作品。很多风景名胜区伴随着令人痴迷的民间故事、神话传说、名人事迹，保存着大量文学艺术作品。所以说，我国的风景名胜区既是文学艺术的宝库，也是文学艺术的课题。

## 三、生态功能

人类生存需要良好的生态环境。随着社会的发展，环境问题日益突出，成为当代人类共同面临的难题之一。由于地球上大面积的自然环境遭到破坏，森林遭到滥伐，绿地迅速缩小，人口急剧增长，工业污染层出不穷，导致大气自净能力减弱，环境生态失去平衡，促使人类生存环境日益恶化，直接影响了人们的身心健康。旅游景区一般都具有良好的环境条件，尤其是在风景名胜区中，大多还保持着山清水秀的良好生态环境，这在环境问题日益严重的今天来说，实属难能可贵。因此，旅游景区在维持生态平衡方面具有重要的作用。许多风景名胜区拥有良好的植被条件，可以说是一个供氧的宝库，也是人们恢复健康的野外休息地。

## 四、科考功能

许多旅游景区，尤其是风景名胜区，往往具有特殊的地形、地貌、地质构造、稀有生物及其原种、古代建筑、民族乡土建筑，而且它们都有一定的典型性和代表性，因而旅游景区通常极具科学价值，成为很多学科进行科学研究、科普教育的实验室和课堂。

## 五、经济功能

旅游景区本身并不直接产生经济价值，而是通过其自然景观、人文景观及风景环境供游览观赏来吸引游人，再通过为游人的饮食、住行、服务、供应等经济活动服务而产生经济价值，因而，旅游景区具有发展地方经济、增加就业等经济功能。随着人们生活水平的提高，外出旅游的人愈来愈多，旅游业会愈来愈发展，旅游景区的经济功能也会日益突出。

# 第四节　旅游景区的分类

## 一、典型的旅游景区分类

### （一）按照旅游景区景观资源的特征进行分类

这是一种最常见的旅游景区分类，一般可分为 4 大类，即自然旅游景区、人文旅游景区、主题乐园、综合型旅游景区。

（1）自然旅游景区。这类景区又称风景区，是指由多个自然景点构成，以自然景观和自然资源为主要吸引物的旅游景区。我国历史悠久，文物古迹众多，因此，我国大多数自然旅游景区都包含有一定的人文景观，但在自然旅游景区中，主体的吸引物是自然风景，而不是人文景观。典型的旅游景区如黄山、九寨沟、张家界等。根据自然景观的类型，自然旅游景区又可分为山岳型旅游景区、森林型旅游景区、江河型旅游景区、湖泊型旅游景区、瀑布型旅游景区、泉水型旅游景区、洞穴型旅游景区等多种类型。

（2）人文旅游景区。这类景区又称名胜旅游景区，是指由多处人文景点构成，以人文景观和人文资源为主要吸引物，并辅以一定的自然景观的相对独立的旅游景区。在人文旅游景区中，主体的吸引物是人文景观，而不是自然景观。典型的人文旅游景区如北京故宫、八达岭长城、圆明园、颐和园等。根据人文景观资源的不同，人文旅游景区可分为历史文化名城、古代工程建筑、宗教文化、古典园林、博物馆等多种类型。

（3）主题乐园。这类景区是根据特定的主题，采用现代化的科学技术，借助于人力、物力和财力，为游客设计的集诸多娱乐休闲活动于一体的活动空间。主题乐园在我国又称主题公园，是一种人造旅游景区，如深圳的锦绣中华、大连老虎滩海洋极地馆、美国的迪士尼乐园、各种各样的民俗村等，这些主题乐园都是一种资源脱离型的旅游产品。

（4）综合型旅游景区。这类景区是指有多处自然景观和人文景观，二者相互映衬、相互依赖，共同吸引游客而形成的相对独立的旅游景区。综合型旅游景区中的自然景观和人文景观的旅游价值都较高，二者复合在一起，形成复合型的旅游吸引物。典型的综合型旅游景区有泰山、峨眉山、普陀山、西湖等。

**（二）按照旅游景区的主导功能进行分类**

按旅游景区的主导功能进行分类，旅游景区可分为观光型旅游景区、度假型旅游景区、生态型旅游景区、科考型旅游景区、游乐型旅游景区。

（1）观光型旅游景区。这类景区以观光为主导功能，旅游吸引物以观赏性较强的自然景观和人文景观为主，观光游览为主要的旅游活动。这类旅游景区一般都具有较高的审美价值，能够满足游客观赏游览需求。通常旅游景区内的设施较少，主要以辅助游客观赏为目的而建设一些旅游设施。典型的旅游景区如厦门鼓浪屿、安徽黄山等。

（2）度假型旅游景区。这类景区以度假为主要功能，旅游吸引物主要是宜人的气候、安静的环境、高等级的服务质量、优美的景观和舒适的度假设施。依据其度假活动的内容可分为海滨度假区、山地度假区、温泉度假区、滑雪度假区、高尔夫旅游度假区等。典型的度假区如大连金石滩、昆明滇池、美国的夏威夷等。

（3）生态型旅游景区。这类景区以保护生态环境、珍稀物种，维护生态平衡为主要功能。这类旅游景区的生态环境较好，一般都拥有一些珍稀物种，需要进行保护，对于维护区域生态平衡和保持生物多样性具有重要作用。目前建设的森林公园和自然保护区，如卧龙自然保护区、张家界森林公园等。

（4）科考型旅游景区。这类景区是以科学考察和普及科教知识为主要功能，旅游景区的旅游吸引物是以具有较高科学研究价值和科学教育价值的景观资源为主，提供的设施主要以满足游客求知为目的，如各种地质公园、天文馆等。

（5）游乐型旅游景区。这类景区以满足游客游乐为主要功能，旅游景区吸引物主要是现代化游乐设施，如深圳的欢乐谷、上海锦江乐园、美国迪士尼乐园等。

**（三）按照旅游景区与旅游资源的关系进行分类**

按旅游景区与旅游资源的关系进行分类，可将旅游景区分为两类：资源依托型旅游景区和资源脱离型旅游景区。

（1）资源依托型旅游景区。这类景区包括风景名胜区、旅游度假区、森林公园、自然保护区和历史文物保护单位等，都是从当地旅游资源开发出来的，与旅游资源密切结合。这类旅游景区的管理，必须以保护旅游资源为核心目标，并兼顾社会效益与经济效益。

（2）资源脱离型旅游景区。这类景区是借助于人力、物力和财力资源，根据市场需求，精心设计加工而创造出来的，主要是人造旅游景区。这类旅游景区有自身的开发规律和管理特点，在管理目标、运营方式等方面与资源依托型旅游景区有很大差别，基本上为企业管理。

**（四）按照旅游景区的等级划分**

为了加强旅游景区保护，一些国家采用分级管理方式对旅游景区进行管理，由此形成不同等级的旅游景区。

我国为了加强风景名胜的管理，在1985年由国务院颁布了《风景名胜管理暂行条例》，《条例》中将风景名胜区按景物的观赏、文化科学价值和环境质量、规模大小、游览条件等划分为3级：①市县级风景名胜区。由市、县主管部门组织有关部门提出风景名胜资源调查评价报告，报市、县人民政府审定公布，并报省级主管部门备案。②省级风景名胜区。由市、县人民政府提出风景名胜资源调查评价报告，报省、自治区、直辖市人民政府审定公布，并报城乡建设环境保护部备案。③国家重点风景名胜区。由省、自治区、直辖市人民政府提出风景名胜资源调查评价报告，报国务院审定公布。对于风景名胜区的管辖，采用由中华人民共和国建设部主管全国风景名胜区工作、地方各级人民政府建设部门主管本地区风景名胜区工作的方式。

2003年，我国推出了旅游景区的质量等级标准，将旅游景区划分为A级、2A级、3A级、4A级、5A级。根据国家标准《旅游区（点）质量等级的划分与评定》（GB/T17775-2003）的规定，从旅游交通（145分）、游览（210分）、旅游安全（80分）、卫生（140分）、邮电服务（30分）、旅游购物（50分）、综合管理（190分）、资源与环境保护（155分）8个方面，对旅游区进行评分。全部项目满分为1000分。其中，5A

级需要达到 950 分，4A 级需要达到 850 分，3A 级需要达到 750 分，2A 级需要达到 600 分，A 级需要达到 500 分。

## 二、我国旅游景区与景点的分类

我国现行景区与景点主要是根据管理部门进行分类的，现介绍如下：

### （一）风景名胜区

风景名胜区是指环境优美、自然景物和人文旅游景区分布集中，有一定规模和范围的地区。风景名胜区由建设部主管。我国幅员辽阔，山河壮丽，历史悠久，许多山川大都经历了历史文化的影响，留有大量的文物古迹，形成了众多风景名胜。2010 年，我国国家级风景名胜区有 208 处，省级风景名胜区有 698 处。

根据景观特点，风景名胜区又大体分为：①山岳型，如东岳泰山、安徽黄山等；②湖泊型，如杭州西湖、江苏太湖等；③河川型，如长江三峡、桂林漓江等；④瀑布型，如黄果树瀑布、黄河壶口瀑布等；⑤海滨岛屿型，如青岛海滨－崂山、厦门鼓浪屿等；⑥泉水型，如安宁温泉等；⑦宗教型，如五台山、九华山等；⑧园林型，如颐和园等；⑨文物古迹型，如八达岭长城、龙门石窟等以人文景观为主的风景名胜区。

风景名胜区是我国自然及文化的精华，加强保护和管理是永恒的主题。国务院于 1985 年颁布了《风景名胜区管理暂行条例》，该条例对风景名胜区的保护、管理做了明确的规定。2006 年国家颁布了《风景名胜区管理暂行条例》。

### （二）自然保护区

自然保护区是指为保护自然环境和自然资源，保护具有代表性的自然景观和生态系统为目的而划出的一定地域范围。自然保护区由环境保护部主管。自然保护区在我国只有五六十年的发展史。自 1956 年我国建立第一处自然保护区始，截至 2015 年，我国已经建立起国家级自然保护区 428 个，占陆域国土面积的 9.7%。这些自然保护区的建立对保护、恢复和发展自然资源，保存自然历史文化遗产，维护生态，具有重要的意义。

自然保护区的主要任务是保护赖以生存和发展的生态过程和生态系统（森林生态系统、草原及草地生态系统、沿海和淡水生态系统、农业生态系统），使其免遭破坏和污染；保护生物资源（水体、陆地野生动植物）的永续利用，保存生物物种遗传基因的多样性；保留自然历史遗迹纪念物。自然保护区除了具有保护功能之外，还有科研、教育、旅游 3 大功能。对于自然保护区开展旅游一直存在着一定的争议，但目前仍是生态旅游的主要吸引物。

自然保护区按其保护的对象可分为：①生态系统保护区。包括陆地生态系统保护区和海洋生态系统保护区，其中陆地生态系统中有森林、草原、水域、湿地、荒漠等多种类型。②野生动物保护区。③珍贵植物保护区。④自然历史遗迹保护区。按保护区的等级可分为国家和地方两个级别。国家级自然保护区须经国务院批准，地方级自然保护区由各大省、自治区、直辖市政府批准。

保护区的管理主要有 5 方面的内容：①生物资源和自然环境管理，这是保护区的首要任务。②行政与后勤管理。③科学研究的管理。④居民生产生活的管理。⑤游客管理。

### （三）森林公园

森林公园是以良好的森林生态环境为主体，充分利用森林生物的多样性、多功能，经过科学保护和适度开发，为游人提供游览、休闲、度假、保健、科教等场所。森林公园由林业部门主管。

森林公园是很受人欢迎的一种休闲旅游景区，驾车观光、骑马、野营、垂钓等都是人们在森林公园中的主要娱乐休闲活动。我国在 1982 年建立了第一个国家级森林公园——张家界国家森林公园。2014 年年底我国各级森林公园有 3101 处，成为一个重要的旅游景区类型。

森林公园管理内容主要涉及 4 个方面：①森林风景资源和自然生态环境管理。丰富的森林风景资源和良好的自然生态环境是森林公园赖以生存和发展的基础，并直接影响到森林公园综合效益的发挥。森林风景资源和自然生态环境管理是森林公园管理的首要任务，它主要通过对森林公园实施分区管理来实现。②行政与旅游服务管理。行政与旅游服务管理是森林公园能否获得进一步发展的决定性因素，必须依靠健全的制度来实现。③居民生产生活管理。加强对森林公园内和周围居民生产生活的管理，采取积极措施引导居民从事有关的旅游服务活动，有效帮助他们提高生产生活水平，对树立居民的自觉意识、共同维护森林公园良好的资源和环境状况具有重要意义。④旅游者的管理。森林公园的旅游活动以自然环境为依托，通过开发避暑、度假、野营健身、探险、科考等多种生态旅游项目，向游客尤其是青少年传播自然科学知识和环境保护常识。

### （四）地质公园

地质公园就是地质遗迹保护区。地质遗迹是指在地球演化的漫长地质历史时期，由于内外力的地质作用，形成、发展并遗留下来的珍贵的、不可再生的地质自然遗产。其主要类型包括：有重大观赏和重要科学研究价值的地质地貌景观；有重要价值的地质剖面和构造形迹；有重要价值的古人类遗迹、古生物化石遗迹；有特殊价值的矿产、岩石及典型产地；有特殊意义的水体资源、典型的地质灾害遗迹等。地质遗产不仅是地质研究和科普教育的基地，往往也是一个重要的自然旅游景区。

国际上对地质遗迹的保护工作十分重视，联合国教科文组织设立了地质遗产工作组，专门负责全球地质遗产保护工作。美国、加拿大、英国等经济发达国家的地质遗产保护工作较为领先，他们制定了严格的法规体系，采取了一系列行之有效的保护措施。国际上地质遗迹保护的通行做法大多是建立自然保护区和地质公园。1999 年 4 月 15 日，联合国教科文组织常务委员会第 156 次会议（巴黎）提出了在世界遗产地创建世界地质公园计划（UNESCO Geoparks），目标是每年建立20个，全球共创建500个，并建立全球地质遗迹保护网络体系。我国对于地质遗迹的保护工作开始于20世纪70年代末期。1987年颁布了《关于建立地质自然保护区的规定》，1992年前共建设自治保护区52处。2001年成立了国家地质遗迹保护领导小组和国际地质遗迹评审委员会，审定了第一批国家地质公园11个，2002年审定了第二批国家地质公园33个。2004年第三批国家地区公园53处，到2015年我国地质公园共有240处。

地质遗迹依其形成原因、自然属性等可分为5种类型：①有重要观赏和重大科学研究价值的地质地貌景观；②有重要价值的地质剖面和构造形迹；③有重要价值的古生物化石及其遗产地；④有特殊价值的矿物、岩石及其典型产地；⑤有典型和特殊意义的地质灾害遗迹等。

**（五）历史文化遗址旅游景区**

我国历史悠久，历史文化遗址种类繁多，由此形成一大批以历史文化遗址为主要吸引物的旅游景区，是旅游景区的重要组成部分，也是吸引国内外旅游者的重要吸引物。历史文化遗址有很多不同的类型：①皇家建筑遗址，如北京的故宫、承德的避暑山庄等；②古代建筑或工程遗址，如北京的长城、四川的都江堰；③古代园林遗址，如北京的颐和园、苏州的拙政园等；④宗教教堂庙宇洞窟遗址，如大同的云冈石窟、拉萨的布达拉宫等；⑤考古遗址，如北京的周口店北京人遗址、四川广汉三星堆遗址等；⑥工业遗产（遗址），如杭州的宋代官窑遗址等。

**（六）历史城镇**

历史城镇在空间范围上介于目的地和一般的旅游景区（点）之间，是一种特殊空间形态的旅游景区。它的规模范围既不能与真正意义上的旅游城市相比，又远远超过了单一旅游景区（点），因此其管理也介于两者之间。比较著名的此类旅游景区包括山西平遥古城、云南大理古城、西安古城等。

历史城镇与一般旅游城市的区别在于，人文历史古迹观光是这些历史城镇的主要产业和经济来源，其他功能和行业多附属于旅游业或由旅游业的发展延伸出来。因此这些城镇的管理者往往对城镇保护及对旅游形象的宣传给予非常的关注，工作更侧重于旅游管理和与旅游有关的各方利益的协调。城镇旅游的管理在某种程度上与目的地管理非常相似，城镇中心和各种通往城镇的入口处一般会有信息中心，为游客提供旅游信息，为当地中小旅游企业提供营销平台。城镇旅游管理会对当地的建筑和基础设施统一规划，以城镇为单位对当地的各类旅游景区进行统一宣传促销。

历史城镇与一般旅游景区的区别在于，城镇由多个与城市历史文化主题遗址相关的旅游景区构成，旅游景区与城镇居民相互融合，互为依托。历史城镇的管理又与旅游景区有相通之处，如统一的景点和标志系统、统一的旅游景区展示说明方式、统一的游客规划和疏导等。

截至 2015 年，我国历史文化名城为 127 座。这其中的大多数城市与我们所讲的历史城镇不一样，经济规模和人口密度较后者要大得多，不可能把旅游业作为城市的主要经济支柱。但我国历史城镇旅游景区非常丰富，如江苏的周庄、同里，浙江的乌镇、西塘、南浔，安徽的西递、宏村，云南的丽江大研、官渡，湖南的芙蓉镇，以及山西的平遥等，都是民风淳朴、古意盎然、特色鲜明的旅游景区。诸如此类的历史城镇还有许多，但这些城镇面临着融入现代化与保持传统特色发展旅游的两难选择。

### （七）博物馆

博物馆一词源于古希腊语，原意是哲学讲堂里的座席，类似于现代意义上的大学。1969 年国际博物馆委员会（ICOM）将博物馆定义为"一处保护并展示具有一定文化和社会意义的物件的常设机构，其设立的目的是研习、教育和审美"。1973 年美国博物馆协会将博物馆定义为"一个有组织的、非营利性的常设机构，以教育和审美为建设目标，配备有专业的工作人员管理和维护所有的馆藏具体实物并定期向公众展示"。

博物馆历史悠久，古希腊和古罗马时代的早期博物馆以收藏为主，不对公众开放。15 世纪末的文艺复兴掀起了一股私人艺术品收藏的热潮，很多王宫贵族和富商都争相收藏各种物件和绘画作品。1471 年，西科斯图斯四世在罗马开设了一个古董收藏馆。此后不久，佛罗伦萨的美第奇家族首次把自己的收藏馆称为博物馆，并于 1582 年向公众展示了自己的藏画。第一家专门的博物馆建筑建造于 1580～1584 年。1523 年格里马尼兄弟将他们的私人收藏捐献给威尼斯公园，这是历史上第一个捐献藏品的私人收藏家。到了16 世纪末，大部分博物馆的藏品中都包含绘画作品，而且有些博物馆免费向公众开放，有些博物馆收取一定的入场费用。17 世纪，很多私人收藏馆开始逐步向现代国家博物馆转型，博物馆概念也在全球范围内得以传播，19 世纪中后期大批博物馆相继开放，1870～1880 年英国共有 100 家博物馆开业，1876～1880 年德国新增了 50 家博物馆，此间开放的博物馆的主要功能开始转向教育，并利用了新技术如汽灯和后来的电灯使展示更加生动。直到第二次世界大战之前，大部分博物馆都主要为少量游客往往是专业研究人员服务，但战后情况有所改变，博物馆越来越迫切地希望能吸引更多的游客和观赏者。这一时期开放的博物馆大部分是国营的，而且大量依赖于私人藏品，目前所面临的共同问题是展示区域不足和缺乏维护所需的经费。20 世纪 60 年代是第二波博物馆兴建的高潮，这一时期的博物馆多以娱乐和盈利为目的，投资人大部分是某一专业的专家和私人机构。

我国在博物馆发展方面尚处于起步阶段，但随着整个社会对教育消费的日益关注，博物馆在我国这样一个人文历史遗存和自然物产都非常丰富的国家应该有着广阔的发展前景。西方发达国家所经历的发展历程和在发展过程中遇到的问题对我国的博物馆建设还是很有启示作用的。

博物馆根据规模可分为国家博物馆和地方博物馆；根据展示内容的规模和范围可分为综合博物馆和专业博物馆；根据展示方式可分为传统封闭式博物馆和开放式博物馆；

根据展示内容的主题可分为：历史考古博物馆、自然博物馆、科技博物馆、艺术博物馆、人种博物馆等。

### （八）旅游度假区

旅游度假区是在环境质量好、区位条件优越的旅游景区，以满足康体休闲需求为主要功能，并为游客提供高质量服务的综合性旅游景区，主要特征是：对环境质量要求较高；区位条件好；服务档次及水平高；旅游活动项目的休闲、康体特征明显。

度假区的旅游项目主要满足旅游者消闲、健身的需求，以丰富假期生活，使游客身心健康、精神愉快、感受深刻为目的。度假区的项目包括娱乐类，如划船、垂钓、歌舞、棋牌、观看文艺演出等；体育类，有游泳、高尔夫、网球、门球、保龄球、壁球、骑马、射箭、射击、潜水、滑板、冲浪、滑雪、滑冰等；健身类，有健身房、桑拿、按摩、气功和医疗保健等。度假区众多的项目中，以高尔夫球、网球、游泳和健身为主。

### （九）水利旅游风景区

根据 1997 年 8 月水利部发布的《水利旅游区管理办法（试行）》，水利旅游区是指利用水利部门管理范围内的水域、水工程及水文化景观开展旅游、娱乐、度假或进行科学、文化、教育活动的场所。水利旅游风景区景物具体包括江、河、湖、库、渠、池等天然或人工形成的具有旅游价值的水域及所属岛屿、滩、岸地；堤防、水利枢纽、渠闸、水电站等工程建筑；水文化遗迹等景观；区内的自然景观、水文景观等。

水利部主管全国水利旅游工作，县（含县级市、区，下同）以上水利行政主管部门主管本行政区域内的水利旅游工作。跨行政区域或不隶属于本级水利行政主管部门管理的水工程的水利旅游工作由上一级水利行政主管部门负责管理。水利旅游区按其景观的功能、文化和科学价值、环境质量、规模大小等因素划分为 3 级，即国家级、省级、县级水利旅游区。

国家级水利旅游区：水域景观优美，自然景观和人文景观集中，文化遗迹具有历史意义，观赏、科学、文化价值高，地理位置优越，旅游服务设施齐全，有较高的知名度。2015 年，我国国家级水利风景区数量达 719 家。

省级水利旅游区：水域景观优美，自然景观和人文景观相对集中，水工程设施规模较大，观赏、科学、文化价值较高，在本行政区域内具有代表性，具备必要的旅游服务设施，有一定的知名度。

县级水利旅游区：水域景观与景点景物相对集中，水工程设施具有一定规模，有一定的观赏、科学、文化价值，在当地具有一定的知名度。

### （十）主题公园

主题公园（Tourism Theme Park）是为了满足旅游者多样化休闲娱乐需求而建造的一种具有创意性游园线索和策划性活动方式的现代旅游目的地形态，是通过人为创造或移植当地不存在的自然或人文景观，或将反映一定主题的现代化游乐设施集中在公园里，再现特别的环境和气氛，让旅游者参观、感受和参与，达到增长见识和娱乐的目的。随着旅游业的发展，主题公园已成为游客休闲度假的又一选择，新型的主题公园不断涌现。主题公园按内容可以分为以下几种：演绎生命发展史、展望未来、探索宇宙奥秘、科学幻想、表现童话世界和神话世界的主题公园，如迪士尼乐园；以表现历史文化和民俗风情为主的写实性主题公园，如中华民俗村；以表现世界各地名胜为主的主题公园，如世界之窗；以表现自然界生态环境、野生动植物、海洋生态为主的仿生性主题公园，如大连老虎滩极地馆；以文学影视为主题，再现作品情节和场景的示意性主题公园，如横店影视城；游乐园和游乐场，如大连金石滩的发现王国。

**（十一）国家文物保护单位**

文物是遗存在社会上或埋藏在地下的历史文化遗物，一般包括与重大历史事件、革命运动和重要人物有关的，具有纪念意义和历史价值的建筑物、遗址、纪念物等；具有历史、艺术科学价值的古文化遗址、古墓葬、古建筑、石窟寺、石刻等，各时代有价值的艺术品、工艺美术品、革命文献资料以及有历史、科学和艺术价值的古旧图书资料；反映各时代社会制度、社会生产、社会生活的代表实物等。对于文物，一要保护，二要利用，所以文物是发展旅游业的珍贵资源。核定为文物保护单位的可以依法建立博物馆、保管所或者开辟为参观游览场所。例如，北京的天安门、故宫等第一批全国重点文物保护单位，也是国内外驰名的重点旅游参观点。因此，文物保护单位是我国旅游景区的重要组成部分。文物保护单位可以自成一个旅游景区，如北京天坛、敦煌千佛洞，也可以是大型风景名胜区和森林公园等景点的组成部分。

文物保护单位的管理由国家文化行政管理部门——国家文物局主管，文物保护单位根据其历史、艺术、科学价值可分为3级：县、自治县、市级文物保护单位由县、自治县、市人民政府公布，并报省、自治区、直辖市人民政府备案。省、自治区、直辖市级文物保护单位，由省、自治区、直辖市人民政府核定公布，并报国务院备案；国家文化行政管理部门选择具有重大历史、艺术、科学价值的文物保护单位作为全国重点文物保护单位，或者直接指定全国重点文物保护单位，报国务院核定公布。纪念物、艺术品、工艺美术品、革命文献资料、手稿、图书资料以及代表性实物等文物，分为珍贵文物和一般文物，珍贵文物分为一、二、三级。

截至2013年，我国共公布全国重点文物保护单位七批，总数合计为4295处。

**（十二）工业旅游示范点与农业旅游示范点**

工业旅游点是指以工业生产过程、工厂风貌、工人工作生活场景为主要旅游吸引物的旅游点。农业旅游点是指以农业生产过程、农村风貌、农民劳动生活场景为主要旅游吸引物的旅游点。2001年12月25日国家旅游局局长办公会讨论通过，确定首批100个工业旅游、农业旅游示范点候选单位名单，其中工业旅游示范点候选单位名单39个，农业旅游示范点候选单位名单61个。2002年10月14日国家旅游局局长办公会审议通过了《全国农业旅游示范点、全国工业旅游示范点检查标准（试行）》。检查标准分为"示范点的接待人数和经济效益""示范点的社会收益""示范点的生态环境效益""示范点的旅游产品""示范点的旅游设施""示范点的旅游管理""示范点的旅游经营""示范点的旅游安全""示范点周边环境可进入性""示范点的发展后劲评估"10 项，另设附则加分项目。

大力发展农业旅游和工业旅游，对于促进经济结构调整、丰富和优化旅游产品、扩大就业与再就业、加强第一、第二、第三产业之间的相互渗透与共同发展，具有十分重要的意义。

### （十三）综合型旅游景区

这类旅游景区不仅有优美的自然风光，而且有大量的名胜古迹，是自然旅游资源与人文旅游资源有机结合的旅游景区，如北京风景名胜区、杭州风景旅游区、大理风景名胜区、丽江风景名胜区等，不仅风光秀丽，而且有大量珍贵的历史文化遗迹，每年都吸引大量的旅游者前往观光旅游。

 **思考与练习**

1. 旅游景区的发展趋势有哪些？
2. 如何理解旅游景区的性质？
3. 旅游景区有哪些功能？
4. 我国旅游景区景点的类型有哪些？

 **开放式案例**

#### 我国旅游景区的发展现状与趋势

分析提示：我国旅游景区发展十分迅速，类型复杂多样，管理水平参差不齐，精品景区较少，效益有待提高。

随着我国旅游业的进步，旅游景区也得到了飞速的发展。从全国范围看，大小不同的景区有很多，可以分为 4 种类型：第一类是自然类旅游区，以名山大川和江河湖海为代表，在全国旅游区大体上可以占到 2/3；第二类是人文类旅游景区，以人类在长期的历史演进过程中留下的遗迹、遗址为代表，如北京故宫、颐和园、八达岭等；第三类是主题公园类旅游景区，是人类现代科学技术和劳动的结晶，如深圳华侨城旗下的几个主题公园；第四类是社会类旅游景区，是利用社会资源来开发旅游，而且形成了相应的规模和气候，如工业旅游、观光农业旅游、科教旅游、军事旅游等。虽然我国旅游景区数量多，每年增长的速度也很快，但是精品较少，对于提高我国旅游景区和旅游产品的竞争力非常不利。从我国旅游景区的体制结构来看，公有制的旅游景区的比例占到 80% 以上，远远高于旅游饭店和旅行社的公有制比例。我国旅游景区承担着保护、科研等多种多样的功能，在体制方面还很不适应市场经济和旅游业的快速发展，导致景区遇到种种问题。从经营效益来看，绝大多数旅游景区的收入来源主要为门票，特别是自然类和人文类的旅游景区，管理成本很高，负担也很重，因此造成了大多数景区的经济效益不甚理想，或者说没有使景区的价值最大化，造成了资源的限制与浪费。

　　从我国旅游景区的发展趋势来看，主要表现在以下三点：第一，旅游景区数量继续增加。旅游业的发展势头使社会认识到它对经济发展的贡献，各级地方政府都加快了旅游业的发展速度，或将其作为支柱产业来培植，或将其作为先导产业来发展，因而各地大力进行旅游资源开发，形成了一批又一批新的旅游景区。第二，旅游景区质量持续提升。我国旅游景区在提升质量方面，无论是观念还是实际行动都得到了加强。比如在精品意识和品牌意识指导下，今后我国旅游景区的发展将会形成越来越多的精品，从而实现由量的增长向质的提高的转变。第三，旅游景区经营不断创新。随着旅游业的发展和旅游市场竞争的日趋激烈，旅游景区也需要在经营和管理上不断创新。不同景区都在根据游客需求的变化，寻求自身与竞争对手的差异，追求民族化、地方化和差异化，满足游客对差异的追求，形成自身的特色，逐步挖掘自身的文化内涵，整合多方面资源，最终形成旅游景区品牌，提高景区的竞争力和吸引力。

　　（资料来源：北京华汉旅规划设计研究院（2013 年 5 月），有删减，
　　http：//www.bjhhlv.com/）

 **推荐阅读**

1. 张凌云．旅游景区管理（第 4 版）［M］．北京：旅游教育出版社，2012.
2. 谢彦君．基础旅游学（第四版）［M］．北京：商务印书馆，2015.

# 第二章　旅游景区管理概述

【学习目标】

    1. 解释旅游景区管理的概念。

    2. 说明旅游景区管理的内容体系。

    3. 理解旅游景区管理成功的关键因素。

【内容结构】

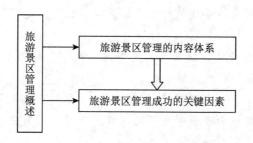

【重要概念】

    旅游景区管理

**导入案例**

# 从江风景名胜区管理问题调查报告

从江风景名胜区位于贵州省黔东南苗族侗族自治州，景区面积 122 平方公里，保存了完好的自然生态和原始风貌，适于开展民族风情游、观光休闲游和生态环境游。近年来，随着旅游业的发展，从江风景名胜区取得了一系列的成绩，但也带来了一些问题。目前，景区具有代表性的问题主要有：

（1）景观破坏问题。目前，景区居民生活环境质量较差，功能分区不清。随着人民群众生活水平的提高以及受外来环境的影响，很多农民不满足于原来的木房、小青瓦的干栏式矮小建筑，开始修建砖房、楼房，导致原有建筑景观被破坏。

（2）消防问题。因景区木房较多，连线成片，没有防火间距，村寨内电器线路普遍老化，私拉乱接也影响了景区景观，加大了火灾隐患。农民建房一般都信风水，房屋朝向各异，杂乱无序，现有的巷道一般都是 1~2 米宽，弯弯曲曲，根本不可能解决消防通道问题。

（3）农业污染问题。农民生活离不开猪、牛、鸡、鸭等牲畜和家禽，特别是耕牛更是必不可少的，而这给景区带来了极大的污染问题，粪便满地可见，有时臭气熏天。

（4）厕所问题。这是到景区内的游客最为头疼的问题。每家的厕所均为木桶，上盖两块木板制成，又脏又臭，原来想用沼气来解决这一问题，但是村内的地下水特别丰富，可使用率极低。

（5）土地问题。由于从江风景名胜区对发展的估计不足，建设发展用地没有纳入用地规划，除了现有的建设用地外就是基本农田保护区。农民建房只有见缝插针，对景区的保护、发展也有很大影响。

（6）设施问题。基础设施建设滞后，给景区带来了一定的不和谐，如公路等级低，缺乏步行道、停车场以及相应的接待设施。

（7）规划滞后问题。虽然风景区已经编制了总体规划，但主要景点的详细规划均未组织编制。已编制的详规，由于无资金组织评审，规划成果尚未获得通过，这对景区的保护、建设、利用带来一定影响。

（8）资金问题。由于县级财力有限，导致对景区资源保护和基础设施建设资金投入不足，一些建设项目无法实施，使风景名胜区难以适应经济快速发展的需要。

（资料来源：编者根据相关资料整理）

## 第一节　旅游景区管理的内容体系

### 一、旅游景区管理的概念

旅游景区管理是在特定的环境下，通过调动相关投入要素，对旅游景区的各种资源进行有效整合和开发，目的是充分挖掘旅游景区的价值，发挥旅游景区的功能，实现旅游景区效益最大化。这个定义包含以下几层含义。

（1）旅游景区管理是在特定环境约束下进行的。任何一个旅游景区都处于一个特定的环境之中，并受环境的制约。因此，每个旅游景区所面临的环境不同，遇到的问题不同，旅游景区管理的目标、战略、方法等也各不相同。显然，旅游景区管理不是简单地、被动地适应环境，而是主动地根据环境的变化，利用环境中的各种有利因素，不断创新，实现旅游景区与环境之间的有机平衡。

（2）旅游景区管理是为实现旅游景区目标服务的。旅游景区管理具有目的性，就是实现旅游景区目标。从理论上说，可以把旅游景区管理的目的表述为充分挖掘旅游景区价值，发挥旅游景区功能，实现旅游景区效益最大化。具体到每一个旅游景区，其管理目标均是由旅游景区所面临的环境和问题来确定的，其本身是一个目标体系，旅游景区管理是为实现旅游景区目标而服务的。

（3）旅游景区管理要通过相关投入，对旅游景区资源的有效整合来实现旅游景区目标。旅游景区拥有各种资源，主要包括旅游资源、人力资源、财力资源、物力资源等。旅游景区资源是旅游景区管理的对象，对这些资源进行有效的计划、组织、协调、控制，构成了旅游景区管理的基本内容。旅游景区管理水平的高低，直接表现为旅游景区各种资源整合的有效性。

（4）旅游景区管理的目标是景区效益最大化。景区效益从内容上一般分为经济效益、社会效益和环境效益，从时间上可分为短期效益和长期效益，因此，所谓景区效益最大化是指既要处理好景区的经济效益、社会效益和环境效益之间的关系，也要处理好短期效益和长期效益之间的关系，实现整体最优。

## 二、旅游景区管理的特点

旅游景区管理的特点是由旅游景区产品的性质和特征决定的。旅游景区产品是一种体验型产品，具有旅游产品的典型特征，即功能上的愉悦性、空间上的不可移动性、生产和消费的不可分割性、时间上的不可储藏性和所有权的不可转移性。因此，旅游景区产品的经营不同于一般商品，有其特殊性，这决定了旅游景区管理在具有一般企业管理共性的同时，又有自己独特的要求。概而言之，旅游景区管理的特点主要有：

（1）旅游景区管理注重培育特色和创造独特体验。旅游景区产品属于体验型产品，在空间上具有不可移动性，这一特点决定了旅游景区管理必须努力培育旅游景区特色，创造一种独特的氛围，增强自身的吸引力，才能吸引游客，实现价值。因此，旅游景区在规划设计方面特别强调主题的选择和定位，注重挖掘文化内涵。在运营过程中，旅游景区从各个方面都努力烘托自身特色，营造一种独特的氛围，强化游客的体验。

（2）旅游景区管理重视旅游资源和生态环境保护。在旅游景区中，除了人造旅游景区外，大部分旅游景区都是依托旅游资源和良好的生态环境而开发出来的，都是资源依托型的旅游景区，如风景名胜区、森林公园、地质公园、自然保护区、文化遗址等。对于这些资源依托型旅游景区而言，保护好旅游资源，提高生态环境质量，是旅游景区得以生存和发展的根本。而随着人们对环境问题的关注，人造旅游景区的开发设计与运营管理也同样需要重视生态环境保护。因此，旅游景区管理特别注重旅游资源和生态环境保护，这是旅游景区能否实现可持续发展的关键。

（3）旅游景区管理注重过程管理和现场管理。旅游景区是一种体验型产品，这种产品是无形的，在生产和消费方面具有不可分割性，游客不仅参与了生产过程，而且在这个过程中，游客与游客之间、游客与服务人员之间存在着较多的互动，这使得旅游景区管理在质量管理方面有自身特点和规律，在管理手段方面与工业企业和一般商业企业有所不同，特别注重过程管理和现场管理，以保证产品质量。因此，旅游景区管理特别强调服务流程的标准化和个性化服务相结合，根据服务过程的特点，一方面要设计标准化、规范化的服务流程，另一方面强调个性化服务，根据不同游客的特点和需要，提供具有针对性的服务。

## 三、旅游景区管理的基本任务

在旅游景区管理的定义中，指出了旅游景区管理的目标是实现旅游景区效益最大化，这是从一般意义上对旅游景区管理目标的界定。为实现旅游景区效益最大化，从市场的角度而言，旅游景区管理具有以下3个方面的主要任务。

（1）吸引游客。游客是旅游景区的生命线，而旅游景区产品具有不可移动性，在竞争激烈的旅游市场上，如果不能有效地吸引游客，旅游景区就不可能获得较好的经营效益。为此，旅游景区管理面临的主要任务之一就是如何吸引游客。对于区位条件优良、知名度较高的旅游景区而言，在此方面虽然没有较大的压力，但在经营中也面临着选择目标市场、吸引目标市场游客以及如何平衡淡旺季的问题。对于那些区位条件欠佳、旅游景区产品质量一般、知名度较低的旅游景区而言，如何吸引游客往往成为其管理的首要问题。

（2）为游客提供高质量的旅游体验。旅游景区是一种体验型的产品，其质量优劣取决于游客的评价。在利用各种方式将游客吸引到旅游景区之后，如何提供高质量的旅游体验就成为旅游景区管理的主要任务。由于影响游客体验质量的因素较多，既有游客主观因素，诸如游客的期望、兴趣、教育程度等，又有旅游景区客观因素，诸如旅游景区环境、设施状况、接待服务等。其中许多因素具有较强的不确定性，如天气状况。因此，如何提供高质量的旅游体验是旅游景区管理中最具挑战性的任务之一。

（3）实现旅游景区的持续发展。持续发展是社会性问题，任何一个组织在管理中都不可避免地面临着如何实现持续发展的任务，旅游景区也不例外。对资源脱离型旅游景区而言，所面临的持续发展问题和一般性企业较为相近，而对于资源依托型旅游景区而言，处理好旅游景区资源保护和开发的关系就变得尤为重要。要在保护的前提下有效利用好旅游景区资源，既要适度开发，合理利用，又要在开发中促进保护。

上述 3 项基本任务之间是相互作用、相互影响的。吸引游客是旅游景区效益最大化的前提，提供高质量的旅游体验是旅游景区效益最大化的基本保证，而实现旅游景区的持续发展是旅游景区的终极目标。

## 四、旅游景区管理的内容体系

旅游景区管理是一个完整的体系。根据管理学一般原理，从系统的观点出发，通过对旅游景区管理业务活动要素和流程的分析，可以把旅游景区管理体系从纵向和横向两个方面加以分解，划分成相互联系、相互制约的若干组成部分，每个部分分别构成旅游景区管理的一项内容，如图 2 - 1 所示。其中，在纵向层面上看，旅游景区管理分为高层、中层和基层 3 个层面，高层管理主要有战略管理，中层管理主要是各项专业管理，基层管理是作业管理。从横向层面来看，旅游景区管理主要有旅游景区规划管理、项目策划、市场营销管理、质量管理、人事管理、财务管理、环境管理等。

**（一）不同层次的管理**

（1）高层管理。高层管理是旅游景区管理体系中最重要的组成部分，处于统帅地位。高层管理的核心内容是制定和组织实施旅游景区经营战略、决策和计划，这是关系到旅游景区经营成败的关键。除此之外，高层管理还包括：旅游景区组织结构的设计与调整；旅游景区管理人才选拔、使用和培养；旅游景区企业文化的培育；处理旅游景区同外界各方面的关键性关系，为旅游景区谋求良好的外部环境；处理重大的危机，等等。由于高层管理决定着旅游景区管理的全局，因此搞好景区，首先要搞好高层管理。

（2）中层管理。中层管理是连接高层管理和基层管理的纽带，一方面对高层管理发挥参谋和助手的作用，另一方面对基层管理进行指导、服务和监督。中层管理的一般内容是以旅游景区经营过程的不同阶段和构成要素为对象，形成一系列的专业管理，主要包括旅游景区规划管理、旅游景区项目策划管理、旅游景区市场营销管理、旅游景区环境与资源管理、旅游景区安全管理、旅游景区人事管理、旅游景区财务管理等。

（3）基层管理。基层管理的对象是作业层，是对旅游景区日常业务的管理，其管理内容主要

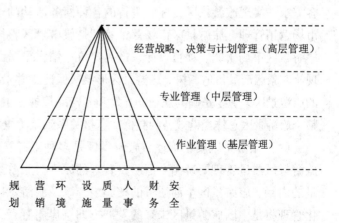

图 2 - 1 旅游景区管理内容体系示意图

涉及旅游景区游客管理、旅游景区票务管理、旅游景区治保与安全管理、旅游景区环境卫生管理、旅游景区接待管理、旅游景区设施运营与维护、投诉管理等一系列作业工作。

上述3个层次的管理按照分工要求，各有各的职责。高层管理者的主要职责是管理旅游景区全局的大事，确定总的经营目标、方针、策略、计划等；中层管理者的主要职责是当好领导层的参谋，通过自己的业务活动为基层服务；基层管理者和作业者的主要职责是通过自身的作业管理和作业活动，贯彻落实旅游景区管理的各项规章制度和方法，最终实现高层确定的经营目标。3个层次是不可分割的有机整体。

**（二）各项专业管理**

以旅游景区经营过程中的不同阶段和构成要素为对象，形成的一系列的专业管理领域主要有：旅游景区战略管理、旅游景区规划管理、旅游景区市场营销管理、旅游景区质量管理、旅游景区设施与安全管理、旅游景区环境管理、旅游景区财务管理、旅游景区人力资源管理、旅游景区信息管理等。

（1）旅游景区战略管理。旅游景区战略管理是指对旅游景区战略进行设计、选择、控制与实施的过程。它是旅游景区适应环境变化的一种手段，对旅游景区的生存和发展具有决定性的作用。战略管理的目标是规划旅游景区长远发展方向、方针和对策，目的是保证旅游景区长期生存和发展，因而是旅游景区管理的重要部分，主要由旅游景区高层管理人员负责完成。

（2）旅游景区规划管理。旅游景区规划管理是旅游景区管理的核心环节之一，旅游景区经营的成功与否很大程度上取决于开发规划与设计水准。旅游景区规划管理是一项专业性极强的管理工作，是旅游景区战略管理的重要组成部分，由于其在战略中的特殊地位而单独划分出来。一般来说，旅游景区规划是一个持续的过程，从最初的规划开始，每隔一定的时间，都要根据旅游市场的发展变化进行调整，编制新的旅游景区规划。

（3）旅游景区营销管理。旅游景区的市场营销是指在变化的市场环境中，为满足游客需求，实现旅游景区目标而进行的各种商务活动的过程。对这一过程进行的管理就是市场营销管理。旅游景区市场营销管理是旅游景区整体经营活动的中心环节，主要包括旅游景区市场研究、项目设计、产品定价、销售渠道、市场促销等一系列的工作，是实现旅游景区产品价值、树立旅游景区形象、保证旅游景区持续经营的重要环节。一个成功的旅游景区，除了正确的规划、开发和经营决策外，市场营销工作的好坏，实际上决定着整个旅游景区总体经营效益的高低，直接关系到旅游景区开发建设与经营目标的最终实现。

（4）旅游景区质量管理。旅游景区是多种服务产品组合起来的综合性产品。因此，旅游景区质量管理要遵循全面质量管理的原则。旅游景区质量管理主要研究旅游景区质量的内涵、旅游景区全面质量的核心内容以及旅游景区质量标准化管理。旅游景区标准化管理将是中国旅游景区未来的发展方向。毋庸置疑，旅游景区通过贯标认证，可以利用当今世界最先进的管理模式，建立一套适应自身特点的规范化、标准化管理体系。

（5）旅游景区设施与安全管理。为满足游客的旅游需求，旅游景区通常都建有一定的游乐设施和基础设施。这些设施的正常运转是保证旅游景区经营的基本条件，旅游景区设施管理主要包括基础设施管理和旅游设施管理。同时，安全是游客在景区游览最起码的需求，保证游客安全是旅游景区的一项重要任务，旅游景区必须重视安全管理。

（6）旅游景区环境管理。旅游景区是对区内旅游资源开发而形成的一种产品，保护好旅游景区环境，处理好开发与保护之间的关系，是实现旅游景区可持续发展的保证。显然，良好的环境是旅游景区赖以生存、经营和发展的基础，管理好旅游环境是旅游景区实现可持续发展的先决条件。旅游景区管理者要高度重视旅游景区资源与环境管理，合理保护和开发利用旅游景区的旅游资源，有效地对资源进行管理，保持一个良好的旅游景区环境，实现旅游景区持续健康发展。

（7）旅游景区财务管理。旅游景区从事经营活动的过程，也就是资金的运动过程。如何筹集、分配和使用资金，充分发挥资金的作用，直接影响到旅游景区经济效益水平的高低。财务管理就是对旅游景区资金的管理，在旅游景区管理中占有重要地位，是一个专业管理领域。旅游景区财务管理的主要内容有：资金筹措、固定资产和流动资金管理、成本费用管理、利润管理等。

（8）旅游景区人力资源管理。人是最宝贵的资源，旅游景区的一切活动都离不开人，因此，人事管理是任何组织都不可缺少的一项基本的专项管理。人力资源管理要根据旅游景区的人力需求，对人员的招聘、录用、调配、考核、培训、升迁等工作进行管理。为充分挖掘人力资源，调动员工的工作积极性，必须给予员工以物质的和精神的动力。与此项工作有关的主要是员工工资与奖金、集体福利、员工教育与激励等，这也正是人事管理的重要内容。

（9）旅游景区信息管理。信息管理是现代景区管理的重要组成部分，渗透到旅游景区管理的方方面面。将现代信息技术应用于旅游景区管理，已经成为旅游景区提高管理水平的重要标志。加强信息管理，创建数字化景区，已经成为景区管理的重要部分。

在上述旅游景区管理的核心范畴中，人力资源开发、财务管理等是旅游景区管理中不可缺少的专业管理领域之一，是旅游景区管理的基本组成部分。鉴于旅游景区的人力资源管理和财务管理与一般企业管理中的人力资源和财务管理基本相同，本书对此不作探讨。

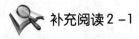补充阅读2-1

### 中国旅游景区运营时代悄悄来临

旅游景区的运营主要包括三大方面——规划设计建设水平、特色化管理能力和运营整合能力。

规划设计建设是景区发展的根本保证。过去中国景区是单纯依托旅游资源、依靠行政意志进行建设，缺乏规划，缺少资金，从而导致景区旅游产品单一，基础配套严重不足，产品更新换代滞后。旅游景区发展需要有一个结构合理和彼此相互协调的规划。如今"规划先行"的概念已深入人心，各地政府各大景区都非常重视前期的规划，聘请国内外专业旅游咨询公司和规划公司进行战略策划、规划设计。因为规划能够在充分研究旅游景区内部各项旅游要素和外部市场条件的基础上，整合市场与资源，确定合理、可达的发展方向、规模、速度和目标，以及实现目标的对策和措施，从而引导当地旅游业与关联行业在共同发展中促进地区经济发展，获取经济效益和社会效益的统一。

特色化管理能力是景区持续发展的基础。国内旅游景区经过30年的发展，对旅游景区的关注点已从"圈地运动"式的"占景区"发展到"管理景区"，管理出效益在业内已成为共识。因为在旅游业竞争激烈的今天，游客对景区服务质量的要求也在不断提高，经营状况直接与景区的经营管理相关，优秀的管理能力决定了景区是否拥有一个持续发展的机制，并更注重公益性。

运营整合能力是景区快速成长的"核动力"。21世纪信息时代的来临，预示着社会发展越来越依赖整合的力量，如何最大化、合理地利用有效资源，促进自身发展，不仅是个人，也是企业、旅游景区需要学习的课题。成功不是一蹴而就的，从战略策划、规划设计，到招商引资、资源整合、开发建设，再到管理创新、产业发展、市场营销、渠道整合的整个过程是一个系统工程，每个环节都至关重要，而景区本身的能量是有限的，这就需要其拥有运营整合能力，依靠外界力量帮助景区快速成长。

（资料来源：编者根据相关资料整理）

# 第二节　旅游景区管理成功的关键因素

随着旅游业的发展，大量旅游景区被开发出来。有些旅游景区取得了良好的效益，成为成功的典范；有些旅游景区则由于多种原因一直惨淡经营；有些旅游景区虽然初期取得了成功，但不久步入衰落。在旅游景区经营管理中没有什么经验可以确保成功，但确实存在某些有助于景点取得成功的因素，这些因素可以被划分为市场、产品、组织、管理四大方面。

## 一、市场因素

在所有影响旅游景区成功的诸多因素中，市场最为重要。做好市场定位，并把好市场变化趋势，是旅游景区成功经营的根本保障。

（1）市场定位。旅游景区要确保产品所定位的目标市场是一个成长性市场，才有可能取得成功。为此，旅游景区经营者需要对旅游市场进行深入研究、有效细分，并选择好目标市场。成功的旅游景区属于市场定位准确的旅游景区。

（2）把握旅游市场变化。旅游市场变化很快，为此，旅游景区要不断地预测市场未来可能的变化，并积极为将来谋划。目前旅游市场呈现出几种变化趋势：①银色旅游市场不断扩大，市场潜力巨大。老年人拥有可支配收入和闲暇时间，具备出游的基本条件。随着老龄化社会的来临，这一市场呈现出良好的发展态势。②许多人渴望通过旅游学习某些新东西，不论是掌握一门技术还是了解一些知识。③许多人希望参与旅游景区举办的活动或者融入旅游景区活动当中，比如亲手制作陶器，而不只是观看陶器的制作。④家庭游客希望找到为小孩子提供参与机会的旅游景区。⑤人们更加关注环保问题和健康的生活方式。⑥旅游者兴趣转向"休闲购物"，而不是"功利购物"。

## 二、产品因素

景区产品本身因素是确保旅游景区经营成功的重要保障，这些因素主要包括：

（1）旅游景区产品的独特性。多数成功的旅游景区都是基于其独特的景区产品。人们出游的基本目的就是寻求独特性，而随着旅游市场竞争的加剧，旅游者越来越成熟，对旅游景区产品的要求越来越高，因此，独特的产品成为吸引游客眼球的主要因素。

（2）区位条件。旅游景区的区位十分重要，具体表现在 3 个方面：①区位决定旅游景区的潜在客源区，因为客源区是根据离旅游景区一定时间距离所划定的范围内有多少居民而定的。成功的旅游景区通常是那些拥有人口稠密的客源区的旅游景区。②建在旅游目的地的旅游景区经营成功的可能性更大。因为这样的旅游景区可以接待来目的地的度假者的访问，共享旅游目的地的客源。③良好的可进入性是大多数旅游景区成功的必要条件。在西方国家，由于大部分游客是自驾车前往旅游景区，公路交通的可进入性变得至关重要，尤其是高速公路网。良好的公路系统可有效地扩充旅游景区的客源区，而远离公路干线，哪怕就是几公里，也会严重消减旅游景区的访问量。可进入性的其他问题包括：适当的长途客车路线、停车位的多少，以及完善的路标系统。对于大多数旅游景区来说，铁路倒并不太重要，这是因为极少游客乘火车前往旅游景区访问。

（3）产品类型的多样性。许多成功的旅游景区都有诸多不同类型的景点，以确保为各类游客提供多样化的旅游体验。譬如，在英国的威根码头，拥有专业演员、作为交通工具的小舟和蒸汽机车等景点；在利物浦的阿尔伯特船坞，拥有特色商店、北方的泰德画廊、餐馆和博物馆。大多数旅游景区已经意识到商店、主题餐厅和娱乐设施等辅助性旅游设施的重要性。

（4）特殊事件。许多成功的旅游景区还通过一些特殊事件来增强吸引力。特殊事件的策划，通常是为了鼓励回头客，或者吸引对事件主题感兴趣的潜在旅游者，否则他们可能不会光顾此地。然而，特殊事件策划要取得成功，其主题一定不能与旅游景区的主题和市场相冲突。

（5）旅游景区环境质量。更多的游客倾向于为自己的外出寻求一个高质量的环境。

因此，游客对旅游景区干净整洁、优美宜人的环境要求在不断提高。越来越多的游客拒绝去那些卫生条件不良、允许肆意破坏涂画以及无人照管的旅游景区。

（6）员工服务。游客要求旅游景区具备良好的服务，并以光顾作为回报。因此，员工的态度和能力显得极为重要。旅游景区要确保与游客接触的员工热情、主动和训练有素。这对于一个薪水不高，雇员主要由季节工、临时工组成的产业来说是一个极大的挑战。

（7）景区设施设备。服务设施也是游客判断旅游景区优劣的一个重要标准。因此，旅游景区应该提供一流的设施，如安全的停车场、洁净的洗手间、舒适的母婴设施和咨询服务。提供这些设施的费用的确很高，但是对于达成游客满意却不可或缺。

（8）产品价格。事实表明，影响旅游景区成功与否并不在于索要门票价格的高低，而在于游客觉得其所花费是否真的物有所值。游客对旅游景区所提供的产品是否感到物有所值，主要取决于：在景点内逗留的时间；环境、服务和设施的质量；旅游景区内景点的多样性。不为游客所赏识的定价政策通常表现为没有家庭套票、停车单独收费以及实施单项收费，而不是采用通票让游客尽情享用旅游景区内的所有设施。当然，有些影响游客判断访问旅游景区的一次经历是否物有所值的因素，在旅游景区经营者的掌控之外，比如往返的交通费用、游客的期望和天气情况，等等。

## 三、组织因素

组织及资源也是决定旅游景区成功与否的关键性因素，主要有：

（1）管理经验。一般而言，一个有开发和管理旅游景区经验的组织，成功开发新旅游景区的可能性比较大，其原因在于这种组织能够根据经验来判断，预见到良机和陷阱，并可以吸取以前的经验教训。然而，巴黎迪士尼乐园最初几年经营的经验表明，即使是有经验的、成功的旅游景区开发商也有判断失误的时候。有开发经验的组织机构可能还应该拥有一支具备成功开发新旅游景区的知识与技术型人力资源队伍。

（2）财力水平。由于旅游景区建造和运营所需资金数额巨大，财力资源是旅游景区开发能否取得成功的关键因素之一。一般来说，成功的旅游景区大都是由财力雄厚的组织所开发和管理的。旅游景区建设和运营所需资金多少不一。通常，大型旅游景区或旅游景区项目投资巨大，建设周期长，占地面积大，购置土地和建造成本较高。此外，大部分资金都被用在旅游景区内安置昂贵的博物馆展品或安装像激光技术设备和虚拟现实体验那样的现代化高精尖技术。使用率高的旅游景区和那些处在快速变化市场中的旅游景区（大多数旅游景区都处在这样的市场中）还需要定期修缮、更新和改造，以便吸引回头客和跟上消费者偏好的变化。这是一个持续不断的过程，需要旅游景区定期投资。

旅游景区需要财力资源以提供高品质的设施和服务。资金匮乏的组织常常会降低设施标准和服务水平，从而导致产品质量下降，造访游客越来越少。因此，即使是在不景气的时候，组织也需要财力作保障，以便维持其提供的产品达到应有的标准，从而确保长期经营的成功。

旅游景区的经营者需要有雄厚的财力来支持赢利前旅游景区最初几年的运营，因为这段时间旅游景区常常处于亏损运营的状态。当然，对于国有旅游景区而言，有许多从不赢利。所以，旅游景区的经营者需要有财力不断地给旅游景区拨款。公共部门所面临的财政赤字压力经常会导致压缩对旅游景区的拨款。

所有旅游景区都必须具备一定的财力，以便能有足够的资金进行营销活动，进而保持其市场地位和应付诸如淡季等问题。这一点很重要，许多中小型旅游景区正是由于营销拨款不足才倒闭，或未能发挥出其全部的潜能。

## 四、管理因素

成功的旅游景区有赖于卓有成效的管理，构成管理的主要因素有：

（1）专业管理人员。旅游景区各个经营环节都要配备有经验的专业管理人员，这一点非常重要。如果不能这样配备管理人员，旅游景区运营通常就会出现某个或多个薄弱环节，如市场营销、财务控制、员工管理和战略计划不畅等。在旅游景区业中，实行专业管理主要发生在像图索德集团这样的私营组织管理的旅游景区。

（2）市场营销。市场营销可谓旅游景区管理中最重要和最容易被忽视的方面。成功的旅游景区通常拥有系统的和专业的营销方法，其特征为：①对市场调研给予足够重视，因此他们了解自己的市场、市场品位和市场偏好；②认识到市场营销不只是印刷几本宣传册和登几则广告；③具有长远的战略眼光，而不是短期的战术策略；④认识到不是只有一个宏观的"公共"市场，而是存在许多需求各异的细分市场；⑤每年都应该拿出营业额相当的比例用以市场营销活动，而不只是为了应付危机临时拿出一定资金用于营销活动；⑥承认"口头宣传"的重要意义，并充分意识到为现有游客提供最佳体验，以鼓励他们正面积极宣传旅游景区的重要性；⑦聘用专业的销售和市场营销人员。同时，通过培训使所有员工意识到自己的工作也是营销的一部分。因为对顾客而言，所有员工都是构成旅游景区核心产品的成分。

（3）竞争优势。成功的旅游景区通常属于那些能够确认自己的竞争对手，并比竞争对手更具优势的旅游景区。成功的旅游景区通常是行业的领导者，而不是追随者。但说起来容易做起来难，因为许多旅游景区经营者，尤其是国有旅游景区的经营者，通常认为他们没有竞争对手。尽管这种看法并非正确，但是对于某些旅游景区来说，要认清自己的竞争对手的确不易。因为某些时候竞争对手有可能是其他类型不同的旅游景区，甚至可能是类型和活动内容都完全不同的旅游景区。

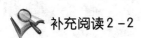 补充阅读 2-2

### 迪士尼乐园的扩张

迪士尼乐园是华特迪士尼先生伟大的成就之一，当年迪士尼拍摄了许多受欢迎的动画影片,例如《白雪公主》《木偶奇遇记》《仙履奇缘》……更捧红了老鼠米奇、唐老鸭等卡通明星,但迪士尼还想继续扩大娱乐王国的版图,于是就有了兴建一个主题游乐园的计划。在那个年代,只有一般的小型游乐场和园游会,还不曾出现规模如此庞大的主题游乐园,当位于加州洛杉矶的迪士尼乐园在1955年7月17日正式对外开张时,立刻就独领风骚造成轰动,运营才1年多,游客就突破了1000万人次!迪士尼乐园的成功从此改写了历史,这种主题乐园(Theme Park)的模式,也成为新兴的休闲产业经营形态。

迪士尼乐园在加州大放异彩之后,华特·迪士尼先生产生了在美国东部另外建造一座乐园的构想,于是他秘密选定佛罗里达州的奥兰多地区,收购当时还十分荒凉的一大片土地,开始他的第二乐园计划。虽然华特·迪士尼来不及看到佛罗里达州的乐园开张就于1966年与世长辞,但在他哥哥洛伊的努力之下,佛罗里达州的迪士尼乐园终于在1971年正式开张,成为世界上第二座迪士尼乐园。除了美国本土之外,迪士尼乐园的计划也扩展到海外其他国家。1983年迪士尼和日本东方土地公司合作,在东京舞滨新开张了东京迪士尼乐园,迪士尼的魔幻魅力跨越了文化和语言的隔阂,在海洋的另一端开始散发能量。东京迪士尼乐园十分成功,不但风靡日本,而且让迪士尼各类作品及产品逐渐深入亚洲邻近各国,迪士尼分公司、代理单位逐渐在亚洲各国生根,各种授权商品也开始在亚洲市场问世,迪士尼从此走出了西方欧美社会,展现出跨文化、跨语言的包容性与普世性。

进入21世纪之后,迪士尼乐园的势力也愈来愈庞大了,美国加利福尼亚州、日本东京、法国巴黎的迪士尼乐园都相继兴建了当地的第二座主题乐园。美国加利福尼亚州新开张了"迪士尼加州探险乐园";日本东京新开了"东京迪士尼海洋";法国巴黎也推出"迪士尼影城",使得三地继佛罗里达州的奥兰多之后,都成为迪士尼的主题游乐休闲区。2005年中国香港迪士尼、2016年中国上海迪士尼也相继开园。

 **思考与练习**

1. 旅游景区管理的内涵有哪些?
2. 旅游景区管理的特点有哪些?
3. 如何理解旅游景区管理的内容体系?
4. 旅游景区经营成功的关键因素有哪些?

 **开放式案例** ··················································································

### 我国旅游景区行业的主要问题

分析提示:随着旅游业的蓬勃发展,各地大力进行旅游资源开发,涌现了一大批旅游景区,并出现了一批精品景区,标志着景区行业从数量扩张向质量提升阶段发展。然而,受计划经济的长期影响,旅游景区体制改革相对滞后,导致我国景区管理机构的市场意识不强，管理理念保守陈旧，现代手段匮乏，亟须进行改革。

根据相关资料分析，目前我国旅游景区行业的主要问题表现如下。

（1）产品结构单一。随着收入的增加和休闲度假时间的增多，游客的需求也变得复杂多样，客观上要求旅游景区对自己的产品进行深入开发更新和深度营销，从而为游客创造更多的价值。但就目前情况来看，仍有不少景区的产品结构还是过去的老面孔，景区产品结构单一，没有任何新的创造和改进，依旧停留在满足游客观光、食宿、照相留念等基本的需求上。

（2）促销手段低效。目前，我国多数旅游景区的促销宣传依旧是以报纸、杂志、新闻宣传为主，以降价作为主要竞争手段，缺乏创新。这些旅游景区促销没有一个长远的规划，仅将促销目标定位为近期的收入。因此，一旦停止促销，销售额就会出现下滑，每次促销也不能给游客留下长久的回忆，不能为产品和企业的品牌建设提供有力的支撑。

（3）品牌构建乏力。我国的多数景区目光短浅，没有创造知名品牌和长久品牌的意识，即使有品牌的概念，也缺乏足够的长期投入来创建品牌。在打造品牌的过程中抱有幻想，企图短期内一蹴而就，常用的手段就是借助个别活动、名人效应等，缺乏长远规划，没有赋予景区和景区产品以深刻的内涵，而品牌则是一个文化的浓缩和结晶，需要深入的挖掘以及持续的创建和维护。

（4）管理体制落后。长期以来，旅游区存在政出多门、体制混乱的宏观格局，大部分旅游区微观主体机制落后，观念保守，景区管理和服务的专业化水平较低，旅游区的整体服务功能、服务质量、管理水平和资源及环境保护力度都与我国旅游行业实现跨越式发展的要求不相适应，与建设世界旅游强国的战略目标不相适应，与旅游者越来越高的旅游需求不相适应。因此充分利用市场机制，分离所有权和经营权成为各大风景旅游区的改革方向，且已经取得一定的成果。

（资料来源：根据《2012～2016 年中国旅游业市场投资分析及前景预测报告》修改）

 **推荐阅读**

1. 欧阳洪，昭禹贡. 旅游景区景点经营案例解析（第 2 版）［M］. 北京：旅游教育出版社，2010.

2. 赵黎明，黄安民，张立明. 旅游景区管理学［M］. 天津：南开大学出版社，2009.

# 第三章 旅游景区管理制度与企业文化

【学习目标】

1. 了解旅游景区管理制度的构成。
2. 掌握我国旅游景区管理制度。
3. 把握旅游景区营销的新发展。

【内容结构】

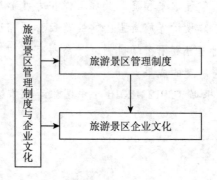

【重要概念】

管理制度 企业文化

**导入案例**

## 贵阳市旅游景区管理体制机制运营情况调查

2015 年贵阳市共有 41 家旅游景区，其中，国家 4A 级旅游景区 12 家，3A 级旅游景区 6 家，2A 级旅游景区 1 家，非 A 级旅游景区 22 家。目前，经营管理机构性质属政府机构的景区有 2 家（黔灵山公园、阳明洞景区），事业单位性质管理的 12 家（息烽集中营革命历史纪念馆、息烽温泉疗养院、河滨公园、贵阳市甲秀楼景区、森林公园、天鹅湖景区、文昌阁、阳明祠、花溪公园、长坡岭国家森林公园、观山湖公园、贵州贵阳阿哈湖国家湿地公园），国有企业 5 家（青岩古镇、天河潭、白马峪温泉、十二滩户外运动旅游综合体、百花湖），国有控股公司 2 家（贵御温泉、保利温泉），国有独资公司 5 家（红枫湖景区、桃源河景区、蓬莱仙界旅游景区、六广河景区、息烽国际露营基地），私营企业 3 家（南江大峡谷、猴耳天坑、香火岩景区），私营股份有限公司 2 家（时光贵州生态旅游小镇、森林野生动物园），私营有限责任公司 4 家（花溪国家城市湿地公园、贵阳喀斯特公园、贵阳高尔夫度假中心、苏格兰牧场），私营合伙企业 1 家（天邑森林温泉），法人企业 3 家（贵阳欢乐世界、白云老龄休闲度假旅游综合体、贵州民族民俗博物馆），股份制企业 1 家（多彩贵州城旅游综合体），社会团体 1 家（西普陀寺）。

从旅游景区管理运营体制机制来看，除行政事业单位管理的景区外，大多数景区坚持以市场为导向，按照现代企业制度的要求，建立健全景区法人治理结构，确立景区自主经营、自负盈亏、独立承担民事责任的法人主体地位。部分景区通过采取特许经营、进行资产重组等形式开发利用旅游资源，取得了良好的效果。如：开阳南江大峡谷景区是贵州省最早实行特许经营模式的风景名胜区，开阳县通过招商引资引进吸收利用民间资本，成立南江大峡谷旅游有限公司，属民营企业。近年来，累计投入资金 2.1 亿元，不断完善旅游基础设施、服务接待设施等，成功创建成为国家 4A 级旅游景区，正逐步向国家 5A 级旅游景区目标迈进。修文县桃源河旅游景区作为贵阳市旅游文化产业投资（集团）有限公司的下属企业，通过实施"管养分离"等有效方式，按照现代企业管理制度的要求，成立了具备独立法人资格的修文桃源河梦幻漂流有限公司，构建了产权关系明晰、责任主体明确的景区管理机制，逐步建立起与市场经济体制相适应的景区管理体制和与自身发展需求相协调的新机制，通过并购白马峪温泉景区进行资产重组，积极推进"新三板"挂牌上市工作，为实现景区股权价值、景区融资方式创新、促进景区快速发展奠定了良好的基础。

（资料来源：贵阳市旅游发展委员会. 贵阳市旅游景区管理体制机制运营情况调查，2015 年）

# 第一节　旅游景区管理制度

## 一、旅游景区管理制度的构成

景区管理制度是指景区在生产和经营过程中所必须遵守的各项规则、规程、程序、办法等的总称。制定景区管理制度的目的在于使景区各个职能部门分工明确、职责清楚、互相协作、提高工作效率，以实现管理目标，它是对景区内工作人员行为的总体规范和约束。

从我国景区管理的实践来看，景区管理制度可以分为两大部分：一是景区的外部行政管理制度，二是景区的内部经营管理制度。

### （一）景区外部行政管理制度

景区外部行政管理制度是从政府对景区管理的角度对景区的经营行为进行约束与规范的系统。一般来说，对于资源型景区，景区资源的所有权属于国家或全民所有，因此，国家和地方政府要对景区实施一定的管辖权。与此同时，景区作为一个经营性组织，在旅游市场中从事经营，其经营管理行为会对市场竞争形成一定的影响，因此，旅游行政主管部门要对景区进行管理。这些诸多的管理关系综合形成了景区的外部行政管理制度。

### （二）景区内部经营管理制度

景区内部经营管理制度以景区的利益为出发点，目的在于通过提升经营管理效率来增强景区的竞争力，为其实现战略发展目标提供保障。从这个层面上来看，景区内部经营管理制度实际上是一种效益导向的管理要素组合。景区内部的经营管理制度通常可以被分为3个层次，即景区的产权安排、组织结构以及激励机制等。

（1）产权安排。产权是人们由于财产的存在和使用而引起的相互认可的行为规范，以及相应的权利、义务和责任，一般可被分为财产的所有权和经营使用权。景区产权的安排是景区内部经营管理制度形成的基础，通过对景区产权的分配，各经营管理主体责、权、利的相互关系能进一步明确，从而能减少管理过程中的权利纠纷，提升景区管理效率。因此，景区的产权安排可以视为对景区经营管理制度的总体安排，产权的分配形式决定了景区管理制度的类型。

（2）组织结构。组织结构是指景区全体员工为实现景区发展目标而进行的分工协作，在职务范围、责任和权利方面所形成的结构体系。组织结构是针对景区全局管理的概念，可以通过组织结构分析图来对其进行分解和设计。从本质上来看，景区管理制度中组织结构的设计就是将各部门整合起来，实现有序运营。

（3）激励制度。激励制度是景区内部经营管理制度的第三个层次。激励制度的设计目标是为了提升员工士气，增强景区活力，一般采取的形式是将景区员工的利益与责任、绩效挂钩，如员工的奖金与景区经营的利润挂钩，负责人的晋升与部门经营管理业绩挂钩等。对于现代企业而言，激励制度早已经成为企业发展的重要推动力量，只有充分调动员工的积极性才能使企业创造更多的价值和财富，从而获得更具优势的市场竞争力。因此，旅游景区经营和管理目标的实现也需要以各种形式的激励制度作为依托。

除了上述3个较为抽象的层次外，景区内部管理制度具体表现为景区组织机构设计、职能部门划分及职能分工、岗位工作说明、专业管理制度、工作或流程、管理表单等。

## 二、我国景区管理体制

### （一）公益性景区管理制度

公益性景区管理制度是计划经济体制下形成的产物。在改革开放以前，景区主要扮演着纯粹的接待部门的角色，不是作为独立核算的经济主体存在。因此，我国的景区管理制度主要是公益性的。目前，这种管理制度并未随着市场体制的建立而完全消失。在一些地方，尤其是城市，为了吸引外来游客，增强旅游市场竞争力，以及为当地居民增加社会福利，一些景区作为公共产品，向游客和当地居民提供服务，例如，大连星海公园、傅家庄公园等，就属于这种情况。

在公益性景区管理制度的约束下，景区管理的目的主要是保护景区内的资源，并为政府的接待任务服务，同时也满足民众的旅游需求。这种情形下，景区缺乏经营权，景区的行政管理权属于景区的拥有者——全民所有，并委托中央和地方政府代为管理。

在内部管理制度安排方面，公益性景区功能较为单一，不承担经营风险和生存发展的压力。景区日常运营维护费用均从政府或各主管职能部门经费中划拨。景区中的日常管理人员均属于政府或事业编制。由于所有权归政府所有，决定了景区内部激励机制的缺失，景区管理人员没有任何财产权利，也不承担相应的经济责任。

### （二）经营性景区管理制度

随着我国市场经济制度的不断完善和旅游业的快速发展，原有的单纯的资源保护型景区管理方式已经不能适应旅游经济的发展，主要表现为：第一，公益性景区管理无法满足旅游者日益多元的旅游产品需求；第二，政府提供的景区运行费用已经无力支持景区接待压力并扩大生产服务规模；第三，市场竞争的压力使得各景区不得不采取措施面对。正是在这些因素的共同影响下，景区开始了由公益性管理向经营性管理的转变。

经营性管理制度下的景区管理以市场为导向，以高效率的运作来满足市场需求，实现市场竞争。政府采取多种形式，对景区经营权进行改革，形成了多种管理类型。目前，我国经营型景区主要有以下几种类型：

1. 多个机构共同管理

这种类型是指一个景区由两家以上的机构进行管理，主要有三种，第一种是将景区按照资源类型和功能进行归口管理，第二种是将景区按照空间布局进行归口管理，第三种较为特殊，是按照功能和区域共同确定管理机构。

（1）按照资源类型和功能划分管理机构及其权限，将不同类型的资源归属于不同的管理机构。例如，一个风景名胜区，它归口建设部门管理；而景区内的树木则归林业部门管理；如果景区内有座寺庙，则该寺庙归宗教部门管理；庙里的古代石碑划归文物局管理。

（2）按照空间布局划分景区行政管辖权，主要出现在景区跨越几个行政区的情况下，对于位于不同行政区内的部分则由相应地区的管理部门进行管理。这种按照行政区划对景区进行管理的方式使得景区内部分裂较为严重，尤其是交界处的景区，往往会陷入无人管理的境地，对其发展较为不利。

（3）按照资源类型和景区内部空间布局共同划分管理权限。这种方法是上述两种情况的结合，以庐山风景区最为典型。庐山是江西旅游业发展的龙头，现分别属于庐山风景名胜管理局、九江市庐山区、九江市庐山垦殖场、江西省庐山自然保护区、星子县、九江县6家单位共同管理，实行分治。其中庐山风景名胜管理为江西省政府派驻机构，它实际管辖范围只有山顶部分46平方公里，占庐山山体面积的16%。

2. 单一机构管理

单一机构管理可以分为县市直接管辖、乡镇管理和管理局管理三种情况。

（1）县市直接管辖。县市直接管辖是指景区由所在地的县市政府直接管辖，如龙虎山风景区由鹰潭市管辖，黄山风景区由黄山市管辖，井冈山风景区由井冈山市管辖。这些景区由所属县市进行统一规划、统一招商和投资开发，统一管理。县市政府直接管理旅游景区的最大优势就是能够从全局发展的角度出发协调景区内各分区的规划和开发，避免出现各自为政、旅游设施重复建设以及旅游产品恶性竞争的情况。

（2）乡镇管理。乡镇管理是指景区由所在乡镇政府直接进行管理。如吉安青原山风景区由河东镇、庐山的三叠泉中的第三叠景区由庐山区海会镇管理等。乡镇管理与景区的规模和影响力密切相关，当景区逐渐发展而超出了乡镇的界限时，这种管理模式也会向县市直接管辖或多元化的管理模式转变。当采取乡镇管理模式时，旅游景区的发展会受制于管理理念和手段、技术和资金以及配套设施和服务等因素，因为大多数情况下，乡镇对于旅游景区发展的支持力度无法与县市政府相比。

（3）管理局管理。管理局管理是指一个旅游景区由上级政府设立的景区管理局进行统一管理，如江西省的庐山、三清山等地就采取这种管理模式。景区管理局实际上是当地政府的派出机构，实施对景区的统一规划、开发和管理。但与此同时，由于景区管理局只是一个职能管理机构而并非等同于地方政府，因此，管理局的管理与上述政府直接管理最大的差异在于景区管理局及其设置的下属职能管理机构都没有行政执法权。

## 三、我国景区管理制度中的问题

### （一）产权不清，多头管理现象严重

景区产权不清是影响我国景区管理的核心问题。随着现代企业管理制度在我国企业管理中的实施，加速了企业改革的进程。现代企业中产权的分配决定了企业所拥有的权利和义务，只有将产权问题彻底解决，才能激发企业的活力。我国景区改革同样面临着产权不清、所有权和经营权混乱、缺乏有效的治理结构等问题。虽然目前已经有不少景区尝试改革，并取得了可喜的成绩，但是我国大部分旅游景区的经营权、管理权和所有权尚未分离，并且由诸多相关部门所共有，这样的产权分配模式导致了相关管理机构都能对景区的经营管理握有权力，责权不清，以致无法对景区的长远发展方向进行决策。

在实际开发过程中，由于景区内资源的所有权和管理权分属于不同的管理部门，在开发景区内的不同区域和不同资源时，需要向不同的管理部门提出申请，这往往会使景区项目的投资开发商们无所适从，大大降低了开发的效率。

### （二）政企不分，现代企业制度待建

对于经营型景区而言，政府和相关管理机构是宏观管理者，应对景区发展的大方向加以引导，并从政策上予以扶持。景区的经营管理人员是景区日常经营管理的执行者，主要通过各种手段提升景区在市场中的竞争力，使景区的经济效益最大化。政府机构与景区企业之间是分工明确的两个主体，两者的价值取向和行为方式具有本质的差别。我国目前的许多景区在管理上还存在着政企不分的情况，即景区的经营管理活动由政府派出管理机构执行，甚至有的景区成为政府部门的下属企业。政府与企业身份的重叠大大降低了景区的盈利水平和能力，例如目前在不少政企不分的景区中，政府消费、景区埋单的情况时有出现。因此，管理中的政企不分已经成为制约我国景区发展的难题之一。

### （三）责权不清，激励约束机制缺位

我国景区管理长期处于产权不清、责权不明确的状态，从而导致景区经营者在管理决策中无须为后果承担责任，也无法从其管理产生的绩效中获得回报。在这种情况下，景区管理者可能会从自身的利益，而非景区利益出发来进行决策，决策缺乏理性，随意性突出，对景区管理造成极大危害，如在悬崖峭壁上修建现代化的电梯，在古城墙上修建跨越式人行天桥等。此外，由于景区管理上的政企不分导致了政府管理机构对景区经营管理过程监管不力，约束机制十分缺乏，不少景区因盲目开发而造成对资源的永久性破坏。因此，为了保障我国旅游景区资源的可持续开发，应加紧建立景区经营管理的激励和约束机制，以引导景区的经营管理行为。

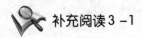 **补充阅读 3 -1**

**贵阳市的旅游景区管理制度问题**

景区基本情况调查表明，现有旅游景区运营管理中，属私人企业、股份制企业的景区都能按照现代企业制度的要求，对景区实施公司化管理运营。国有及国有控股旅游景区主要还存在以下问题：一是管理体制不顺，存在政事不分、政企不分、条块分离、政出多门、管理缺位等现象，从行政事业单位管理的景区来看，由于景区分属不同层次、不同部门管理，在经营管理上缺乏统一性和前瞻性。二是旅游景区开发建设资金投入不足，重大项目的审批程序等面临诸多困难，导致旅游重大项目落地进展缓慢，旅游资源开发利用迟缓，景区提升转型滞后。三是列入省 100 个景区建设的重点旅游建设项目，大多还在建设或提升改造，其管理运营机制还有待进一步建立和完善。四是一些景区产权不清，股权不明确，导致景区投资主体不明确，景区开发建设缓慢。

（资料来源：贵阳市旅游发展委员会 . 贵阳市旅游景区管理体制机制
运营情况调查，2015 年）

## 四、旅游景区管理制度的改革途径

### （一）集中景区行政管理权

**1. 集中景区行政管理权的必要性**

景区作为一种特殊的地域空间，集中了各种产业要素，决定了景区管理要适当集中行政权。目前我国景区存在的管理条块分割、多头管理等问题，其根本原因也是景区内部要素的多元化。为了优化景区管理制度，提升景区管理效率，首要的工作是打破管理权限分散、管理机构多头的现状。而景区管理的经验也表明，强化跨部门、跨行业、跨地区的协调管理力度，是实现景区管理健康发展的基本保证。因此，集中景区行政管理权就是要改变目前大多数景区面临的多头管理的弊病，将原先分散在各个部门的景区宏观管理权限集中起来，对景区实施统一管理。从这个角度来看，集中景区行政管理权实际上是对景区外部管理机构的整合，是十分必要的。

**2. 集中景区行政管理权的途径**

（1）区域内部的管理权集中。对于处于一个行政区域内的景区而言，其面对的主要问题就是景区管理机构过多，景区决策过程中无所适从。对于该情况，景区管理机构应采取"就低不就高"的原则，将各种管理权限集中下放到最基层的政府部门，并由政府部门指定或成立景区管理机构对景区实施统一的行政管理。对于属于同一行政区划内部的景区，应严格按照相关法律法规的要求，建立综合性的景区管理机构，如景区管理委员会，并赋予其县级人民政府的职权，成立景区综合执法部门，将公安、工商、物价、税务、城建、交通、路政、林业、环保、质检等职能由景区综合执法部门统一行使，并由政府对其执法行为实施监督。这样一来，各种管理职能可以得到更好的协调，景区的管理效率也能得到有效提升。

（2）跨区域的管理权集中。对于那些跨越不同行政区的景区而言，由于行政区间的管理主体的差异和利益冲突而造成景区人为分割、重复建设、恶性竞争等现象较为常见。如位于湖北、湖南和江西三省交界处的黄龙山景区跨越了湖北和湖南两个省域，同样的一座山头，在湖北被称为黄龙山景区，在湖南则被称为幕阜山景区，两个景区之间具有良好的通联性。但是，正是由于上述两个景区分属于不同的管辖区域，在景区资源开发和市场营销上互相竞争，对资金和客源市场形成了强烈分流效应，大大影响了两个景区的发展。假如两个景区能够携手共同开发资源，共同拓展市场，必定能实现资源的优化配置，取得较为理想的经营业绩。可见，景区跨区域管理对其发展十分重要，而对跨越行政区域的景区只有通过第三方来进行管理才能避免"本位主义"的弊端。

**（二）建立法人制度，构造现代企业型经营主体**

现代企业制度是指在世界范围内为人们所共识的，适应市场经济体制需要，体现企业成为独立法人实体和市场竞争主体的要求而确立的制度规范。对于经营性的景区而言，必须建立起法人制度，才能构造独立的经营主体。景区要想改变传统的政企不分的状况，必须将经营主体转变为以现代企业制度为基础的独立法人，实现景区市场化经营。构建一个真正意义上的现代企业型经营主体，旅游景区应进行下列调整。

（1）建立景区的企业法人制度。法人制度是现代企业的主要特征，该制度是指景区具有依法享有法人财产的权利。法人财产的界定又是以建立明晰的企业产权制度为基础，即在产权明晰的前提下，景区拥有对自有财产的处置权。只有明确了景区所拥有和能处置的财产，才能真正明确景区经营盈亏的主体身份，才能让景区形成自主经营和科学合理配置资源的管理机制。建立景区企业法人制度是构造现代企业型经营主体的首要条件。

（2）完善景区责任制度。景区在经营管理中主要扮演了三种角色：一是景区内资源的经营者，二是景区开发建设投资者的投资对象，三是市场所需求旅游产品的提供者。作为景区资源的经营者，旅游景区要对资源的完好程度和持续利用负责；作为景区开发投资的对象，景区要为投资者资产的保值增值负责；作为旅游产品的提供者，景区还要最大可能地为旅游者以及景区所在的社区负责。为了保证景区能够尽到上述责任，应将上述责任进行细化分解，最终形成完善的景区责任制度。

（3）科学选择并实施组织重构。科学完善的组织领导制度是现代企业制度的重要组成部分。现代企业组织制度的基本形式是公司制，其基本的领导体制是公司董事会领导下的总经理负责制，然而具体到管理组织形式则有多种模式可供选择。景区可供选择的组织结构主要有直线式、职能式、直线职能式和事业部制组织结构。

（4）完善并优化景区内部管理制度。内部管理制度也是现代企业制度的重要内容之一，现代企业的内部管理制度包括劳动制度、人事制度、分配制度、财会制度等一系列的内容。只有在景区内部形成了完善的规则和制度，工作人员才能按照制度行事，景区的经营管理才会有序进行。因此，在构造景区经营主体时，还应建立起完善的内部管理制度。

**（三）明晰景区产权的分配关系**

旅游景区内的产权关系基本可以按照资产的类型分为两个层面。第一，所有权归国家或全民所有的旅游资源是景区内的国有型资产，一般只能出让其经营权，所有权和管理权则归政府所有。第二，景区内与经营管理相关的经济资源属于经营性资产，其产权可以实现完全转移，即可以完全转让给景区的经营管理者，实行企业化经营。

旅游景区经营权和所有权分离，可以解决旅游开发及保护过程中的政企不分及资金不足问题，从而促进旅游资源开发与保护的良性互动。但是，在体制、法规不健全的情况下，产权分离后可能会出现违反可持续开发原则的经营管理行为，经营管理者借助其拥有的景区经营权对景区资源的所有者权利加以侵害。为此，在实施景区产权关系重新分配时，应借助公正、科学的方法和程序，如景区经营权拍卖等，对旅游景区经营者进行遴选，以确保信誉良好的国内外企业取得景区的经营权。而景区在经营过程中，景区产权的主体还应依法对经营者的投资与经营行为予以有效的监控和帮助，以保证资源被合理使用。

**（四）营造健全的政策法规环境**

景区管理制度创新是新时期的新课题，其中必定会涉及相关机构的利益。为了保证景区管理制度改革的顺利进行，取得预期效果，国家和地方政府还应制定相应的配套法规和政策，原有法规和政策中对管理制度创新有阻碍的条款应进行修正和删除，同时，对景区管理制度改革创新中可能出现的问题应制定详细的实施细则。健全的政策和法制环境对于景区管理制度的改革和创新具有重要意义。

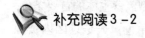 补充阅读 3 - 2

### 关于贵阳市旅游景区管理体制机制改革的建议

随着旅游业发展的转型升级，传统旅游景区管理体制机制已经不能适应发展的要求，必须以改革创新的精神，大胆探索旅游业发展的内在规律，加大旅游改革发展力度，破除体制机制障碍性问题，不断提升旅游产业发展的质量和效益。要坚持"政府引导、产权明晰、市场配置、授权经营、保护开发"的原则，按照现代企业制度和所有权、管理权、经营权"三权"分离的要求，以构建产权关系明晰、责任主体到位，构建多元化投融资体系，打造旅游精品景区为目标，提升景区综合竞争力。一是要按照政企分开、事企剥离、企业化运营的模式，通过大力引进社会资本进行战略重组，构建混合所有制主体，确立景区自主经营、自负盈亏、独立承担民事责任的法人主体地位，建立健全景区法人治理结构，推进旅游景区体制机制改革。二是按照属地管理和谁主管、谁负责的原则，大力推进国有旅游景区公司制改革，强化产权制度改革，推动景区所有权、管理权、经营权三权分立。三是以列入省 100 个景区体制机制改革为重点，对尚未进行公司制改革的国有旅游景区，由景区所在地政府和行业主管部门对旅游景区资源资产进行评估，明晰景区的范围，进行确权登记，做到产权清晰，健全旅游景区归属明晰、权责明确、流转顺畅的现代产权制度。四是加大投融资力度，以股份制、混合所有制等多种方式的改革为重点，鼓励景区以优势资源和资产引进理念新、有实力、有活力、有品牌的战略合作者参与景区开发建设和经营管理，打造旅游精品，提升核心竞争力。

（资料来源：贵阳市旅游发展委员会．贵阳市旅游景区管理体制机制运营情况调查，2015 年）

# 第二节　旅游景区企业文化

## 一、旅游景区企业文化的特点

作为一种经济性很强的文化事业和文化性很强的经济产业，从一定意义上讲，旅游创造文化氛围、传递文化信息、构筑文化意境，文化的内涵和价值在现代旅游管理中的地位和作用越来越重要。旅游景区作为一种组织，为社会提供的不仅仅是产品，而且还是文化。旅游景区企业是生产文化、经营文化和销售文化的企业。因此，企业文化建设是旅游景区经营管理中的重要组成。

旅游景区是旅游业发展的基础，是旅游业的核心竞争力，是体现一个区域旅游产业发展水平的重要载体。作为旅游企业，旅游景区企业文化既具有企业文化的一般特征，又与其他类型的企业文化存在着显著的差异，带有明显的行业特点，主要表现在以下几个方面：

（1）服务意识是旅游景区企业文化的核心。旅游景区属于第三产业，旅游业提供生产的产品是无形的服务型产品。在旅游景区中，企业员工与旅游消费者面对面地接触，因此，旅游企业的生产经营活动必须以服务为中心，服务于内部员工、服务于旅游消费者、服务于社会。可以说旅游景区企业文化是一种服务经营型文化，服务意识是旅游企业文化的核心，贯穿于旅游景区的价值观念、行为准则、企业精神、制度文化等要素之中。

（2）文化意识是旅游景区企业文化的内涵。旅游是文化的载体，文化是旅游的灵魂。没有文化内涵的旅游产品就不会有强大的生命力。一方面，旅游景区接待的宾客来自世界各地，来自各种不同的社会文化背景，旅游景区员工需要了解不同国家和地区的文化传统及价值观，尊重宾客的文化差异与风俗习惯；另一方面，旅游景区为适应市场需求必须开发文化品位较高的旅游产品，满足游客的旅游体验需求。正因为旅游的文化属性，要求旅游企业要具备浓厚的文化意识，要为游客提供具有一定文化品位的旅游产品。实践证明，旅游产品的文化性越强，文化品位越浓，就越受旅游消费者欢迎，社会经济效益也就越好。另外，塑造旅游企业的良好形象，必须注重丰富和深化文化内涵，良好的形象是旅游企业发展的生命线。

（3）开放意识是旅游景区企业文化的关键。随着国际旅游市场的形成，世界各国之间的文化交流更为普遍和广泛。由于行业特殊性，旅游企业面对的是来自世界各地的旅游者，文化环境的差异造就了旅游者在语言文字、审美情趣、价值取向、思维方式、道德风俗等方面的不同特点。旅游景区要想在经营活动中满足各国旅游者的不同需求，就必须树立开放意识和全球意识，善于进行文化综合分析，培养跨文化交流能力，根据各国文化的差异性判断各国旅游者需求的差异性，为游客提供有针对性的服务。

## 二、旅游景区企业文化建设的途径

企业文化是旅游景区发展的灵魂。旅游景区通过企业文化建设，培育新的思想观念，建立新的管理机制，增强企业的忧患意识，调动员工的积极性，提升旅游景区的管理水平，树立旅游景区的市场意识，增强旅游景区的竞争力，是旅游景区企业的内在发展要求。概而言之，建设和培育先进的旅游景区企业文化应该从以下几个方面入手。

### （一）树立以人为本的观念

旅游景区企业文化建设必须树立以人为本的管理理念，努力培养忠诚的员工队伍和相对稳定的顾客群体，实现景区的可持续发展，原因如下：

（1）从旅游者来看，旅游是一种让旅游者放松心情、开阔视野、增长见识、陶冶情操的轻松而又愉快的体验活动。感受和体验异地文化是大多数旅游者出游的主要目的。旅游景区作为一种接待服务性的社会组织，需要提供充满人性亲情的情感服务来打动消费者，旅游者主要通过消费旅游服务产品追求感性上的满足。旅游景区企业文化建设就是要以旅游者的需求为出发点，设计出新颖别致，更富参与性、知识性、趣味性的旅游体验活动，通过高质量的产品加上一流的服务，满足旅游者的体验需求，让游客满意应当成为旅游景区追求的最高经营目标。

（2）从员工来看，在企业内部提倡和贯彻"员工第一"的思想，强调企业的民主化管理和人性化管理。旅游企业提供的产品是服务，员工是企业中最宝贵的资源和财富。旅游景区要尊重与信任员工，关心与爱护员工，培养与激励员工，帮助员工更新观念、开阔视野、增加知识、提高技能，全面提升员工的综合素质与个人修养，实现员工自我定位、自我约束、自我发展、自我实现、自我超越，增强员工对企业的归属感、拥有感、荣誉感、责任感和使命感。

## （二）树立竞争意识

良好的竞争意识包括优良的服务态度、合理的服务价格、明显的服务特色、周到的服务礼节、齐备的服务设施等。在旅游景区竞争激烈的今天，准确定位是竞争中求生存谋发展的首要选择；合理宣传品牌，是竞争中求生存谋发展的谋略重点；筹划营销策略，是竞争中求生存谋发展的重要保证；提供优质服务，是竞争中求生存谋发展的内在要求。只有差异化竞争、个性化竞争才是出路。现在旅游景区靠门票经济、单一产业的弊端已经显露无遗，必须改变经济发展模式，提升景区核心竞争力。

## （三）树立"顾客至上"的理念

顾客是旅游景区生存的依据，景区拥有一批忠实的顾客，便能赢得生存和发展。旅游景区的经营活动应该围绕顾客这个中心，重视顾客，关注顾客，满足顾客的需求，按照顾客的需求来设计产品，提供服务。

旅游景区应高度重视游客的意见并在所有工作中不断满足游客的各种要求。不断提高游客的忠诚度是企业孜孜以求的境界。旅游景区应抛弃"赢利第一、服务第二"的观念，真正把消费者当成上帝，以顾客为中心，培养品牌文化，强化品牌意识，铸就景区品牌，提高景区品牌忠诚度。

## （四）树立社会责任感

旅游业是资源消耗低、带动能力强、就业机会多、拉动效应强、综合效益好、社会影响大的战略性产业，事关国计民生。旅游景区作为旅游业的经济实体，生产经营的目标是最大限度地追求利润。但旅游景区作为企业，同时也是社会的一个小细胞、一个微观群体，理应肩负起对整个社会公众的责任，树立社会责任观念。

（1）设计和提供优秀的旅游产品，提高旅游者的旅游体验质量，满足人们的精神需求及文化生活需要。

（2）尊重和维护消费者权益。旅游景区不能为了牟利而损害消费者的合法权益。

（3）开展公平竞争，维护市场竞争秩序。旅游景区不能为了追求利润而进行不公平竞争，破坏市场环境，扰乱竞争秩序。

（4）参与社会公益事业。旅游景区应当承担为社会提供更多的就业机会，关心和赞助社会的慈善事业、公益事业，促进当地经济和社会的发展的社会责任。

## （五）树立创新精神

作为市场竞争主体，旅游企业也应具备与现代市场经济相适应的创新意识和创新能力，企业文化建设也应反映市场经济不断发展的要求。只有不断地创新，企业才能保持旺盛的创造力和生命力，才能持续健康发展。创新可以为企业文化注入活力，提升企业文化建设水平。要通过创新企业文化，促进企业不断发展。企业文化创新的关键是更新企业旧的经营哲学、管理理念，让企业文化建设迈上一个新台阶。要以创新为旅游景区企业文化的核心。

　　创新是市场经济发展的必然要求，是新经济时代的一个显著特点，将创新作为旅游景区追求的目标和企业文化精神的核心，对旅游景区有着十分重要的意义。旅游景区在21世纪的创新精神可以概括为10个方面：观念创新、理论创新、市场创新、技术创新、产品创新、方法创新、策略创新、组织创新、人才创新、规则创新。

　　（六）树立环保意识

　　旅游业被业内外人士称为"无烟产业"，但"无烟产业"并不代表就是无污染产业，不代表不产生任何环境污染和破坏。旅游景区的污染主要来自旅游供给和旅游需求两方面，主要表现为大气污染、水体污染、垃圾污染、噪声污染、视觉污染和社会污染等。它们的存在和蔓延影响着景区的旅游质量、威胁着景区的旅游生命。旅游景区树立环保意识可以从以下方面着手：

　　（1）加大宣传力度。通过电视、电台、报刊、网站等宣传工具，宣传保护旅游景区环境的紧迫性和重要性。要通过宣传，使广大决策者、旅游从业者、旅游人员和景区居民认识到保护景区环境要"防重于治，防为先"的道理，不能边污染边治理，更不能先污染后治理。

　　（2）科学规划景区。为了景区的持续协调发展，长远科学规划最为关键。总的原则是要遵循美学观点，不能有败笔，不能留瑕疵。

　　（3）加强管理手段。通过在旅游高峰期对进景区游人数量的调控和对游人进景区后旅游行为的监控来达到保护景区环境的目的。景区景点要进一步加强节能减排力度，从旅游规划就开始注入低碳理念，严格执行旅游规划，在景区景点建设过程中推行节能环保材料，努力实现景点景区内各项基础设施尽量使用新能源产品，打造低碳旅游景点景区。旅游景区鼓励和倡导消费绿色产品和服务，让旅游者从中获得利益和乐趣。

　　（七）树立品牌意识

　　品牌因能带来长期竞争优势，是旅游景区抢占市场、赢得顾客的法宝。旅游景区要有理性思考和长远规划，着重打造自己的文化品牌，确立走一条从产品到品牌的经营之路。只有树立品牌观念才能使景区做强做大，才能提升景区的核心竞争力。

　　旅游景区作为旅游企业要树立形象意识，重视企业形象的塑造和维护。旅游企业在企业文化建设中要遵循独特性原则，根据行业特点和本企业的实际，在形象塑造的理念识别、行为识别、视觉识别等各个层面都要保持特色和个性，使之具有吸引力、感召力和竞争力。

　　旅游景区企业文化建设是一项长期的复杂的系统工程，是旅游景区发展必不可少的竞争法宝。旅游景区企业文化建设与景区的生产经营活动紧密联系在一起，是一个循序渐进的动态过程，需要景区在经营过程中去探索、营造、培养和发展。

 思考与练习

1. 说明旅游景区管理制度的构成。
2. 我国旅游景区管理体制主要有哪些问题？
3. 旅游景区管理制度的改革途径有哪些？
4. 旅游景区企业文化有何特点？

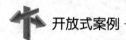 开放式案例 ┈┈┈┈┈┈┈┈┈┈┈┈┈┈┈┈┈┈┈┈┈┈┈┈┈┈┈┈┈┈┈┈┈┈┈

### 海南槟榔谷景区企业文化建设纪实

分析提示：企业文化是旅游景区企业管理的重要内容，也是目前许多旅游景区管理中的薄弱环节。槟榔谷景区通过开展一系列的企业文化建设，大地促进了发展，其成功经验值得借鉴。

被誉为海南黎族苗族传统文化博物馆的槟榔谷景区，自开业以来始终执着于对传统文化的深入挖掘和精心保护，旨在将传统文化进一步传承与弘扬。景区内珍藏着整个海南岛最齐全、最珍贵的各种民间文物和图片，是一部生动、恢宏的"黎族苗族历史教科书"。

这里有黎族人世代居住的茅草船形屋，有黎族妇女文身绣面的"活化石"——老阿婆，有民间传统酿酒术现场制作的"酉井"，有农民藏放谷物的"囷"，有黎族苗族手工制作的精美纺染织绣，有镇馆之宝——黎锦"龙被"，更有现场演出的竹木乐器演奏技法、打柴舞、竹竿舞等文艺节目，濒临失传的黎族苗族传统文化精品在这里得到充分展示。

这样一个小有历史且正在稳步向前的企业，始终将企业自身文化建设放在非常重要的位置。景区管理层深刻地认识到，人是生产力诸要素中最活跃的要素，也是企业文化的承载者、实践者、创造者。在企业管理的环节中，人的因素始终处于第一位。在创建企业品牌的过程中，人的思想和行为始终起着主导作用。在正确理念的指导下，槟榔谷景区不断完善员工福利制度，逐步完善员工培训、拓展等一系列制度。

1. 别开生面的拓展活动

2011 年 7 月 9 日，景区内导部 60 余名员工组成的年轻团队进驻景区神秘的雨林山顶，接受了别开生面的拓展训练。在海南绿洲户外拓展公司的专业培训下，大家齐心协力完成了"同心圆""分享时刻""协力通关"三个大项的拓展内容，经历了以往不曾面对的考验。每位成员都全身心地投入，共同走过了一条超越自我的道路，这其中有欢乐与感动，也有掌声与泪水。第二天，拓展训练圆满结束。参加此次训练的员工纷纷表示，虽然训练很短暂，但在训练中体会到的集体荣誉感和同事之间的信任将成为他们人生当中一笔宝贵的财富，让他们能够以更好的心态、更饱满的热情，迎接未来的工作和生活。

2. 多元丰富的福利待遇

2011 年，景区年度优秀员工分 3 批前往华东 5 市及内蒙古考察旅游。外出旅游这一福利待遇在槟榔谷已经小有历史，企业每年都会组织优秀员工外出旅游学习。历年来，槟榔谷优秀员工已经到过西藏、甘肃、青海、北京、江苏、上海、内蒙古乃至中国香港、中国台湾、越南等地。员工一起外出旅游既是放松身心的好方式，更是加强沟通交流、加深同事情意的好机会。这对于丰富员工生活，陶冶员工情操，进一步塑造团队精神，增强员工的向心力和凝聚力，弘扬企业文化有着十分积极的作用。

槟榔谷景区在每年评选并奖励优秀员工的同时，每月都会举行大型员工生日聚会，当月过生日的员工会收到企业高层精心准备的礼物，当月的"幸运星"更是可以收到价值千元的纯金戒指作为生日礼物。

（资料来源：凤凰网，http://www.nx.ifeng.com，2011 年 12 月）

 **推荐阅读**

1. 邹统钎. 中国旅游景区管理模式研究［M］. 天津：南开大学出版社，2006.

2. 彭德成. 中国旅游景区治理模式［M］. 北京：中国旅游出版社，2003.

3. 葛全胜，宁志中，刘浩龙. 旅游景区设施设计与管理［M］. 北京：中国旅游出版社，2009.

# 第四章 旅游景区战略管理

【学习目标】

1. 理解旅游景区经营战略内容与体系。
2. 掌握旅游景区战略管理的基本过程。
3. 掌握旅游景区战略环境调查与分析方法。
4. 理解旅游景区品牌战略、生命周期战略和可持续发展战略。

【内容结构】

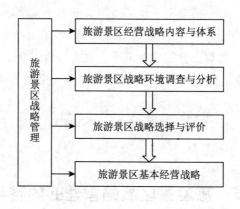

【重要概念】

战略　战略管理　战略决策　品牌战略

## 导入案例

# 青岛市 5 大景区组建旅游景区战略联盟

2013 年 4 月 10 日，青岛崂山风景区、青岛海底世界、青岛海昌极地海洋世界、港中旅（青岛）海泉湾度假区、青岛啤酒博物馆等青岛旅游景区 5 大巨头正式组建青岛旅游景区战略联盟，签订了专项合作产品协议。

（1）联手共推新服务新产品。根据协议，崂山风景区与青岛海底世界、青岛海昌极地海洋世界、青岛啤酒博物馆之间互售对方门票；崂山风景区与青岛海底世界共同推出海誓山盟精品线路；崂山风景区与海泉湾推出包括天创剧场、仰口景区和仰口索道在内的组合产品。

（2）做大青岛旅游市场蛋糕。作为青岛首个景区战略联盟，围绕打造成青岛旅游联合体的金字招牌，5 大景区将在产品促销、市场开发、宣传推广、集体采购等方面开展战略合作。根据各自产品特点，在整合各方优势资源的基础上，不断创新和研发旅游产品，为游客提供更加优惠和优质的服务；开展营销战略合作，在开发特色旅游品牌线路、策划各类主题活动、互相代售门票等方面深度合作；在各自景区为其他各方提供宣传平台，并联合在客源地市场进行宣传推广；根据情况制定营销策略并联合采购媒体资源，全面提升品牌影响力；筹备定期的联盟论坛，研讨旅游市场形势，共商旅游发展大计，做大青岛旅游市场蛋糕。

（3）开发"海誓山盟"旅游联票。按照协议约定，联盟将开发一系列组合产品，致力成为青岛的一张名片，向全国乃至全世界推广。青岛海底世界和崂山是青岛两个最具代表性的旅游景区，一个主打"山"，一个侧重"海"，各自拥有代表青岛山海特色的旅游资源。双方尝试开发"海誓山盟"旅游联票，在自助游、自驾游等方面商讨合作模式。同时共同策划推广"海誓山盟"城市旅游品牌，并将这一品牌逐步推广成代表青岛旅游形象的全国知名品牌。

（资料来源：人民网－山东频道，有删减）

# 第一节　旅游景区战略管理的内容与体系

## 一、旅游景区战略内容与体系

### （一）景区战略内容

"战略"一词原本是军事上的一个概念，其含义是"对战争全局的筹划和指导"。目前，战略一词已经广泛运用于政治、经济、社会、文化、教育等各个方面，其一般的含义是指带有全局性、长远性、根本性的重要谋划和方略。旅游景区作为一个企业组织，同样需要制定发展战略。根据战略的内涵，旅游景区战略的主要内容如下：

（1）战略思想。战略思想是指导景区战略制定和实施的基本思想，对景区管理者和员工的行为起着统帅作用、灵魂作用和导向作用，是正确的经营观念的体现。一般而言，要搞好景区管理，必须具备可持续发展思想、市场导向思想、质量第一思想，等等。

（2）战略目标。战略目标是以战略思想为指导，根据对景区环境变化的分析和自身条件的分析，制定的景区在战略期内努力发展的总目标和应达到的总水平。战略目标是景区经营战略的实质性内容，正确的战略目标是评价和选择经营战略方案的基本依据。景区战略目标通常是一个目标体系，衡量指标包括市场占有率、投资收益率、接待游客数、营业收入等。

（3）战略重点。战略重点是指那些对于实现战略目标具有关键作用而又有发展优势或自身需要加强的方面。景区的战略重点一般是从景区规划、市场战略、投资战略、质量战略、人才战略等方面作出选择，通常情况下，市场战略是景区的战略重点。

（4）战略方针。战略方针是指景区为贯彻战略思想和战略目标、战略重点，所确定的景区经营活动应遵循的基本原则、指导规范和行动方略。战略方针起着导向作用、指针作用和准则作用。

（5）战略阶段。战略阶段是指根据战略目标的要求，在规定的战略期内划分若干阶段，以便分期实现总体战略目标的要求。由于战略目标需要划分为不同水平的目标，所以战略阶段的划分要以战略期限的长短为依据。

（6）战略对策。战略对策是指实现战略目标而采取的重要措施和手段。战略对策具有阶段性、针对性、灵活性、具体性、多重性等特点。经营战略对策又称为经营策略。一项战略任务需要采取多种灵活的策略加以保证。

**（二）景区经营战略体系**

景区战略是一个有机整体，一般包括两大部分内容。

（1）总体战略。总体战略是指在对景区内外环境进行深入分析调查研究的基础上，对景区的市场需求、竞争状况、资源状况、自身实力、国家政策等主要因素进行综合分析后，所确定的指导景区全局和长远发展的谋划及方略。制定总体战略的目的可以从两个方面加以说明：从景区外部来看，总体战略目的在于寻求景区竞争优势，有效地满足目标市场需要，通过竞争和吸引游客，实现景区的市场定位，使景区的经营活动与旅游市场发展趋势相适应。从景区内部来看，总体战略的目的是为了对那些影响景区竞争成败的市场因素的变化作出正确反应，需要协调和统筹安排景区经营中各种业务活动，如规划开发、市场营销、人事管理等，总体战略要为这些经营活动的组织和实施提供直接的指导。

（2）职能战略。相对总体战略而言，职能战略也可称为分战略，是指按不同的专业职能对总体战略进行落实和具体化的战略。职能战略是为贯彻、实施和支持总体战略而在景区特定的职能管理领域制定的战略，其重点是提高景区人力、物力、财力等资源的利用效率，使景区资源的利用效率最大化。在既定的战略条件下，景区各层次职能部门根据其职能战略采取行动，集中各部门的潜能，支持和改进总体战略的实施，保证战略目标的实现。与总体战略相比较，职能战略更为详细、具体和具有可操作性。它是由一系列详细的方案和计划构成的，涉及景区经营管理的所有领域，包括规划、营销、财务、人事等部门。职能战略实际上是景区总体战略与实际达成预期战略目标之间的一座桥梁，如果能够充分地发挥各职能部门的作用，加强各职能部门的合作与协调，顺利地开展各项职能活动，特别是那些对战略实施至关重要的职能活动，就能有效地促进景区总体战略实施成功。职能战略一般可分为营销战略、人事战略、财务战略。

总体战略和职能战略是一个统一的整体，其制定和实施过程是各级管理人员充分协商、密切配合的结果。任何一个战略层次的失误都会导致景区战略无法达成预期目的。当景区战略的各个部分与层次相互配合、密切协调时，就能最为有效地贯彻与实施景区战略。

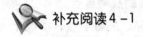 补充阅读 4 −1

### 景区总体战略的侧重点与职能战略的侧重点

景区总体战略侧重点：①如何贯彻景区使命；②发展的机会与威胁分析；③发展的内在条件分析；④发展的总体目标和要求；⑤确定战略的战略重点、战略阶段和主要战略措施。

景区职能战略侧重点：①如何贯彻景区发展的总体目标；②职能目标的论证及其细分化；③确定职能战略的战略重点、战略阶段和主要战略措施；④战略实施中的风险分析和应变能力分析。

## 二、景区战略管理的含义与过程

景区战略管理就是景区高层管理部门为谋求景区长期生存与发展，在对外部环境和内部条件进行分析研究的基础上，以正确的指导思想，对景区经营方向与目标、重大方针、策略和实施步骤所做的长远的、系统的和全局的谋划。

规范性的、全面的景区战略管理过程大体可分解为三个阶段，分别是战略分析阶段、战略选择及评价阶段、战略实施及控制阶段。但是在进行战略分析之前首先要确立或审视景区的使命。

### （一）战略分析

战略分析是指对景区的战略环境进行分析、评价，并预测这些环境未来发展的趋

用于享受生活，此时旅游的需求又达到一个高峰。职业和教育水平对旅游需求的产生具有重要的影响作用。不同职业的人所具有的消费能力和消费习惯是不相同的，他们在旅游过程中所追求的目标也具有一定的差异性。

### （二）收入因素分析

收入因素分析主要包括个人收入分析、个人可支配收入分析和收入分配分析。

（1）个人收入。个人收入是指一个国家或地区的所有个人、家庭和私人非营利性机构，在一定时期，通常是一年内从各种来源所得到的收入总和。个人收入状况是反映居民购买力强弱的重要指标。第二次世界大战后，世界旅游业的大发展与世界经济发达国家国民收入水平不断上升有密切关联。从世界旅游市场来看，国民收入水平较高的国家通常也是世界主要的客源国，如加拿大、美国、日本等。

（2）个人可支配收入。个人可支配收入是人们将个人收入用于日常基本生活开支后的剩余部分。个人可支配收入是影响旅游者购买力水平的决定因素。旅游者可自由支配的收入越多，其用于旅游消费的收入份额也相应越高。

（3）收入分配。收入分配是影响需求的一个因素。一般而言，均衡分配收入水平的增加能够使大部分居民受益，因此，在收入分配均衡的社会里，收入和旅游需求将随着国民收入水平的上升而成正比变化。

### （三）市场结构分析

景区客源市场的结构分析是从多个角度来审视客源市场的构成状况。一般而言，景区的客源市场都呈现出复合结构，很少是单一结构。从空间结构来看，有本地市场和外地市场，外地市场又分为近距离市场、中距离市场、远距离市场等；从时间结构上看，有淡季和旺季之分；从内容结构上看，又分为观光、度假、休闲、娱乐等。从营销的角度来分析，市场结构构成了市场细分的基础。

### （四）市场竞争状况分析

旅游景区之间存在着一定的竞争，尤其是特色相近、空间距离较近的旅游景区之间竞争相对激烈。旅游景区之间的竞争状况分析主要包括潜在竞争者、现有竞争者、替代品3个方面。潜在竞争者是指正在开发或即将开发的新景区产品，这种新产品通常具有后发优势，一旦开始运营，就会吸引部分游客；现有竞争者是指现有景区产品之间的竞争，相互竞争的景区必须要分析对方的竞争战略，从而有针对性地制定战略；替代品主要是指能替代旅游景区产品的其他产品，如电影院等。

## 二、旅游景区内部条件分析

旅游景区的内部条件也叫内部环境，主要是旅游景区所拥有的客观条件。这是旅游景区开展经营活动的基础，是进行战略决策的重要依据。进行内部条件分析的目的在于弄清景区自身的优势和劣势，查清造成劣势的原因以及内部存在的潜力。具体而言，景区内部条件分析可概括为以下几方面。

（1）旅游景区组织状况。旅游景区组织状况主要包括景区的人力、物力、财力状况以及现行的管理体制与制度等诸多因素。显然，在这些因素中，景区的人力资源是最重要的基本因素，尤其是景区管理者的素质高低直接决定了景区管理水平的高低，这些素质包括管理知识、管理智能、管理技术等。景区的物力和财务状况是直接影响到景区管理的重要因素。此外，景区的管理体制、管理制度、企业文化等也是衡量景区组织状况的极其重要的方面，需要高度重视。

（2）旅游景区区位条件。区位条件是影响景区经营的重要因素，具体可分为市场区位、交通区位、地价区位和环境区位。市场区位是指景区距离客源市场距离的远近。市场区位在很大程度上决定了景区客源市场规模，这是距离衰减规律作用的必然结果。尤其是对主题公园类景区而言，选址一般都是在人口密集、经济发达的大城市，这是决定其能否成功的关键因素。交通区位是指景区的交通条件是否便利，这是衡量景区可进入性的关键要素。旅游景区需要良好的交通区位。一般而言，旅游景区最好位于区域交通的主要通道附近，或有次一级道路作为辅助与主干道相连。对于目标市场定位于当地居民的休闲型景区，其时间距离最好在 1 小时车程之内，观光度假型景区的车行距离也不宜超过 2 小时。地价也是衡量景区区位条件的一个指标，通常称之为地价区位。由于景区投资具有成本高、回收期长的特点，地价就成为一个重要的因素。此外，优秀的景区需要良好的外部环境和内部环境。内部环境指旅游景区内部的景观视线和旅游氛围，外部环境则指旅游景区周边的自然环境和社会环境。这也是影响景区经营能否成功的重要因素。因此，景区选址时要充分考虑区位的环境条件。

（3）旅游景区产品状况。景区产品是一个整体概念，包括核心产品、有形产品和附加产品 3 种成分。核心产品的特色往往决定了景区吸引力的大小。景区各种项目是围绕核心产品设计出来的。员工提供的各种服务的质量也包含在其中。此外，各种附加产品，如餐饮、住宿、娱乐、购物等设施也是衡量景区产品状况的重要方面，直接影响到景区产品的整体竞争力。景区的各种服务性设施和基础设施对景区运营起到了重要的作用。此外，景区产品的生命周期也是一个重要方面。

（4）旅游景区的营销能力。营销作为景区管理的重中之重，是衡量景区内部环境的一个重要方面。景区的营销能力涉及营销策略、营销组织、营销中介等多重因素，每个因素都是不可忽视的。

## 三、战略综合分析

战略综合分析就是对景区外部环境和自身条件的各种因素综合起来所进行的分析，通常采用的方法包括 SWOT 分析法和波士顿矩阵法。

**（一）SWOT 分析法**

SWOT 是 strengths（优势）、weaknesses（劣势）、opportunities（机会）、threats（威胁）4 个单词首字母的缩写。其中优势和劣势是景区内部的问题，是在进行分析时景区自身状况的体现；机会和威胁是景区的外部因素，是景区无法控制的部分。

如图 4 - 1 所示，SWOT 分析是通过对被分析对象的优势、劣势、机会和威胁加以综合评估与分

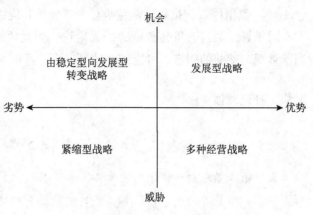

图 4 - 1　SWOT 战略选择图

析得出结论，通过内部资源、外部环境有机结合来清晰地确定被分析对象的资源优势和缺陷，了解所面临的机会和挑战，从而在战略与战术两个层面调整方法、资源以保障被分析对象达到所要实现的目标。

1. 优势与劣势分析

旅游景区内部的优势或劣势是相对于竞争对手而言的，主要包括：

（1）景区管理技能。包括组织形式、财务与人力资源、组织文化、营销策略、现行战略及质量管理模式等。

（2）景区营销系统。即目前景区的营销方式，包括目标制定、实施、考核及哪些员工参与营销等。

（3）景区产品形态。景区产品形态包括有形产品和附加产品结合的形式及程度，同时还包括员工的服务质量。此外，景区产品还包括景区的外部特征和辅助性服务设施，如商店、停车场等。另外，景区的形象和声誉也包括在产品范围内。

（4）现有市场人口统计指标。包括居住地、出游原因、出游目标、市场占有率、旅游者年龄、性别及家庭生命周期阶段等。

2. 机遇与威胁分析

对景区产生影响的外部机会或者威胁主要包括：

（1）政治因素。包括法律法规和政府制定的政策。

（2）经济因素。包括经济状况和财富分配状况等。

（3）社会因素。包括人口统计特征的变化及会对未来市场产生影响的消费者行为的变化趋势。

（4）技术因素。可应用于景区的技术（如虚拟现实技术）以及对景区造成的威胁（如家庭娱乐设施）。

（5）自然环境因素。包括污染及其他破坏。

（6）竞争因素。指要确认竞争对手并分析其优势、劣势及其可能采取的战略。

对于景区而言，机会和威胁并无定论，而是要根据自身当前的优势和劣势来确定。当前被视为威胁的因素，可能通过适当方式进行自身改革后能够变为发展的机遇。

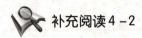 **补充阅读 4 - 2**

## 云台山风景区的 SWOT 分析

云台山风景名胜区位于河南焦作市修武县境内，总面积 190 平方千米，是一处以太行山岳丰富水景为特色，以峡谷类地质地貌景观和悠久的历史文化为内涵，集科学价值和美学价值于一身的科普生态旅游精品景区。

（1）优势分析：①自然景观独特，生态环境宜人；②人文景观丰富，文化底蕴深厚；③交通条件便利，基础设施完善；④极高的荣誉和地位；⑤先进的景区管理制度。

（2）劣势分析：①旅游从业人员生态意识薄弱，游客综合素质不高；②地质公园的旅游特色还没能充分挖掘；③游客住宿、餐饮、购物接待区管理缺少科学化、规范化、统一化；④缺少反映云台地貌特色的实景演出或是舞台剧作，游客夜生活平淡。

（3）机会分析：①中国拥有世界最大的国内旅游市场；②各级政府的政策扶持，为云台山发展旅游提供了强大推动力。

（4）挑战分析：①市场竞争的激烈，旅游景点的增加，将加剧对旅游资源和客源市场的争夺；②游客需求多样性的变化同样是景区面临的挑战；③景区中大部分管理人员的素质和能力已不能满足现代管理的要求。

（资料来源，根据云台山风景区相关资料整理）

### （二）波士顿矩阵

波士顿矩阵是由美国大型商业咨询公司——波士顿咨询集团（Boston Consulting Group）首创的一种规划企业产品组合的方法，目的在于解决如何使企业的产品及其结构适应市场需求的变化，如何将企业有限的资源有效分配到合理的产品结构中去，以保证企业收益。

波士顿矩阵认为一般决定产品结构的基本因素有两个，即市场引力与企业实力。市场引力包括企业销售量（额）增长率、目标市场容量、竞争对手强弱及利润高低等。其中最主要的是反映市场引力的综合指标——销售增长率，这是决定企业产品结构是否合理的外在因素。企业实力包括市场占有率、技术、设备、资金利用能力等，其中市场占有率是决定企业产品结构的内在要素，直接显示出企业竞争实力。销售增长率与市场占有率既相互影响，又互为条件：市场引力大，销售增长率高，可以显示产品发展的良好前景，企业也具备相应的适应能力，实力较强；如果仅有市场引力大，而没有相应的高销售增长率，则说明企业尚无足够实力，则该种产品也无法顺利发展。相反，企业实力强，市场引力小的产品则预示了该产品的市场前景不佳。

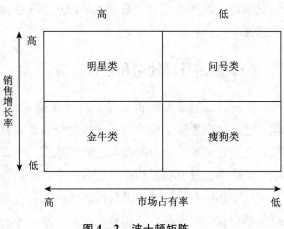

图4-2　波士顿矩阵

通过以上两个因素相互作用，会出现4种不同性质的产品类型，形成不同的产品发展前景，如图4-2所示：①销售增长率和市场占有率"双高"的产品群（明星类产品）；②销售增长率和市场占有率"双低"的产品群（瘦狗类产品）；③销售增长率高、市场占有率低的产品群（问号类产品）；④销售增长率低、市场占有率高的产品群（金牛类产品）。

波士顿矩阵将产品分为4种类型，并且每一种类型对应于不同营销战略。

（1）明星类。该类型业务与产品在某一快速增长的市场中占有很大的份额，可以为组织提供稳定的利润，但也面临竞争对手进入市场，挑战其明星位置的危险。因此，这类产品的营销重点放在保持竞争优势上。

（2）金牛类。这种类型的业务与产品位于某一缓慢增长的市场并占有很高的份额。这种类型的产品是流动资金的稳定供应者，因此对企业而言非常关键。

（3）问号类。这种类型的业务与产品在某一快速增长的市场中所占份额相对较低。造成这种情况的原因可能是产品老化，也可能是新产品刚刚进入市场。因此应着眼于防止这类产品成为瘦狗类产品，或者增加其市场占有率而使其转化为明星类产品。

（4）瘦狗类。这种类型的业务与产品在增长速度缓慢的市场中占有较低的份额。对于这类产品的最佳选择是终止生产，或者把这类产品卖给其他组织。但是，有的情况下这种产品也被保留下来，为今后的明星产品提供一个平台，或者用来向竞争对手的金牛产品施加压力。

综上所述，明星类与问号类产品需要投入资金以保持其现有地位或发挥出各自的潜力；金牛类和瘦狗类产品则应当通过稳定的现金流或者变卖产品来为企业提供资金。

# 第三节　旅游景区战略选择与评价

在对景区战略环境进行全面的、深入的、整体的综合分析之后，需要根据景区自身情况制定一系列适用的战略，主要包括景区使命和宗旨的制定、战略目标定位和战略方案选择。

## 一、旅游景区使命和宗旨决策

旅游景区管理要取得成功，首先要确定景区的基本目的、业务范围和经营指导思想，这一过程实际上就是确定景区的使命或宗旨的过程，是景区战略决策首先要做的决策，它回答了景区企业的性质、业务范围、未来发展方向以及经营理念。显然，提出和制定清晰的、具有创新精神的使命和宗旨是景区管理的基本前提。

旅游景区首先必须明确目前的业务以及将来所要从事的业务。大多数情况下，景区只是继续其现有业务，或拓展新产品、新业务，也有少数景区可能会决定把重点放在其核心业务上，卖掉或停止提供其他产品。

界定了业务范围之后，旅游景区需要进行使命陈述，简要说明景区想要达到的目标、发展的方向以及希望其市场和竞争对手如何看待自己等。对景区使命和宗旨的陈述应该遵循市场导向，做到鲜明独特、简单易懂、高度概括，具有时代感和责任感。例如，"成为主题公园的市场领袖""随时为顾客提供最优质的服务"。

景区使命和宗旨决策既需要考虑景区自身生存和发展的需要，也必须考虑景区必须承担的社会责任，需要处理好景区与其他利益相关者之间的各种关系。景区使命决策主要包括坚持原有使命、扩大使命和改变使命三种。

## 二、旅游景区战略目标定位

战略目标是景区在一定时间内，为实现其使命要达到的阶段性任务，即景区使命和宗旨的具体化和定量化。战略目标把经营目的转化为多方面可以量化的具体指标，反映出景区经过一定时期的努力应达到的经营水平。例如，赢得更大的市场占有率；比某个竞争对手更具有竞争优势；将成本降低到最小的同时获取最大收入；提高产品的知名度；增加利润；增加访问量；增强产品组合的平衡性与稳定性；加速现金流动；吸引更多的贫困游客；提高景区服务质量；提高投入资金的回报率。由于对战略目标的认识不同，导致对战略目标的构成有不同的看法和分类。

在确定目标时应尽可能地用具体的指标表现出来，以便于评估战略规划的成败。上述所列的目标可转变为以下具体的指标：在5年之内，景区市场占有率由10%提高到15%；推出主要竞争对手不具备的特色产品，比如，一种类似于虚拟现实的新技术、一项新的游乐项目、一组独特的人造景观或一次有影响力的展览活动等；在不增加日常开支的情况下，5年内将零售额增加20个百分点；创造一个清晰的品牌形象；在规划年限内整体利润每年增加10个百分点。

## 三、旅游景区战略方案选择

旅游景区必须审时度势，选择适合景区当前情况的战略方案。景区可供选择的战略方案一般有若干种，理想的战略方案应当能够既有效利用外部机会，避免不利环境影响，又能够发挥景区内部优势并对自身的弱点加以克服。景区在进行战略选择的过程中应借助科学的战略评价方法或工具来达到选择理想战略的目的。到目前为止，比较普遍的战略评价工具包括如下几种。

### （一）生命周期法

生命周期法以两个参数来确定景区各产品所处的位置：行业成熟度和战略竞争地位，如图4-3所示。

生命周期法认为，任何行业根据所表现的特征都可划分成4个阶段：孕育阶段、发展阶段、成熟阶段和衰退阶段。在划分行业成熟度时，一般考虑的因素包括增长率、增长潜力、产品线范围、竞争者数目、市场占有率分

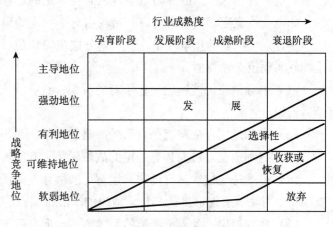

图4-3 生命周期矩阵

布情况、市场占有率的稳定性、顾客稳定性、进入行业的难易程度、技术等。每一阶段的行业在上述因素上所呈现的特点见表4-1，根据这些特征可以对所在行业的成熟度作出判断。

表4-1 行业成熟度各阶段的特点

| 因素 | 孕育阶段 | 发展阶段 | 成熟阶段 | 衰退阶段 |
|---|---|---|---|---|
| 1. 增长率 | 较国民生产总值增长更快 | 高于国民生产总值 | 等于或低于国民生产总值 | 增长为零或负增长 |
| 2. 增长潜力 | 基本不满意或产品只相对不知晓 | 部分满意或产品相对不知晓 | 一般满意或产品被知晓 | 满意或产品早已知晓 |
| 3. 产品线范围 | 窄；很少品种 | 宽；多样化 | 宽；标准化 | 窄；如果行业分散的话则较少 |
| 4. 竞争者数目 | 竞争无统一规则；数量通常增加 | 最多，随后开始减少 | 稳定或下降 | 最少 |
| 5. 市场占有率分布 | 无统一规律；通常很分散 | 逐渐地（或快速地）集中 | 稳定 | 集中化或很分散 |
| 6. 市场占有率稳定性 | 不稳定 | 逐渐地稳定 | 基本稳定 | 非常稳定 |

| 因素 | 孕育阶段 | 发展阶段 | 成熟阶段 | 衰退阶段 |
|---|---|---|---|---|
| 7. 顾客稳定性 | 不稳定 | 逐渐稳定 | 稳定 | 非常稳定 |
| 8. 进入行业的难易 | 容易 | 比较困难 | 非常困难 | 无吸引力 |
| 9. 技术 | 快速发展；已知技术很少 | 变化中 | 已知晓；容易获取 | 已知晓；容易获取 |

确定一种景区产品的战略竞争地位需要一定的定性判断，这种判断一般基于多项指标，如产品线宽度、市场占有率、市场占有率的变动以及技术的改变等。应用生命周期法，一种景区产品的竞争战略地位可划分成主导地位、强劲地位、有利地位、可维持地位和软弱地位5种类型。

（1）主导地位。能够控制竞争者的行为，具有较广的战略选择，且战略能独立于竞争者而做出。

（2）强劲地位。能够遵循自己的战略和政策，而不会危及长期的地位。

（3）有利地位。可能具有一定的战略优势，有能够保持其长期地位的好机会。

（4）可维持地位。具有证明其运营可继续存在的满意的经营绩效；通常能抵御最重要的竞争对手；有能够维持其长期地位的一般机会。

（5）软弱地位。令人不满意的经营绩效，但有改进的可能；可能具备较好地位的特点，但有主要的弱点；短期内能够生存，但要长期生存下去则必须改进其地位。

**（二）安索夫矩阵（Ansoff's matrix）模式**

安索夫矩阵（Ansoff's matrix）模式研究如何操控产品与市场，并向管理人员提供了4种选择方案。

（1）市场渗透（Market penetration）。即增加现有市场对现有产品的使用率。对于景区来说，可以采用提供季节票的方法，以刺激更多的回头客。

（2）产品开发（Market development）。指的是向现有市场提供新产品，以提高使用率和消费额，或者保持顾客的品牌忠诚度。

（3）市场开发（Market development）。指的是为现有产品找到新市场。

（4）多元化（Diversification）。这是一种高风险的策略，其特征是向新市场提供新产品。换言之，就是采取偏离核心业务的行动。这方面的做法有，格拉纳达电影城公司开办了维多利亚和阿尔伯特饭店，或某家博物馆开始提供咨询服务等。然而，最普通的做法是景区为商务部门开发新的团体旅游接待项目。很明显，从一个微小的改变到产品和市场完全转型的巨变，多元化在程度上是存在差别的。

这4个战略具有不同含义。市场渗透是一种低成本的选择方案，主要涉及的是促销技术的运用。产品开发可能成本很高，因为需要购置新的设施，如游乐项目、人造景观等。市场开发意味着大量的促销活动，需要在广告和宣传上花费巨额资金。产品的多元化则意味着大量的投资和高风险。

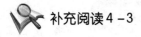 **补充阅读 4 - 3**

### 鸟巢、水立方的多元化经营战略

2008 年秋天"鸟巢"和"水立方"的对外开放使之成为中国甚至世界最火爆的旅游景点之一。目前"水立方"已全面完成了赛后改造，重新对外开放。在保留承办大型国际赛事功能的基础上，"水立方"变身为一个大型戏水乐园。通过新增的戏水乐园、公共游泳、健身、会展、特许商品开发等多业态经营，进一步提升了场馆的使用率，初步实现了"水立方"多样化的运行。此外，增设餐饮区、购物区，再加上探秘馆、水滴剧场，使得"水立方"成为一个提供水上运动健身、文化休闲、旅游参观等综合性服务的大型多功能水上中心。"鸟巢"作为奥运主场馆，相比于"水立方"，改造难度显得更大。对于"水立方"，采取的是一次性关门改造，基本完全实现赛后功能的措施。对于面积达 25.8 万平方米的"鸟巢"，则采取了边开放旅游参观，边分步骤改造的做法，以期逐步实现功能完善、多元化的运营。在"鸟巢"引进酒店、电影院等，进一步延伸其休闲产业链，实现多业并举，多元经营，改变以旅游收入为主的现状。

（资料来源：http：//www. tvtour. com. cn/news/html/destination/2010/
1018/35779. html）

**（三）3 种竞争战略**

（1）成本领先战略。即利用规模经济和成本效率，使自己成为成本最低的旅游景区，这样就可以削价与对手竞争，或是采用与竞争对手相同的价格但却赢得更高的利润。对许多景区来说，"物有所值"的形象比单纯解决价格问题更重要。因此，这种方法相对来说不会被大多数景区所采用。

（2）产品差异化战略。指的是开发并推销有别于竞争对手的产品，这样一来价格就不再是主要考虑的因素了，因为所提供的产品不再相同。举例说，假如某个主题公园具有其他公园所没有的游乐项目，价格将不再成为问题。景区一向注意产品的差别化，但这样做费用很高，而且竞争对手会很快效仿，结果是你的产品不再有别于其他景区的产品。

（3）目标集中战略。景区将目标市场重点集中在某一特定细分市场之上并努力成为这一细分市场的佼佼者，从而实现自身的目标。比如，一些矿泉疗养地专门为患有某种疾病的人进行治疗。

# 第四节　旅游景区的基本经营战略

## 一、品牌战略

品牌是一种名称、术语、标记或符号，或是它们的相互组合，其作用是识别某种产品或服务，并使之和竞争对手的产品或者服务相区别。品牌对于景区的发展至关重要，它可以突出产品或服务的特色，树立鲜明的旅游形象，提高旅游者的购买效率，增强旅游景区的市场竞争力。

### （一）旅游景区品牌的功能

（1）识别功能。景区品牌最基本的功能是识别功能。景区品牌是用来识别某个景区企业的产品或者服务的，识别差异是景区品牌的中心内容。景区品牌差异必须通过长期的努力才能建立起来。为增强品牌差异化，景区一方面要把景区产品的命名、设计、包装等作为形成品牌形象的个性要素来考虑，另一方面要加强品牌保护，可经过法律程序向政府机关申请注册，成为享有专用权的商标。

（2）信息功能。景区品牌是一个信息浓缩体，把一个符号、一个单词、一个客体、一个概念集于一身，把各种象征符号，比如色彩、包装和设计合并到一起。从游客角度看，景区品牌作为一种速记符号，是与景区产品类别信息一同储存在顾客的头脑中的，而产品品牌也就成了他们搜寻记忆的线索和选择产品的指南。

（3）价值功能。景区品牌意味着提供给游客的价值或者利益。景区品牌价值产生于品牌与游客的关系之中，各种错综复杂的因素都会影响到这种关系的联结，而这种特殊关系使得景区品牌形成了除产品功能价值以外的其他无形价值：让顾客愿意购买一个景区品牌而支付更多的钱，对恶劣的市场环境产生了抵抗力，形成竞争优势，在分销渠道中获得杠杆力，等等。此外，景区品牌可以利用其市场扩展的能力，带动景区企业进入新市场，带动新产品打入市场。景区品牌还可以利用品牌资本运营的能力，通过一定形式如特许经营、管理合同等进行扩张。

### （二）景区品牌战略实施要点

（1）质量为本。质量历来被认为是品牌的生命，景区品牌战略必须以质量为基础。要实现品牌的高质量，应该注意以下几点：首先，设计景区产品时，要考虑游客的需求，针对多元化的市场需求来设计景区品牌；其次，要创立独特的景区品牌形象；最后，完善质量控制体系。完善的服务是旅游景区创立品牌的保证，景区要想创立品牌，必须在完善服务、提高服务质量方面做文章，以热情服务、优质服务、周到服务创立品牌，建立有效的质量控制体系。

（2）突出特色。景区品牌建设必须突出景区特色。景区产品和服务缺乏鲜明的个性和明显的差异性，景区品牌就成了无源之水、无本之木。例如，武陵源景区之所以成为世界遗产，就在于其蔚为大观的石英砂岩峰林地貌举世无双；岳阳楼作为我国江南三大名楼之一，如果没有范仲淹的千古名篇《岳阳楼记》，恐怕也很难成为众人皆知的人文圣地。因此，创立景区品牌，必须在产品特色和个性上下功夫，充分发掘产品的个性与特质。

（3）强化传播。景区要创立品牌，必须投入一定的资金，采用多种手段来进行宣传，强化景区的品牌形象。在信息高度密集的市场环境中，要发挥品牌的作用，必须强化传播。

## 二、CI 战略和 CS 战略

### （一）CI 战略

CI 是英文"Corporate Identity"的缩写，直译为"企业识别"。作为一种新概念的形象战略，它于 20 世纪 50 年代崛起于商品经济高度发达的美国，70 年代盛行欧美，80 年代传入日本，而后风靡全球，并在理论体系上得到不断完善与支持。

CI 包括视觉识别（VI）、行为识别（BI）和理念识别（MI）3 个部分。它不仅能够全面提升企业整体形象和经营管理水平，促进企业经济效益和社会效益的提高，而且优秀的 CI 能够直接促进产品的销售。

### （二）CS 战略

CS 战略，英文原意是 Customer Satisfaction，中文即顾客满意战略。景区管理中引入CS 战略，其基本含义是指景区在整个经营活动中要以顾客满意度为指针，要从顾客的角度、用顾客的观点而不是景区自身的利益来分析考虑顾客的需求，尽可能全面尊重和维护顾客的利益，把顾客需求作为开发景区产品的源头，以利于顾客的原则，在产品功能、价格设定、分销促销环节建立以及完善售后服务系统等方面，最大限度地使顾客感到满意，目的是提高公众对企业的满意程度，营造一种适合景区生存发展的良好内外部环境。

景区要及时跟踪研究顾客的满意程度，并依此设立和改造目标，调整景区管理的各个环节，在顾客中树立良好的景区形象，增强竞争能力。景区的顾客分为外部及内部顾客，外部顾客是景区产品的消费群体，内部顾客即景区的员工。CS 营销战略在满足内外部顾客需求，促进企业发展壮大方面起着决定作用。

## 三、产品生命周期战略

### （一）景区产品生命周期

景区产品的生命周期是指某种旅游产品从投放市场，经过成长期、成熟期，到最后淘汰的整个过程。

（1）投放期。这一时期是景区产品进入市场的初始阶段。景区产品的生产设计还有待进一步改进，基础设施急需配套、完善，吃、住、行、游、购、娱6个基本环节有待进一步协调、沟通。同时，服务人员劳动技巧不娴熟、服务质量不高。旅游产品的知名度不高，销售额增长缓慢而且不稳定。对外宣传、广告费用较高，旅游企业利润率低，甚至亏损。

（2）成长期。景区产品被消费者接受，产品的生产设计基本定型，主题明确。基础设施趋于完善，6大基本环节之间联系紧密，处于正常运转状态。服务人员劳动熟练程度提高，服务趋于标准化和规范化，服务质量得以大幅度提升。旅游产品渐渐提高知名度，产品的销售额稳步上升，利润有大幅度增长。

（3）成熟期。这一时期是景区产品的主要销售阶段。产品已经成为名牌产品或老牌产品，产品销售额渐渐达到高峰而增长趋于缓慢，年销售量增长率为1%~5%，生产能力发挥到最大，产品拥有很高的市场占有率，利润也达到最高水平。旅游市场趋于饱和，供求基本平衡，竞争日趋激烈。

（4）衰退期。这一时期是景区产品逐渐退出市场的阶段。更为先进的旅游新产品层出不穷，而现有的旅游产品基础设施老化，6大基本环节不能协调，经常出现某一环节的短缺。员工流失率大，从而使得企业的生产能力受到影响。现有产品已经不适应人们不断变化的消费需求，销售额锐减，与此同时，市场出现换代产品或替代产品。

**（二）景区产品生命周期战略实施要点**

景区产品生命周期理论为景区战略制定提供了长远的依据。根据景区产品生命周期的阶段性特征，景区战略的侧重点应有所不同，其要点主要有：

（1）在产品投放期，景区游客量增长缓慢，景区战略应当通过加强营销，提高景区的知名度，努力开拓市场，吸引更多的游客。

（2）在产品发展期，一方面应大力促销和拓展营销渠道，大力拓展市场，争夺更大的客源市场，以便尽快占据市场主导地位；另一方面要努力提高景区服务质量，形成精品景区，创造景区品牌。

（3）在成熟期，要在景区产品内涵和质量上下大功夫，努力保持现有游客规模和市场占有率，同时要根据旅游者消费层次和消费需要的变化，开发出更多的景区旅游项目，形成更多的产品组合。

（4）在产品衰退期，一方面要注重对旅游资源的保护，另一方面要对旅游资源进行深层次挖掘，及时推出新产品。

# 四、可持续发展战略

## （一）旅游可持续发展的内涵

目前对旅游可持续发展的内涵比较公认的说法是，要"保护旅游业赖以发展的自然资源、文化资源和其他资源，使其为当今社会谋利的同时也能为将来所用"。其主要内涵包括：①旅游业发展需要进行规划和管理，以避免在旅游区造成严重的环境问题或社会文化问题；②应当保护和提高旅游区总体环境质量；③应将旅游者的满意程度保持在较高的水平，这样旅游景区才能保持其旅游吸引力和经济效益；④旅游业带来的效益要广泛渗透到社会之中，尤其应当对当地居民带来裨益；⑤旅游业应当与当地国民经济与社会发展规划相吻合。

**（二）景区实施旅游可持续发展战略的要点**

（1）深度把握可持续发展的内涵，处理好开发与保护之间的关系。景区的可持续发展是发展与可持续的统一，两者相辅相成。在景区管理中，既要强化对旅游资源、生态环境和社会文化的有效保护，避免造成对它们不可恢复性的损害，确保旅游景区可持续发展，又要注重通过对旅游资源的合理利用，谋求旅游景区更大、更好、更快的发展，以发展促保护。保护和利用两者兼顾，并努力争取做到相互促进与良性循环。在保护的前提下，注重对资源的合理开发利用；通过高效合理的开发，促进资源和环境的保护，推进景区的长远发展。两者相辅相成，不可偏颇。任何过分强调开发或过分强调保护的思想，都不是可持续发展的思想。

（2）以生态环境的良性循环和旅游资源的合理利用为基础，科学规划，有效管理。景区管理必须重视对资源与环境的保护，因为在旅游景区发展中，一旦对资源和环境造成破坏，补救的难度就会很大，那种事后治理的措施很难奏效。源于环境污染造成的恶性循环极易形成，就我国景区开发现状而言，景区经营走可持续发展之路已成为一项迫切的任务。尽管国家实施旅游业的可持续发展和景区建设的精品化战略，但由于我国旅游开发经营历史较短，总体上看，我国旅游景区发展仍然是较为简单的数量型增长和外延型扩大，较少注重对旅游资源的集约化利用，整体上还处于粗放型经营发展模式。

（3）坚持景区旅游产品的设计和提供，做到人与自然的和谐统一。景区产品从设计到提供，都应当努力做到人与自然的和谐统一，反对景区城市化、商业化和庸俗化，提倡旅游景区经营以环境保护、生态教育为主要内容的生态旅游、绿色旅游，在食、住、行、游、购、娱各方面为旅游者提供绿色产品，激发绿色消费，实现景区绿色经营。在景区经营中，特别要注重按照人与自然和谐统一的思想，设计和控制景区的各种建筑物和旅游设施的位置、材料、造型、色调、体量等，提倡布局科学化、造型景观化、色调自然化、设施生态化、体量合理化、服务精细化、管理人本化，反对过度人工化，创造一个自然、和谐、洁净、有序的旅游景区环境。

（4）加强综合协调，实现系统优化。旅游景区的经营，要正确处理好当代人需要与后代人需要的关系、景区经营者需要与景区消费者需要的关系、景区自身发展需要与当地社区发展需要的关系、景区职工发展需要与当地居民发展需要的关系。在资源利用和项目开发上，都必须充分考虑到未来发展的需要，留足发展的空间和发展的余地，不可以盲目开发，更不可过度开发。景区经营既要以经营者的合理利润为目标，更要以追求旅游者满意度为目标，为旅游者提供高质量的旅游感受，以保护景区的持续吸引力来维护和实现景区经营的长久效益。当地社区和居民的积极参与是旅游可持续发展的重要内涵，旅游景区的治理要强调所在地社区的积极参与，将经济效益广泛渗透到社会之中，在实现景区自身利益的同时，也要为当地国民经济和社会发展做出更大的贡献。

（5）依靠科技进步、管理提高和经营服务者素质提升。首先，旅游景区的可持续发展离不开科技进步，必须尽可能地提高科学技术成果在旅游景区经营发展中的应用，特别是在保护旅游资源和生态环境中的应用，利用先进的科技成果开发利用旅游资源，实现资源的最大效用。同时，要积极运用科技成果，开发建设科技含量较高、与环境和谐统一的旅游产品。其次，管理水平是实现景区可持续经营的决定性因素，在景区的资源开发、产品建设、服务提供等各个方面、各个环节都需要有效的管理来确保。景区管理水平的提高，取决于管理者和服务者素质及能力的提升，素质和能力水平又取决于管理者及服务者的知识水平与知识结构，因而景区的可持续发展实际上也是知识的可持续积累和可持续经营，应通过知识的积累和不断更新来提升旅游景区劳动者的整体素质，创造旅游景区的优质管理、优良服务，提供可持续的优质旅游产品，从而实现旅游景区的可持续发展。

 **思考与练习**

1. 旅游景区战略的主要内容有哪些？
2. 旅游景区战略管理的一般过程包括哪些基本步骤？
3. 旅游景区品牌战略分析的方法有哪些？
4. 景区产品生命周期战略的实施要点有哪些？
5. 如何理解景区可持续发展战略？

 **开放式案例** ----------------------------------------------------------------

### 云台山风景区发展战略

**分析提示**：通过对云台山风景区进行 SWOT 分析之后，明确制定切合实际的发展战略是景区建设最为重要的环节。云台山风景区在此方面提供了宝贵的经验，值得借鉴。

（1）坚持保护为主、可持续发展的生态旅游方向。生态旅游是当今旅游的主导方向，云台山坚持生态旅游，要处理好开发与保护的关系，要在景区的设计和管理中处处体现生态的理念。要合理控制旅游环境容量，注意调节核心区的环境压力，在游客规模旺盛的季节，要注意分流和限制游客的数量。

（2）做足"地质旅游"的文章。设计和开发地质旅游专项产品，要切实利用"全球首批地质公园"的优势来开发相应的产品，满足游客了解我国地质地貌、学习地理知识的需求，为科普教育做出更大的贡献。

（3）加强景区的管理，健全管理制度。对当地居民和小商小贩要严格地统一管理，使得他们按照制度保护当地环境，诚信经营。严禁欺客、宰客、损害旅游者的权益。要加大对基层工作人员服务意识、生态理念的教育，使之与景区的长远发展相适应。

（4）开发具有国际水平的，以云台山地质地貌为背景，反映当地民俗风情的实景舞台剧。以此为契机，增加云台山的品牌效应，宣传云台山。

（5）与河南其他旅游景区进行优势整合，合力打造河南"中原文化"旅游整体印象。合作是21世纪的热词，和别的景区强强联合、优势整合，可以提高河南整体的旅游实力，为河南这一旅游强省造势，借此吸引更多的人来河南旅游、来云台山旅游。

（6）积极拓展海外市场。云台山已经吸引了众多来自我国港澳台、东南亚、日本、韩国、欧美一些国家的游客前来旅游。罕见的地质地貌，得天独厚的中原文化，河南的悠久历史文化，以及完善的接待设施和较为先进的管理，使得云台山有实力成为国内一流、国际知名的景区。云台山应该抓住这个机遇，积极开拓周边国家的市场。

（资料来源：编者根据云台山风景区相关资料整理而成）

 **推荐阅读**

严伟. 旅游企业战略管理［M］. 上海：上海交通大学出版社，2011.

# 第五章 旅游景区规划管理

【学习目标】

1. 理解旅游景区规划的含义与类型。
2. 熟悉旅游景区规划的内容和要求。
3. 理解旅游景区规划的核心环节和重点。
4. 掌握景区规划的主要技能。

【内容结构】

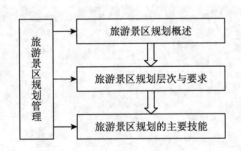

【重要概念】

景区规划  景区总体规划  景区控制性详细规划  景区修建性详细规划
功能分区  项目定位

> **导入案例**

## 什川古梨园通过规划打造西北地区黄河水上旅游"黄金线"

什川梨园拥有 500 年历史，数万亩的种植规模，先后获得了"世界第一古梨园""中国首批重要农业文化遗产""国家级生态乡镇""影响世界的中国文化旅游名镇""全国休闲农业和乡村旅游示范点""国家 4A 级旅游景区""全国特色景观旅游名镇"7个国家级荣誉称号，成功入围百万人次核心旅游景区。

什川境内生态优越，南北青山为屏，黄河横亘，风光旖旎，优质的生态资源为什川发展旅游业，构建山水田园生态休闲品牌，以旅游带动新型城镇化建设奠定了坚实基础。但景区核心资源季节性明显，可游览天数有限；基础设施及旅游服务设施不完善；景区管理不成系统，缺乏运营模式探索。综合来看，什川的优势在于知名度高，近郊区位，占据对接都市的明显优势。劣势为旅游起步晚，基础设施薄弱；建筑缺乏特色，千篇一律；梨花花期短，游览季节性强。

为打破景区发展瓶颈，拟按照"一带一核一心四片区"的布局结构对什川梨园黄河奇峡景区进行规划，其中"一带"是黄河风情带，"一核"为百年梨园，"一心"为文化旅游体验中心，"四片区"包括旅游综合服务区、优美小镇示范区、生态田园休闲区和体育运动休闲区。文化旅游体验中心拟定为映像什川，将依托黄河南岸地块，融影视拍摄、黄河风情体验、休闲娱乐为一体，打造具有黄河风情的影视城。延长游客游览时间，丰富什川旅游产品体系。依托西南侧大奔头山山体，以运动休闲为理念，打造融运动娱乐、创意休闲于一体的极限运动聚集地，子项目包括登山、攀岩、滑翔、热气球、山地自行车、越野摩托等，探索体育产业与休闲旅游融合发展的新模式。

（资料来源：兰州晚报，2015 年 11 月 11 日）

景区规划是景区开发建设、经营管理的前提。景区规划管理的目的就是通过对景区规划设计活动进行有效的管理，确保高质量的景区规划。作为景区管理人员，必须充分认识到做好景区规划工作的重要性，熟悉景区规划的内容和要求，了解景区规划的基本程序，掌握旅游景区规划的主要技能，具备综合协调景区规划相关利益群体的能力，做好景区规划管理工作。

# 第一节　旅游景区规划概述

## 一、旅游景区规划的概念

### （一）规划

规划（planning）是计划的一种形式，是为了实现某种长期目标而对组织未来活动进行的整体性安排。作为对未来活动的整体安排，规划是建立在对未来预测的基础之上的，而未来往往具有很强的不可确定性，因此规划过程就成为一个具有创造性和预见性的系统工程，需要人们不断提出新的构想或创意，并对其可行性、合理性进行研究论证，设计出未来行动的方案，以指导人们的实践。

**（二）旅游规划**

旅游规划是将规划原理和方法运用于旅游业来指导旅游业长远发展的产物，是在对旅游系统发展现状调研评价的基础上，结合社会、经济和文化的发展趋势以及旅游系统的发展规律，以优化总体布局、完善功能结构以及推进旅游系统与社会和谐发展为目的的战略设计和实施的动态过程。

随着我国旅游业的飞速发展，政府及有关部门组织编制出各种层次的旅游规划，对促进我国旅游业的健康发展起到了巨大作用。为进一步规范旅游规划编制工作，提高我国旅游规划工作总体水平，达到旅游规划的科学性、前瞻性和可操作性，促进旅游业可持续发展，我国在 2003 年制定了《旅游规划通则》（GB/T 18971—2003）。根据通则，我国的旅游规划主要包含旅游业发展规划和旅游区规划两个层次，如图 5 - 1 所示。

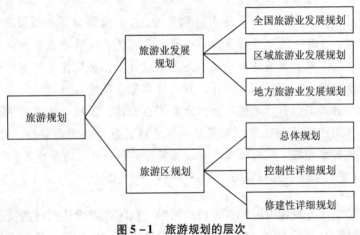

**图 5 - 1　旅游规划的层次**

（1）旅游业发展规划（tourism development plan）。旅游业发展规划是根据旅游业的历史、现状和市场要素的变化所制定的目标体系，以及为实现目标体系在特定的发展条件下对旅游业发展要素所做的安排。旅游业发展规划的主要任务是明确旅游业在国民经济和社会发展中的地位与作用，提出旅游业发展目标，优化旅游业发展的要素结构与空间布局，安排旅游业发展优先项目，促进旅游业持续、健康、稳定发展。旅游业发展规划按规划的范围和政府管理层次分为全国旅游业发展规划、区域旅游业发展规划和地方旅游业发展规划。地方旅游业发展规划又可分为省级旅游业发展规划、地市级旅游业发展规划和县级旅游业发展规划等。地方各级旅游业发展规划均依据上一级旅游业发展规划、并结合本地区的实际情况进行编制。从时间上来看，旅游发展规划包括近期发展规划（3~5年）、中期发展规划（5~10年）或远期发展规划（10~20年）。

（2）旅游区规划（tourism area plan）。旅游区是以旅游及其活动为主要功能或主要功能之一的空间或地域。旅游区规划是指为了保护、开发、利用和经营管理旅游区，使其发挥多种功能和作用而进行的各项旅游要素的统筹部署及具体安排。旅游区规划按规划层次分总体规划、控制性详细规划、修建性详细规划等。旅游业发展规划和旅游区规划在规划对象及层次上虽有宏观与微观之分，但是在制定过程中都需要紧密协调，相互配合才能取得良好效果。

**（三）旅游景区规划**

景区规划是旅游规划中的一个子类型，它是以景区为特定研究对象的旅游规划。鉴于本书对景区概念的界定基本等同于《旅游规划通则》（GB/T 18971—2003）中旅游区的概念，因此，本书中的景区规划基本上采用旅游区规划的含义，将景区规划定义为"以景区为对象，根据景区的资源特点、市场状况和其他的相关的自然社会经济条件，对景区所进行的有关开发、保护、管理等内容的布局、设计、安排，其目的在于使景区开发建设和管理能够有计划、有步骤，合理、科学地进行"。

景区规划在层次、内容和技术等方面不同于区域旅游发展规划。从空间层次上看，景区是区域旅游的一部分，景区规划多属于中观和微观层面的旅游规划，涉及的地域空间相对较小。从内容上看，景区规划的基本组成部分虽然和区域旅游业发展规划有诸多相近之处，如在客源市场分析、旅游资源调研评价、主题形象定位、空间布局等方面，但是景区规划通常更为具体和详尽，更强调和重视设施、服务及娱乐活动的配置布局、主题形象的确立、土地利用、景区功能分区、区内交通规划布局以及景点设计等。当然，一个景区的规划无论做得有多好，如果不能与上一级的规划相协调，就会出现各种问题。

## 二、旅游景区规划类型

**（一）按照景区规划技术方法分类**

从景区规划技术方法层面来分类，旅游景区规划可以划分为三大类：发展总体规划、控制性详细规划、修建性详细规划。

（1）旅游景区发展总体规划。景区发展总体规划的内容一般为景区的发展提供战略指导。编制规划时对技术有较强的专业性要求，规划的期限也较长，一般为20年。旅游景区发展总体规划所需规划图件较少，一般仅附5~10张中小比例尺规划图纸。

（2）景区控制性详细规划。景区控制性详细规划一般是针对规模适中的景区编制。其目的在于控制景区中土地的使用，即将景区中的土地划分成许多地块，并规定每个地块的使用类型和方式。该类规划的年限较总体规划要短，为10~15年。在规划图件方面，控制性详细规划较总体规划的要求高，需要大量比例尺为1∶20000左右的规划图纸，其中包括景区土地利用现状图、景区土地利用规划图等。

（3）景区修建性详细规划。修建性详细规划是旅游景区规划中最为基础的规划类型，它直接指导景区内的建筑设计。在内容上，修建性详细规划更为细致，涉及建筑的体量、材质以及外观，景区的给排水、供电、交通、环卫、绿化等。规划图件更是该类规划的重要组成部分，从某种程度上说，规划图纸较规划文本更为重要。一般修建性详细规划包括 90 ~ 100 张比例尺为 1∶500 左右的规划图。图件除了给排水、供电、交通、环卫、绿化等内容外，还涉及建筑立面景观效果、景源视线分析、环境效果分析等。因此，修建性详细规划兼有旅游景区规划与建筑设计的特点，专业性更强。

**（二）按照景区规划的内容分类**

从景区规划的内容上来看，旅游景区规划可以划分为两大类：一类是旅游景区综合规划；另一类是旅游景区专题规划。

（1）旅游景区综合规划。旅游景区综合规划是一个区域的规划概念，是指按照国家和地方旅游业发展纲要精神，结合国家旅游产业布局的要求，提供旅游资源开发、区域旅游业以及景区发展战略的总体设想。

（2）旅游景区专题规划。专题规划又被称为部门规划，是在旅游景区综合规划基本思想的指导下，针对旅游景区开发过程中的各辅助部门而提出的专题计划，其主要内容包括景区营销规划、景区保护规划、景区服务设施和基础设施建设计划等。景区内旅游服务设施主要指旅游饭店、旅游交通、旅游娱乐设施。基础设施建设主要有供电、供水、能源、通信等，基本上涵盖了旅游业的六大要素，规划时应根据旅游景区的发展方向、发展规模，结合客源层次类型、游客的消费水平对各项服务设施和基础设施建设进行科学定位，确定其建设数量、规模、档次和时间。

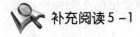 **补充阅读 5 -1**

### 西塘：保护性规划留住古镇风情

随着社会经济的迅速发展，江南的水乡古镇受到了市场经济的巨大冲击，许多古镇的建筑风貌不复存在，民俗风情荡然无存。而江南 6 大古镇之一的浙江西塘古镇由于自 20 世纪 80 年代中期开始，及时进行科学合理的城镇建设规划，从而使得原汁原味的水乡风情得以完整保存。

早在 1986 年，西塘镇就邀请浙江大学编制了城镇建设总体规划，开始提出"保护古镇、开发新城"的思路。1996 年又请来上海同济大学的专家，围绕全面保护古镇的风貌特色，从城镇性质、职能、布局等方面对西塘建设总体规划进行了全面修编。2000 年 2 月，西塘古镇被浙江省人民政府核准并公布为省级历史文化保护区，一部《西塘省级历史文化保护区保护规划》浮出水面。2003 年，西塘镇又编制了《西塘镇工业园区规划》《西塘镇旅游发展规划》《西塘镇环境保护规划》。通过这一系列保护性规划的编制和实施，优化了古镇的布局结构，开辟了城镇新区，将医院、学校、政府企事业单位、大型商场等功能置换到新城区，对西塘古镇的全面保护起到了重要的保障作用。

近年来，西塘镇政府部门又制定了"保护为主，抢救第一"的方针，加大投入力度，先后投资近亿元，开展了以保护古建风貌和改善居民生活质量的综合整治工作。不仅在古镇修缮了多达25万平方米的明清古建筑，同时还在建设新城的过程中，创新设计了融古典和现代艺术于一体的新式建筑，为西塘打造一流的人居环境。政府部门还编制了《西塘镇文化名镇建设规划》，通过政府、社团、民间艺人等各种途径与方法，使得古镇独有的文化得以传承，历史文脉得以延续。

（资料来源：中国旅游报，2015年8月26日，有删改）

### （三）按照规划的时间阶段分类

从规划的时间阶段来分类，可以将旅游景区规划划分为短期规划（1~2年）、中期规划（3~6年）和长期规划（10~25年）。

## 三、旅游景区规划的作用

（1）法律保障作用。旅游景区规划本身不是法律，但景区规划是受法律保护的，具有法律保障作用。景区内的土地利用和各项建设必须符合景区规划要求，服从规划，因此景区规划具有一定的法律效力。景区规划一旦通过评审，就具有神圣不可侵犯的法律效力，只有这样才能保证景区内不同的相关主体和谐相处，共同发展，才能实现在一个公开、公平环境下相互协作和平等竞争，从而有利于景区的持续发展。

（2）政策载体作用。旅游景区规划在编制和实施过程中涉及方方面面，诸如经济结构、用地结构、社区参与、环境保护、鼓励开发建设等内容，这些都与国家和地方的行业政策具有高度的关联性。因此，景区规划具有承担和传达旅游发展政策方面的信息、履行和实施相关政策的职能作用。旅游景区规划作为国家和地方各种政策的载体，具有引导景区所在地的社会、经济、环境相互协调发展的作用。

（3）计划指导作用。旅游景区规划是景区建设和运营的行动指南，它在时间、空间等方面对景区各个阶段的运作作出总体计划和具体安排，并为景区建设、经营提出管理依据和实施原则，指导景区管理部门的各种经营活动，以实现规划所设定的目标。

（4）沟通平台作用。旅游景区规划作为平衡各利益群体的产物，为各利益群体搭起一个沟通平台。目前，我国旅游业是一种多管理主体、多种经营模式、追求多维目标的复杂系统，在这个复杂系统中，有一只看不见的手在指挥着各个相关部门，只有这些部门实现相互沟通、紧密联系，整个旅游业才会得到成功的发展。在景区规划制定过程中，客观上需要规划制定者在各个相关部门之间反复磋商、协调，以保证规划与相关政策法规不相抵触和违背，并对景区内资源和社区不造成损害。因此，旅游景区规划客观上为景区投资者、经营者、当地社区和各个相关部门搭起了一个沟通的平台。

## 四、旅游景区规划的过程

旅游景区规划管理是对围绕景区规划过程而进行的各种管理活动的总称，旅游景区规划的组织与管理主要是以规划制定程序为基础，抓好关键环节的组织与管理，以保证旅游景区规划的质量。

**（一）旅游景区规划的基本程序**

旅游景区类型复杂多样，其具体的规划程序与要求有所不同，但基本程序是一致的，主要分为4大阶段，具体步骤和内容可参见表5-1。

表5-1　旅游景区规划基本程序

| 阶段名称 | 核心内容 |
| --- | --- |
| 1. 研究准备阶段 | 组建规划队伍，收集资料，提出初步思路 |
| 2. 调研分析阶段 | 调研，分析 |
| 3. 制定规划阶段 | 撰写规划审初稿，撰写规划评审终稿 |
| 4. 实施和监控阶段 | 实施规划，监控规划 |

1. 研究准备阶段

研究准备阶段主要包括3个主要环节。

（1）组建规划队伍。景区规划队伍一般应该由多学科、多专业的人员组成，可以包括政府官员、旅游专业策划人员、建筑工程专家、园林学家、地理学家、环境专家、饭店经营管理人员、社会学家、人类学家、律师以及旅游区管理人员，并保证当地社区居民的参与。

（2）收集资料。收集规划涉及相关技术规范和背景文献资料。

（3）提出初步思路。规划组应形成一些初步看法，并提出一些可能会遇到的问题。

2. 调研分析阶段

调研分析阶段包括两个步骤。

（1）调研。根据上一阶段的准备情况，规划组应该选取相应的调研技术、制订调研方案和内容，通过实施调研以求对景区开发的现状和特征有尽可能详尽的掌握，通常采用的调研方法包括现场考察、发放问卷、旅游者访谈、专家咨询等；调研的内容包括市场调研、社区调研、资源调研等。

（2）分析。在全面调研的基础上，对调研成果进行分析综合，可借助SWOT分析、波士顿分析矩阵等工具，并写出调研报告。分析的目的主要是为了客观评价旅游资源特色、吸引力强弱；研究当前旅游需求的变化、旅游产品销售走势与动态；旅游地和产品竞争态势分析；目前市场规模和潜力；区域经济发展状况；评价景区所在地社会经济发展战略政策、旅游发展局与管理政策的倾斜程度，以求客观、全面、科学地分析评价景区发展的优势、劣势、机遇和挑战。

3. 制定规划阶段

这一阶段又细分为两步。

（1）撰写规划评审初稿。在制定规划阶段要根据调研和分析的结果初步撰写出具体的、有针对性的开发政策即规划评审稿。内容通常包括确认景区发展目标、制定景区开发规划、确定开发主题、构建旅游产品和项目的创意策划以及景区的 CI 设计，并进行相应的各种要素的资源配置、空间布局的设计和布置；同时对项目的资金筹措方式、投资风险及其经济、社会、生态等效益做进一步的研究。

（2）撰写规划评审终稿。规划组在制定完规划的初稿后，可由规划委托方聘请相关专家组成规划评审委员会对规划的完整性、内容科学性以及可行性等进行评审，最后提出评审意见。若评审通过则可以上报实施，形成规划终稿；若需要修改才能通过则要求规划编制方按照意见修改；若规划不通过则规划编制方需要重新编制规划或另外聘请其他规划编制组来完成景区规划的编制工作。

4. 实施和监控阶段

规划评审稿评审通过后经过最后修订将成为景区规划终稿，被相关法律保护。在这一阶段，景区的经营管理者要根据规划终稿的要求，积极展开规划方案的实施工作，将总目标或长期目标分解实施，并建立相应管理机构、培训人才、制定管理细则。本阶段是规划制定的尾声，但却是规划具体实施的开始。在规划具体实施与管理过程中，规划仍然可以被修正和不断改进，并得以完善。

# 第二节　旅游景区规划层次与要求

旅游景区规划是一个复杂的系统工程，按照我国《旅游规划通则》（GB/T 18971—2003）和《风景名胜区规划规范》（GB 50298—1999）的规定，我国旅游景区需要编制景区总体规划、控制性详细规划和修建性详细规划，其主要内容和基本要求如下。

## 一、旅游景区总体规划的内容与要求

任何一个旅游景区开发建设前，原则上都应当编制景区总体规划。景区总体规划编制将以景区所在地的旅游业发展规划为依据，对景区的资源进行优化配置，以实现社会、经济、环境多重效益协调发展。

### （一）规划时限

景区总体规划的期限一般为 10～20 年。同时可根据需要对景区的远景发展做出轮廓性的规划安排。对于景区近期的发展布局和主要建设项目，也应做出近期建设规划，期限一般为 5 年。

### （二）任务和作用

总体规划的对象是一个具体的景区，其基本任务是：综合研究旅游资源、客源市场，确定旅游地性质、环境容量及接待规模；划定旅游区的用地范围及空间发展布局；

统筹安排区内各项建设用地和交通组织；合理配置各项旅游服务设施、基础设施、附属设施和管理设施；提出开发实施战略，处理好远期发展与近期建设的关系，指导旅游的合理发展。

编制旅游总体规划的作用在于：更好地推动和实现旅游的开发计划和发展目标，确保旅游资源的优化配置，使其实现最佳利用价值，确保设计的旅游产品与实际旅游市场需求的统一性；确保旅游地与所在区域间有关的各项事业在社会、经济和环境方面的协调发展。

**（三）资料收集内容**

景区总体规划需要收集地形图、专业图、气象资料、水文资料、地质资料、自然资源、历史文化、人口、行政区划、社会经济、企事业单位、交通运输、旅游设施、基础设施、土地利用和环境资料等。

**（四）总体规划的主要内容**

（1）确定旅游业发展的指导思想、规划依据和发展战略。指导思想是旅游规划的主题，是体现一定规划时段内总目标的一种设想。

（2）综合评价旅游业发展的资源条件和基础条件。

（3）对旅游区客源市场的需求总量、地域结构、消费结构等进行全面分析与预测，合理确定旅游业发展目标。

（4）明确景区区域与旅游产品重点开发的时间序列与土地利用的空间布局，根据需要划定缓冲区的范围，包括旅游服务设施、附属设施、基础设施和管理设施的总体布局。

（5）综合平衡旅游产业要素、结构的功能组合，统筹安排资源开发基础设施建设的关系。包括住宿设施、旅行社的结构、功能和布局的确定。

（6）确定环境保护的原则，提出科学保护利用人文景观、自然景观的措施。包括各级保护IK及影响保护地带的界线、面积。

（7）根据旅游业的投入产出关系和市场开发力度，确定景区发展规模和速度。

（8）提出实施规划的步骤、措施和方法，研究确定行业发展的目标战略。

**（五）总体规划的成果要求**

（1）规划文本和说明书。

（2）规划主要图件（1/5000～1/10000）。图纸主要包括景区现状图、景区总体规划图、景点（区）及旅游资源分布图、道路交通网络规划图、保护区级别规划图、分期建设规划图、各类基础设施规划布局图、旅游设施规划布局图。

## 二、旅游景区控制性详细规划的内容与要求

在总体规划的基础上对于较大型的景区可以增编景区控制性规划，小型景区可以跳过景区总体规划直接编制控制性规划。控制性规划是一个管理型的规划，它将详细规定

景区开发建设用地各项控制性指标和其他规划管理要求，并为景区修建性详细规划提供指导依据。

**（一）规划时限**

景区控制性规划主要为景区近、中期开发建设做出安排，规划的期限一般为 5 ~ 10 年。

**（二）控制性详细规划的作用和任务**

旅游控制性详细规划主要为景区的规划和建设管理提供控制依据。首先，它代表了一种规划理念，表明了景区的规划管理由终极形态走上法制化过程，表明景区的规划和开发建设是一个向着预定的规划目标不断渐进的决策程序；其次，与下一层的景区修建性详细规划相比，后者更注重形体和视觉设计，控制性详细规划则更加强调管理和引导，所以控制性详细规划代表一种新的技术手段，是规划管理和建设开发控制的一大进步。

旅游控制性详细规划的主要任务在于：以景区总体规划或分区规划为依据详细规定景区开发建设用地各项控制性指标和其他规划管理要求，强化规划控制功能，并指导景区的修建性详细规划编制。

**（三）资料搜集内容**

编制控制性详细规划除了搜集总体规划应搜集的资料外，还应包括以下基础资料。

（1）旅游总体规划对本地块的要求，相邻地段已批准的规划资料。

（2）土地利用现状，用地分类应分至小类。

（3）景区内入门分布现状。

（4）拟规划区块内建筑的现状，包括房屋用途、产权、建筑面积、层数、建筑质量、保留建筑等。

（5）景区内公共建筑、公共设施分布。

（6）景区内工程管线网分布现状。

（7）景区内土地经济分析的资料，包括土地等级类型、土地级差效益、有偿使用现状、地价变化、开发方式等。

（8）景区所在地区的历史文化传统、地方建筑特色、风土人情等。

**（四）控制性详细规划的主要内容**

（1）详细划定所规划范围内各类不同性质用地的界线。规定各类用地内适建、不适建或者有条件地允许建设的建筑类型。

（2）规划分地块，规定建筑高度、建筑密度、容积率、绿地率等控制指标，并根据各类用地的性质增加是其他必要的控制指标。

（3）规划交通出入口方位、停车位；内部车辆交通出入口方位、停车位。

（4）规定建筑高度、建筑间距、建筑物后退红线距离、沿路建筑高度、相邻地段建筑等要求。

（5）确定各级道路的红线位置、控制点坐标和标高。

（6）确定旅游区生活服务设施布置，市政公用设施、交通设施和管理要求。

**（五）控制性详细规划的成果要求**

（1）文本说明书。

（2）规划主要图件（图纸比例为 1/2000 ~ 1/1000）。用地现状图、用地规划图、地块指标控制图、道路交通及竖向规划图、工程管网规划图、地块划分图。

## 三、旅游景区修建性规划的内容与要求

景区修建性详细规划是以景区总体规划或景区控制性规划为依据，对景区近期建设内容进行安排和布置。与景区总体规划或者控制性规划相比，修建性详细规划更加注重景区形体设计、在建布局。景区修建性详细规划将为接下来的景区建设提供直接指导和具体方案。

**（一）规划时限**

景区修建性详细规划主要为景区近期开发建设做出安排，规划的期限一般为 3 ~ 5 年。

**（二）修建性详细规划的任务和作用**

修建性详细规划以上一个层次规划为依据，将景区建设的各项物质要素在当前拟建设开发的地区进行空间布置。

**（三）搜集资料内容**

除收集控制性详细规划的基础资料外，还应增加修建性详细规划本规划地块的要求、工程地质、水文地质等资料和各类建设工程造价等资料。

**（四）修建性详细规划的主要内容**

（1）建设条件分析和综合技术经济论证。

（2）建筑设施和绿地的空间布局、景观规划设计、布置总平面图。

（3）道路系统规划设计。

（4）绿地系统规划设计。

（5）工程管线规划设计。

（6）竖向规划设计。

（7）估算工程量、拆迁量和总造价、分析效益投资等。

**（五）修建性详细规划的成果要求**

（1）文本说明书。

（2）规划主要图件（图纸比例为 1/2000 ~ 1/500）：区位图、规划地块现状平面图、规划总平面图、道路交通规划图、竖向规划图、综合管网等设施规划图。绿化景观旅游设施规划图、表达规划设计意图的透视效果图或模型。

# 第三节 旅游景区规划的主要技能

旅游景区规划内容复杂，景区管理人员需熟练掌握 5 项主要技能，才能有效地控制景区规划质量：一是旅游资源调研与评价技能；二是旅游市场调研与分析技能；三是旅游景区定位分析技能；四是功能分区与空间布局技能；五是旅游项目创意策划技能。

## 一、旅游资源调研与评价技能

### （一）旅游资源调研

旅游资源是景区旅游开发的基础，也是景区进行产品开发的基本构成要素，景区产品必须充分反映、突出、彰显景区资源的特色，才富有吸引力。旅游资源调研是指按照旅游资源分类标准，运用资料统计、综合考察、资源图标和遥感调研等技术，对旅游资源单体进行的研究和记录工作。旅游资源调研是进行资源评价和编制开发规划的基础。

旅游资源调研的内容不仅限于旅游资源本身的信息，还要对旅游资源所在的环境状况进行调研。

（1）旅游资源的环境调研。包括自然环境和人文环境，自然环境调研的内容主要包括调研区的概况、气候条件、地质地貌条件、水体环境及生物环境。人文环境调研的内容主要以调研区的历史沿革、经济状况、社会文化为主。

（2）旅游资源赋存状况调研。一是针对调研区内的旅游资源进行分类、调研，对各类旅游资源的类型分布予以汇总；二是对旅游规划调研，调研内容包括旅游资源的数量、分布范围及分布密集程度（丰度）；三是对旅游资源组合结构调研，旅游资源组合结构既指资源类型上的组合结构，也指旅游资源空间上的组合结构；四是旅游资源开发和保护现状调研，旅游资源按开发程度可分为已开发旅游资源、待开发旅游资源和潜在旅游资源。旅游资源开发和保护现状调研就是要查明旅游资源的开发和保护现状、开发的项目和类型内容。

### （二）旅游资源评价

旅游资源综合评价的内容主要包括 3 个部分，即对旅游资源特色和结构、旅游资源环境以及旅游资源开发条件的评价。

（1）对旅游资源特色和结构的评价。该评价主要从旅游资源的特性和特色、旅游资源的价值和功能，以及旅游资源的数量、密度和布局入手。特性和特色是衡量旅游资源对游客吸引力大小的重要因素，对旅游资源的利用功能、开发方向、开发程度及其经济和社会效益起着决定作用。旅游资源的价值包括旅游资源的艺术欣赏价值、文化价值、科学价值、经济价值和美学价值，它是旅游资源质量水平的反映。旅游资源的数量、密度和布局分别指区域内旅游资源单体上的数量，单位面积内旅游资源的数量多少以及旅游资源的空间分布和结构组合特征。

（2）对旅游资源环境的评价。主要对 4 个方面进行评价：一是旅游资源的自然环境，是指区域内的地质、地貌、人文、生物、气象等环境要素；二是旅游资源的社会环境，是指旅游资源所在区域的政治局势、社会治安、医疗保健和当地居民对旅游者的态度等；三是旅游资源的经济环境，是指资源所在区域在经济上的发达程度；四是旅游资源的环境容量和承载力，是指旅游资源自身或所处区域在一定时间条件下旅游活动的容纳能力，包括人量和容时量两个方面。

（3）对旅游资源开发条件的评价。主要对两个方面进行评价：一是区位条件，这是影响资源开发可行性、开发规模和效益度的重要外部条件，包括旅游资源所在地的地理位置、交通条件以及周围旅游区之间的相互关系等；二是客源条件，客源数量直接关系到旅游开发的经济效益。客源数量通常又与旅游开发地的腹地大小、腹地经济发展程序关系较大。只有将腹地规模和经济实力作为重要的考虑依据，才能为旅游客源方面提供保障。

## 二、旅游市场调研与分析技能

旅游市场调研是为了了解现实的和潜在的旅游市场类型、规模及潜力，目的是确定景区的目标市场。市场调研与分析的结果是确定景区主题与形象定位、旅游项目策划、服务设施和基础设施规划的前提和基础。市场分析也是市场营销战略和促销计划的决策依据，它主要关注旅游流的时空特征，如旅游流的流向变化、流量大小、目标市场的规模、类型，旅游者的行为规律等。

旅游市场调研在旅游规划、决策中发挥着巨大的作用，是一个好的旅游决策规划不可缺少的极其重要的环节，是制定一切判断的依据所在。因此一定要认真、谨慎地对待旅游市场调查。它的主要步骤有两个方面。

（1）旅游市场调研。根据上一阶段的准备情况，规划组应该选取相应的调研技术、制订调研方案和内容，通过实施调研以求对景区开发的现状和特征有尽可能详尽的掌握，通常采用的调研方法包括现场考察、发放问卷、旅游者访谈、专家咨询等；调研的内容包括市场调研、社区调研、资源调研等。

（2）调研结果分析。在全面调研的基础上，对调研成果进行分析、综合，可借助 SWOT 分析、波士顿分析矩阵等工具，并写出调研报告。分析的目的主要是为了客观评价旅游资源特色、吸引力强弱；研究当前旅游需求的变化、旅游产品销售走势与动态；旅游地和产品竞争态势分析；目前市场规模和潜力；区域经济发展状况；评价景区所在地社会经济发展战略政策、旅游发展局与管理政策的倾斜程度，以求做到客观、全面、科学地分析评价景区发展的优势、劣势、机遇和挑战。

### 三、旅游景区定位分析技能

旅游景区规划定位是整个景区规划中最复杂也是最核心的环节，这是一项具有挑战性和创新性的工作，只有在对景区的资源条件、区位条件、市场条件和空间竞争等因素综合分析的基础上，充分发挥创造性和想象力，才能确定景区的定位。规划定位是否准确到位，将直接决定景区开发的成败。旅游景区规划定位主要包括以下4个方面：

（1）功能定位。功能定位为景区开发制定明确的功能导向。景区功能定位需要通过分析评价景区资源条件、可进入性以及市场需求状况等分析因子才能确定。一般而言，景区的功能定位通常可以分为主导功能、支撑功能以及辅助功能3类。主导功能定位一般由景区资源性质和特色决定，如某景区的环境优美，气候宜人，可进入性较强，具备度假条件，那么就可以把该景区的主导功能定位为度假休闲，支撑功能可以是康体娱乐，辅助功能为观光游览等。

（2）市场定位。市场定位就是通过市场细分，确定景区目标旅游市场，确定景区产品在目标市场游客心中的位置。景区市场通常按照其重要性可分为核心市场、外围市场、拓展市场。所谓核心市场是指能够为景区提供最多的旅游者人数、最大份额旅游收入、具有较高重游率的市场，是景区的主要目标市场。外围市场是指所占份额较小，其重要性仅次于核心市场的区域。对于景区长期发展来说，应努力保持并尽量扩大外围市场的空间，以长期获得理想的经济效益。拓展市场则是目前表现不突出，但是在未来会成为景区重要市场的潜力区域。由于旅游者的偏好差异，景区产品应对不同市场采取不同的定位。

（3）主题定位。主题是旅游景区规划的理念核心，合理的主题定位可以充分发挥景区资源优势，广泛吸引客源。因此，景区主题定位是景区规划的核心要素，需要规划者别具匠心的设计，并通过各种旅游项目得以充分展现出来，才能给游客营造出独特的旅游体验。在景区规划的过程中，需要在综合权衡景区基本条件，所处的社会、经济、历史文化背景因素以及市场环境和竞争者状况后，借助多种分析工具，通过具有创意的策划，才能有效确立景区的主题。景区主题一般需要被具体化为主题口号、主题形象等形式。景区主题口号和主体形象以及相应的CI设计等都必须针对目标市场，策划出具有吸引力的宣传口号。简洁、凝练、生动、形象、富有感染力、易于记忆的宣传口号是打动旅游市场的关键。

（4）形象定位。景区形象定位是指通过景区的空间景观、环境氛围、服务展示、公关活动等渠道在旅游者心目中确定一个明确的综合感知形象。易于为旅游者接受的形象定位是景区在市场中立足和形成竞争优势的基础。景区旅游形象定位要从物质景观形象、社会文化景观形象、景区企业形象以及核心地区（地段）形象4个方面来加以体现。

## 四、功能分区与空间布局技能

功能分区是依据旅游开发地的资源分布、土地利用、项目设计和状况而对区域空间进行系统划分的过程，是对旅游地经济要素的统筹安排和布置。合理的功能分区便于游客游览，能够更好地利用和保护景区的资源，利于景区管理者进行管理。空间布局是把功能分区、产品、项目的设计思路落实到景区的土地上，实现景区土地的合理利用。

### （一）功能分区

功能分区是在景区定位的指导下，对景区土地进行功能定位。功能分区不但有利于景区规划制定，也有利于景区将来的管理，既充分突出景区资源特色，亦把景区观光游乐、休闲度假、运动体验等功能有机结合在一起，给旅游者带来美好的体验。景区功能分区的主要原则包括：

（1）因地制宜原则。以资源和环境对旅游活动的适宜性、用途和区位分布条件为基础进行分区。适宜户外运动的资源划作户外运动区，适宜观光、度假的资源划作观光、度假功能区。

（2）协调功能分区原则。协调好功能区与周围环境的关系、功能区之间的关系、功能区与核心吸引物的关系，这是旅游空间规划的重要原则。在景区规划中，各个分区都应当既强调自身在整个景区中的鲜明个性又保持为景区总体功能服务的关系。

（3）集中功能单元原则。景区中应该把功能性质相近的功能块尽量地集中起来布置，对于不同类型的设施，如住宿、娱乐、商业等的功能分区，采用相对集中的布局，使各类服务综合体在空间上形成聚集效应。如把旅游者光顾次数最多、密度最大的商业娱乐设施区布局在景区中心或交通便利的位置，可产生规模效应。

（4）合理规划动、视线原则。连接各旅游分区交通线路的规划应充分考虑旅游过程中的游客心理特性，以实现符合人体工程学的有效动线规划，空间布局应尽量考虑旅游者观赏视线上的层次性，设计必须依照顺序推进，以建立理想的空间布局关系。

（5）保护旅游环境原则。环境保护的目的是保障旅游景区可持续发展，保护景区内特殊的环境特色，如主要的吸引物景观。同时，使景区的游客接待量控制在环境承载力之内，以维持生态环境的协调演进，保证景区土地的合理利用。

### （二）景区的空间布局

空间布局是在功能分区的基础上，对各种旅游活动项目确定其在空间上的分布。只有通过有机、统一的空间布局，恰当选址，才能使景区规划的功能分区、产品项目设计、游客游览组织落到实处，并为景区建设提供依据。因此，景区规划的空间布局和游览组织也是景区开发和规划过程中需要重点解决的问题之一。景区空间布局原则上应该因地制宜。一般而言，景区空间布局通常有以下几种主要形式：

（1）社区—吸引物综合体（CAC）形式。这种布局方式是 Gunn 在 1965 年提出的，在景区旅游吸引物中心布局一个服务中心，形成吸引物综合体。二者之间通过交通联系起来，形成所谓的"娱乐同心圆"。

（2）三区结构模式。这种布局方式是 Forest 在 1973 年提出的。核心区是自然区保护区，被严格地保护起来，限制乃至禁止旅游者进入。核心区外围是娱乐区，在娱乐区里配置野营、划船、越野、观望点等设施与服务，对旅游者行为有一定限制。最外边的区域是服务区，为旅游者提供各种服务，有饭店、餐厅、商店或高密度的娱乐设施。由于这种布局方式特别有利于环境保护，因此对依托风景名胜区、自然保护区、湿地等资源形成的景观布局特别有借鉴价值。

（3）双核布局形式。这种方式是 Travis 在 1974 年提出的，也是"三区结构模式"的变通，是将服务设施集中在保护区的边缘，服务区构成核心自然保护区和娱乐区的商业纽带。

（4）核式环布局形式。使用这种布局的景区，其核心往往为一自然景观，如温泉、石林、滑雪场、古建筑等，酒店、餐馆、商店等服务设施环绕着核心景观布局，各种设施之间的交通联络道路构成圆环，设施与中心景观之间也有便道或车道连接，交通网络呈车轮或伞骨形，类似于"娱乐同心圈"，只是布局更加紧凑。

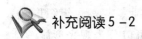
补充阅读 5 -2

### 建多元化滨水特色景区　太原晋阳湖最终规划出炉

太原市晋阳湖改造一直备受市民关注。目前，太原市规划网公示晋阳湖改造方案。未来，晋阳湖将以生态化、人文化建设为目标，以产业转型为依托，以现代服务业和文化、旅游产业为发展重点，成为集商务总部、商业服务、休闲娱乐、文化创意、生活宜居、体育运动等多功能于一体的多元化城市滨水特色区域。

晋阳湖现状：改造区域地形较为平坦，高差起伏变化不大。基本地势走向是西高东低，北高南低，呈坡状。在居住用地方面，整体比较散。另外，规划区内部道路没有构成完整的路网体系，内部联系不畅，通达度较差；多条支路道路年久失修，路况比较差。为建成多元滨水特色的景区，晋阳湖将如何通过景区规划实现这一目标？

（1）规划布局"一心五核四区多廊"。"一心"是以晋阳湖为中心的生态、人文、景观核心；"五核"是围绕晋阳湖分布的 5 个公共核心，分别为：吴家堡—武家庄商业商务核、化肥厂服务核、晋阳湖南侧商业核、奥体中心功能核、龙城大街商务办公服务核；"四区"是指分布在规划区内的 4 个居住区，分别为：冶峪一电厂居住区、吴家堡居住区、西寨木厂头居住区、金胜棘针居住区；"多廊"是指分割或贯穿各功能区的多条生态绿化廊道。

（2）打造"一带三廊七区九轴"城市风貌。规划中，晋阳湖将形成"一带、三廊、七区、九轴"的城市风貌结构。"一带"：环晋阳湖公园的城市公共风貌景观带；"三廊"：风峪沟景观廊道、金胜公园景观廊道与冶峪河景观廊道；"七区"：晋阳湖生态、人文景观核心区、吴家堡—武家庄商务中心景观区、千峰南路商业景观区、奥体中心景观区、化肥厂遗址商业服务中心景观区、晋阳湖南侧商业服务景观区、龙城大街商务办公景观区；"九轴"：滨河西路城市景观轴、环湖东路城市景观轴、环湖西路城市景观轴、千峰南路城市景观轴、旧晋祠路城市景观轴、电厂路城市景观轴、南中环城市景观轴、龙城大街城市景观轴、蒙山大街城市景观轴。

（资料来源：山西晚报，2015 年 11 月 13 日）

## 五、旅游项目创意策划技能

### （一）旅游项目的概念与分类

所谓旅游项目，是指借助于景区的旅游资源开发出的旅游活动为主的具体形式，如游泳、垂钓、野营、高尔夫运动、狩猎等。旅游项目具有多种分类，其中较为常见的有主体分类法和环境分类法：

（1）主体分类法是以旅游者的个人特征作为分类标准对旅游项目进行分类的方法。一般而言，作为分类标准的旅游者特征有旅游者的旅游目的、职业、年龄、组织形式、消费方式、旅游时间、旅游的距离等。如按照旅游者的旅游目的可以分为观光型旅游项目、度假型旅游项目以及生态型旅游项目等；按照旅游者的旅游组织形式，可以分为单身旅游项目、情侣旅游项目、居家旅游项目等；按照旅游者的消费方式可分为高消费旅游项目、低消费旅游项目。

（2）环境分类法是以旅游项目所依托的环境作为分类标准而划分的不同类型。如按照旅游项目所处的自然环境可以分为海岸旅游项目、山岳旅游项目、湖泊旅游项目等；按照人居环境可以将旅游项目分为乡村旅游项目、都市旅游项目等。

此外，按照旅游活动的状态可以分为主动旅游项目和被动旅游项目。按社会内容可以分为自然生态旅游项目、历史旅游项目、文化旅游项目、科技旅游项目、写作旅游项目等。按组织目的可以分为科学教育旅游项目、商务旅游项目（会议旅游项目）、考察旅游项目、休养旅游项目、体育旅游项目以及宗教旅游项目等。从旅游活动构成 6 要素来看，也可以对旅游项目进行一个系列分类，即交通类旅游项目、餐饮类旅游项目、住宿类旅游项目、购物类旅游项目、观光游览类旅游项目以及娱乐类旅游项目。

### （二）旅游项目策划原则

旅游项目策划就是为实现景区既定目标，对景区各种旅游项目进行富有创意性的安排与设计。旅游项目策划是一项具有创造性和挑战性的工作，必须遵守以下原则：

（1）创新性原则。创新是策划的生命，缺乏创新性，策划就变成了模仿、抄袭、照搬，就会步人后尘，失去自身价值。景区要在市场中保持一定的竞争优势，就必须不断地推出各种引导市场需求的活动项目。从景区内可供开发的旅游资源来看，旅游项目设计需要旅游资源作为支持，由于某些旅游资源所具有的普遍性和类似性，大多数景区没有独到的、具有明显优势的旅游资源。因此，在进行旅游项目策划时，很难跳出许多景区共同拥有的项目框架。其实，景区旅游项目的概念不单指从无到有的过程，还包括对其他旅游项目的改造创新过程，将其他景区所拥有的旅游项目进行本土化改造，使其充满浓郁的本地风情，从而与其他同类型项目形成差异，是目前使用较多的一种项目创新的方法。

（2）因地制宜原则。项目创新必须从景区实际出发，因地制宜。由于旅游者喜欢追新求异，旅游项目必须创造与多数旅游者不同的生活环境以及生活习俗，才有吸引力。但这并不意味着景区可以随心所欲地开发各种旅游项目，必须根据景区的地理环境、历史发展、目标市场等不同条件，在充分研究了解景区各种资源的基础上，因地制宜地开发设计出具有鲜明地域特色的旅游项目。

（3）全局性原则。旅游项目的设计要服从全国、区域性的旅游、经济发展需要，不能盲目地不切实际地超前发展，应从整体的利益最大化出发来进行设计。在旅游项目的设计上要充分调动旅游景区的旅游资源，以及食、住、行、游、购、娱等行业来实现景区和周边区域的旅游、经济大发展。

（4）综合设计原则。旅游景区内部的各项资源不是相互孤立的，而是构成一个相互影响、相互关联的整体系统。因此，旅游项目策划时，对景区内各种资源的不同配置、不同组合，都会对旅游项目的系统整体功能产生影响。尤其在策划的景区旅游项目是以自然旅游资源为基础时，旅游项目与环境已经处于一种稳定的、循环的动态平衡状态之中。利用自然旅游资源开发旅游项目，可能会打破自然旅游资源与周边环境之间的动态平衡状态。因此，为了维持旅游景区内各项资源之间稳定的联系，旅游项目策划时要遵循的另一个原则就是综合考虑所设计的项目对周边环境和旅游资源本身的影响。

（5）现实性原则。旅游项目策划是一项现实性较强的工作，设计出的旅游项目要具备较强的可操作性和经济上的可行性。因此，在设计旅游项目时应立足于景区开发实际，从旅游资源赋存、投资来源、科技实力水平、旅游市场需求等方面来评价和衡量所设计的旅游项目是否具有一定的现实性。

（6）一致性原则。旅游项目的策划与景区未来的发展前途息息相关，因此，在项目策划中切忌短期行为的发生，要想使景区能够实现可持续发展，必须重视景区发展远景目标和开发趋势，尽量避免设计出滞后于时代发展趋势的旅游项目，使得每一个旅游项目的设计和建设都处于景区发展的规划控制之下，与长期发展规划保持高度的一致性。

（7）"三大效益"统一的原则。旅游项目的策划和设计就其目的而言，是为了获得一定的经济效益，促进当地经济发展，满足人们对休闲生活的需求。但是在满足经济利益的同时，也不能忽视了旅游项目所带来的社会效益和环境效益。因此，旅游项目的策划要以景区所在的国家和地区的具体情况为依据，在注意本身经济效益的同时，必须同时兼顾社会效益、环境效益，经济效益、社会效益、环境效益的有机结合才是旅游项目策划的意义所在。因此，旅游项目策划要体现"三大效益"的统一，只有这样，才能为更多的受众所接受。

（三）旅游项目创意设计的内容

（1）旅游项目名称。旅游项目的名称具有吸引功能。在对旅游项目命名时，要仔细揣摩旅游者的心态，力争通过一个有创意的名称，来吸引广大旅游者的眼球。

（2）旅游项目风格。在景区项目策划中，工作人员要将该旅游项目的特色或者风格描述出来，因为其中所蕴含的民风民俗和文化氛围较易为人们所掌握，并以此来控制和限制旅游景区的发展方向。具体而言，在风格限制方面，可以规定下列内容：旅游项目中主要建筑物的规模、形状、外观、颜色和材料；旅游项目中建筑物的内部装修风格，如建筑内部的分隔、装修和装饰的材料；旅游项目相关的旅游辅助设施和旅游服务的外观、形状和风格，如旅游项目的路标、垃圾箱、停车场、购物商店、洗手间以及旅游餐馆（餐厅）所提供服务的标准和方式。

（3）旅游项目所占土地面积及其地理位置。旅游项目具有一定的空间特征，项目策划时要明确给出每一个项目的占地面积以及大致地理位置，这两个内容必须具体到可以在实际空间进行定点的程度。具体为：旅游项目的具体地理范围；旅游项目中建筑的整体布局、各个建筑物的位置以及建筑物之间的距离；旅游项目中所提供的开放空间的大小和布局。

（4）旅游项目的产品体系。旅游项目必定要形成一个综合性的产品体系，这些产品要么是一些关于民风民俗的节庆活动，要么是一些参与性较强、娱乐性较强的游乐产品。不管是哪一类的产品都不可能是单一的，必定是有多种多样的产品提供给旅游者。所以，在旅游项目的策划设计中，要明确表明什么是该旅游项目的主导产品或主导品牌、什么是该旅游项目的支撑项目和品牌等。具体可以分为：规定旅游项目所能提供的产品类型、确定主导产品或活动。

（5）旅游项目的实施与管理。旅游项目策划应该具有全程性特征，即交接了旅游项目设计文本和图纸并不是旅游项目策划结束的标志，它还应涉及项目建成后的日常经营管理以及项目在新的市场环境下如何调整等问题。所以，旅游项目策划设计还应对旅游项目的工程建设管理、日常经营管理、服务质量管理以及经营成本控制等内容加以明确规定。

（四）旅游项目创意设计的程序

（1）旅游景区环境分析。旅游景区环境分析是景区项目策划的首要步骤，包括外部环境分析和内部环境分析。外部环境分析主要是分析景区所处的宏观环境和微观环境，从而把握旅游市场的需求状况、景区之间的竞争状况和旅游市场的旅游需求趋势分析等。内部环境分析主要是对旅游景区的自然资源、人力资源、物力资源和财力资源的分析，通过分析，了解景区的人才储备状况、基础设施水平和开发的资金实力。显然，旅游景区在设计自己的旅游项目时，要想通过创新性的开发来达到胜人一筹的目的，就必须首先了解竞争对手的情况以及影响竞争的各种内外部环境因素。

（2）景区旅游资源特色分析。旅游项目特色是由当地的旅游资源特色所决定的，这是因为旅游项目需要与区域旅游环境和氛围保持一致，这就要求旅游项目策划者在设计前期工作即旅游资源调研过程中，对旅游开发地资源进行分析，并针对不同的旅游功能分区提出各个旅游分区的资源特色，以此作为设计该旅游功能分区旅游项目的基调。

（3）旅游项目的初步构思。在进行旅游项目的创意设计时，首先要提出旅游项目的构思。所谓的旅游项目构思就是指人们对某一种潜在的需要和欲望，用功能性的语句来加以刻画和描述。旅游项目设计的构思不能够依赖于偶然发现或灵感火花，而是要真正预见到旅游者的潜在欲望，并有针对性地构思出能调动和满足游客欲望的项目。

（4）旅游项目构思的评价。在市场导向的功利性原则下，策划者需要对不同的项目构思进行成本估算和营销测试，通过这种方式来对旅游项目的创意构思进行甄别，将那些成功概率较小的旅游项目构思淘汰，而保留那些成功机会比较大的项目，以提升项目的成功概率。

（5）旅游项目的设计。在对已有的旅游项目构思进行了甄别之后，就要将旅游项目的构思落实成为实实在在的旅游项目创意，并通过招标的形式吸引投资者来投资建设。

（6）项目策划书的撰写。在一系列前期工作结束后，应着手编写项目策划书。项目策划书的主要构件有以下几项。①封面。主要有策划主办单位；策划组人员；日期；编号。②序文。阐述此次策划的目的、主要构思、策划的主体层次等。③目录。策划书内部的层次排列，给阅读人以清楚的全貌。④内容。策划创意的具体内容，层次清晰，文笔生动，数字准确无误，运用方法科学合理。⑤预算。为了更好地指导项目活动的开展，需要把项目预算作为一部分在策划书中体现出来。⑥策划进度表。包括策划部门创意的时间安排以及项目活动本身进展的时间安排，时间在制定上要留有余地，具有可操作性。⑦策划书的相关参考资料。项目策划中所运用的二手信息材料要引出书外，以便查阅。编写策划书要注意以下几个要求：文字简明扼要；逻辑性强、时序合理；主题鲜明；运用图表、照片、模型来增强项目的主体效果；有可操作性。

## 思考与练习

1. 旅游景区规划的类型有哪些？
2. 景区总体规划的内容有哪些？
3. 景区规划的定位包括哪些方面？
4. 景区项目策划的原则有哪些？

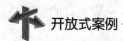 **开放式案例** ----------------------------------------------------

### 海南热带野生动植物园新区规划发展理念：营造旅游新境界

分析提示：游客与长颈鹿、狮子、老虎等隔着玻璃"共餐"，在星星点缀的夜空下，感受狮子、老虎、大象、河马在身边停留，从身边穿过的神奇和刺激……海南热带野生动植物园正在启动二期工程，这些画面，即将在海口变成现实。其中，新区将重点打造的一处夜间动物园区更是备受关注。

海南热带野生动植物园是我国唯一一家全景式展现岛屿型热带雨林的动植物大观园，开园已有 20 年，但受建设初期客观条件的限制，不少理念、规划已经无法满足发展需要。新区将严格按照国家 5A 级景区的标准来建设。首先是增强科普功能，将动植物园作为一个生态环保的平台，向动物文化层面延伸，探索人与动物、自然的和谐相处。其次，完善功能配套，由纯粹的观光景区向"观光＋休闲＋度假"复合型景区转型，新区中将配套建设"野奢度假酒店"，让游客亲近自然。

海南热带野生动植物园董事长尚晓介绍，新区将是一个中国式的热带海岛动植物王国的大型主题公园，是中国首家集热带野生动植物观赏，热带夜行动物世界，热带野生动植物保护、科研、教育、繁衍和儿童乐园、休闲旅游、度假于一体的领先国际标准的人与动植物自然和谐的共生大家园。新区将根据选址地形地貌，因地制宜进行规划建设，符合海南本地特色，并尽可能多地给各种动物活动空间，让动物选择自己的空间和偏好，让动物享受更广泛、更遥远的视线，减轻压力和拥挤，回归大自然。

新区还提出要营造 3 大环境。一是生境，实现热带动物园、热带植物园、热带花园 3 园合一；二是情境，实现观光景区、休闲社区、特色度假区 3 区合一；三是意境，实现关爱自己、家人、他人、社会、自然、未来 6 爱合一，从而打造一个人类、动物、植物和自然和谐统一的共生大家园。

（资料来源：根据访谈内容整理）

----------------------------------------------------

 **推荐阅读**

1. ［美］迈克尔·P. 布鲁克斯著，叶齐茂译 . 国外城市规划与设计理论译丛：写给从业者的规划理论［M］. 北京：中国建筑工业出版社，2013.

2. 大地风景国际咨询集团及中国旅游报社 . A 级旅游景区提升规划与管理指南［M］. 北京：中国建筑工业出版社，2015.

3. 原群 . 旅游规划与策划：创新与思辨［M］. 北京：旅游教育出版社，2014.

4. ［英］史蒂文·蒂耶斯德尔，塔内尔·厄奇著，张玫、董卫译，城市历史街区的复兴［M］. 北京：中国建筑工业出版社，2006.

# 第六章 旅游景区建设项目管理

【学习目标】

1. 了解旅游景区建设项目管理的原则。
2. 熟悉旅游景区建设项目管理的基本程序。
3. 掌握旅游景区项目管理的主要内容和方法。

【内容结构】

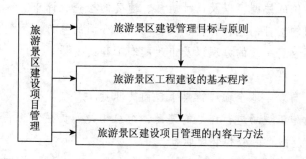

【重要概念】

建设项目管理

**导入案例**

# 仿古街区项目建设和管理

近年来，仿古街区建设已在我国的大城市取得了旧区开发改造和功能置换上的巨大成功，不仅成为时尚休闲消费集聚地和城市的大客厅，也成为城市发展的一个招牌、名片、景区、集聚点，代表城市形象发展的最高水平。在仿古街区建设项目管理中，须遵循以下工作要点：

1. 以争创一流工程质量为目的

贯彻"以人为本，关爱生命"的宗旨，制定细致的管理大纲、岗位职责、施工单位进场须知以及安全生产、文明施工考核标准。督促各单位建立安全生产台账，善于在动态中采用具体实物取证等有效手段发现并处理施工中的违章和不安全因素。

2. 项目管理要做好的前期工作

要搞好仿古街区项目的进度管理，需要重点解决以下问题：

（1）建立项目管理的模式与组织架构。一个成功的项目，必然有一个成功的管理团队、一套规范的工作模式、操作程序、业务制度，以及一流的管理目标和企业文化。

（2）建立严密的合同网络体系。一个较大的工程是由很多建设者参加的共同体，这就需要有一个严密的合同体系调动大家的积极性，从而避免相互拆台、扯皮。

（3）制订切实可行的分级工程计划。

（4）与设计单位的协调，以及设计质量、速度的检查、评审。

（5）施工合同的签订，包含材料、设备的供货合同的签订。

（6）工程前期政府手续的办理以及市政配套工程的安排。

（7）完善例会制度。

（8）高质量、高效率地全面履行总承包商的职责。

（9）项目部对施工现场进行详尽的踏勘，组织相关人员熟悉工程图纸，研读招标文件，掌握所施工的范围、区域和管理职责。

（10）技术准备：除充分熟悉施工图纸及了解设计意图和相关细节外，还要开展有关钢筋翻样、木工翻样、石工翻样、混凝土级配试配、图纸会审、技术交底等技术准备工作，使工程从开始就受控于技术管理，从而确保工程质量。

（11）机具准备：对中、小型机具将按计划分批进场，设专人维修保养；材料准备：组织采购工作，及时组织前期的周转材料进场，以确保顺利施工。

（12）人员准备：组织项目班子、总承包管理部人员及相关人员立即进场，做好前期施工准备工作及承担起施工总承包管理职责，组织专业化强的技术工种。

（13）庭园、石板路及建筑物上的雕饰。

（资料来源：根据建筑企业网，即中国建筑安全网资料，有删改）

　　旅游景区建设是旅游景区开发中的一个重要环节,是将旅游景区规划从图纸构思转变为一个现实实体,并通过运营管理,最终实现旅游景区产品价值的过程。旅游景区管理人员必须具备旅游景区建设相关的管理知识、方法,才能做好旅游景区建设项目的管理工作。本章将分三节介绍相关的内容,分别通过旅游景区建设管理的目标与原则、旅游景区工程项目建设的基本程序、旅游景区建设项目管理的内容与方法,系统介绍旅游景区建设管理的目标、原则、内容、特点、方法以及参与建设的各方的任务和旅游景区监理内容、程序等管理旅游景区建设的基本知识。

# 第一节　旅游景区建设管理的目标与原则

## 一、旅游景区建设管理目标

　　旅游景区建设是一个系统工程,从建设项目概念的形成、立项申请、进行可行性研究分析、项目评估决策,市场定位、设计、项目的前期准备工作,开工准备、机电设备和主要材料的选型及采购,工程项目的组织实施、计划的制订、工期质量和投资控制,直到竣工验收、交付使用,这一期间经历了很多不可缺少的工作环节。其中任何一个环节的成功与否都直接影响工程项目的成败。尤其是对大型旅游景区或大型建设项目而言,往往具有耗资巨大、建设项目繁杂、建设周期较长等特点,其中的任何一个环节出现问题,都会影响到旅游景区建设进程和建成后的运营管理,应将其视为一个系统工程,进行科学的管理。

　　旅游景区建设管理就是对这一系统工程的管理,通对采取计划、组织、沟通、控制、调整、协调等方面的管理措施,使参与旅游景区开发建设的各方在安全建设的前提下按时顺利完成旅游景区建设任务并确保工程建设的质量和效益。

　　一般而言,旅游景区建设项目都有一个比较明确的管理目标,但下列目标是共同的:即有效地利用有限的资金和投资,用尽可能少的费用、尽可能快的速度和优良的工程质量建成旅游景区工程项目,使其实现预定的功能交付使用,并取得预定的经济效益。

## 二、旅游景区建设管理原则

### (一)坚持以规划为依据

　　旅游景区规划是旅游景区建设的指南,旅游景区规划的根本目的在于为旅游景区建设和运营提供指导。旅游景区建设管理应必须以规划为依据,并根据具体情况,考虑旅游景区建设的内外因素,组织财力、物力、人力资源对旅游景区各项设施进行统一开发建设和管理。对于不符合旅游景区规划设计的工程项目拒绝审批。

### (二)严格履行各种建设手续

　　旅游景区建设项目获得批准后,建设单位和个人应按下列程序办理有关建设手续:

（1）根据国家环境评价法，旅游景区建设必须经过环境影响评价，通过有关行政部门许可后方能进行建设。

（2）持有关建设项目批准文件，到旅游景区管理机构的规划主管部门办理建设用地规划许可证。

（3）旅游景区的林木、农田均属于特殊用途，应予以特别保护。开发建设需占用林地的，要持上述证件到旅游景区管理机构林业、农业主管部门，按有关审批权和程序办理批准手续后，方可办理用地手续。

（4）持建设项目批文和建设用地规划许可证、占用林地证明，到旅游景区管理机构土地管理部门，按有关审批权限和程序办理建设用地许可证。

（5）旅游景区管理机构有关主管部门对建设项目和设计方案、建设工程施工图纸审查后，核发建设工程规划许可证。

（6）建设项目施工前，由旅游景区管理机构的规划主管部门定位放红线后，方可开工建设。对于不按规定程序履行上述报批手续进行建设的单位，一律由行业主管部门会同旅游景区管理机构严肃处理，追究相关责任。

（7）在旅游景区内，未经批准侵占土地进行违章建设的，由有关部门或管理机构责令其退出所占土地，拆除违章建筑，并根据情节和后果，处以相应的罚款。

**（三）重点控制原则**

旅游景区建设管理的关键环节必须重点控制，这些环节主要包括：

（1）承建资质控制。对承担旅游景区设计和施工项目的单位和个人，必须向旅游景区管理机构的上级主管部门提交设计资质证书和施工资质证书，经确认后方可设计和施工。

（2）环境保护控制。旅游景区建设不应破坏环境，尤其是对于一些较特殊的旅游景区，例如依托风景名胜区、自然保护区等形成的旅游景区，由于它们比一般旅游景区有更高的环境保护要求，需要严格控制并进行分级保护。

（3）基础设施建设控制。第一，旅游景区的道路、输变电线路、通信、给排水、供气等主要基础设施建设，应当列入当地政府各有关部门的建设计划，统一设计；第二，高压线、电信干线、农业灌溉渠道等，不宜通过旅游风景区的核心部位，若一定要通过，则应注意隐蔽，能走暗线的决不走明线。

（4）环保与消防设施控制。旅游景区所有建设项目的环保和消防设施安排，均须与主体工程同时设计，同时施工，同时投产使用，不得或缺，否则不予验收。

# 第二节　旅游景区工程项目建设的基本程序

建设程序是指建设项目从设想、选择、评估、决策、设计、施工到竣工验收、投入生产整个建设过程中，各项工作必须遵循的先后次序的法则。按照建设项目发展的内在联系和过程，建设程序分成若干阶段，这些发展阶段有严格的先后次序，不能任意颠倒、违反它的发展规律。

旅游景区建设程序的内容和步骤可分为：前期工作阶段，主要包括项目建议书、可行性研究、设计工作；建设实施阶段，主要包括施工准备、建设实施；竣工验收阶段和后评价阶段。这几个大的阶段中每一阶段都包含着许多环节和内容。

# 一、前期工作阶段

## （一）旅游景区项目建议书的编制

### 1. 项目建议书的作用

旅游景区项目建议书是要求建设旅游景区项目的建议文件，是建设程序中最初阶段的工作，是投资决策前对拟建项目的轮廓设想。项目建议书的主要作用是为了推荐一个拟进行建设项目的初步说明，论述建设的必要性、条件的可行性和获得的可能性，供基本建设管理部门选择并确定是否进行下一步工作。旅游景区建设项目要根据国民经济和社会的长远发展规划、旅游行业规划和地区规划，以及技术经济政策和建设任务的要求，在调查研究、预测分析的基础上，提出旅游景区投资项目建议书。

### 2. 项目建议书的内容

旅游景区投资项目建议书的主要内容如下：

（1）项目建设单位。包括旅游景区项目建设单位名称、法定地址、法定代表姓名、职务、主管单位名称以及经营概况等。

（2）建设目的。要着重从项目建成后对区域旅游业发展、对相关产业的带动作用、完善区域旅游网络结构等方面的作用来说明旅游项目建设的必要性。从建设单位和建设地区的基础背景、资源条件和市场特征等方面说明其可能性。

（3）对象。包括合资、合作开发单位名称，法定地址和法定代表姓名、职务等。如是外商，则说明外商名称，注册国家、法定地址和法定代表、姓名、职务、国籍等。

（4）建设范围、内容和规模。要着重说明旅游产品的国内外需求、供应情况，以及旅游产品的目标销售地区、可能的销售量等，说明旅游项目建设的地域范围、具体建设内容，如项目体系（基础设施建设项目、自然生态维护和环境保护项目、旅游配套设施项目和旅游主题活动项目等）、各单位建设项目的规模等。

（5）投资估算。指设计、建设旅游景区项目需要投入的固定资金和流动资金之总和。包括对旅游景区项目规划、论证、勘测、设计和建设等各项投入的估算。

（6）投资方式和资金来源。包括合资、合作各方投资的比例和资金构成的比例，项目旅游景区融资的基本思路。

（7）主要原材料、设备等的需要量和来源。

（8）项目运作管理单位人力资源的数量、构成和来源。

（9）经济效益估测，并着重说明外汇收支的安排。概略性预测项目建成后 10 年内的营业收入、成本费用和利润获取情况，对其获利能力进行初步分析，合理测算不同建设阶段的资金需求量，对外汇收支进行测算和安排。

（10）主要附件。主要包括合营各方合作的意向书、投资商资信调查情况表、国内外市场需求情况的初步调研和报告或有关主管部门对产品安排的意见、有关主管部门对主要物料（包括能源、交通等）安排的意向书和有关部门对资金安排的意向书等。

3. 旅游景区建设项目书的审批

项目建议书报经有审批权限的部门批准后，可以进行可行性研究工作，但并不表明项目非上不可，项目建议书不是项目的最终决策。项目建议书的审批程序：项目建议书首先由项目建设单位通过其主管部门报行业归口主管部门和当地发展计划部门，由行业归口主管部门提出项目审查意见（着重从资金来源、建设布局、资源合理利用、经济合理性、技术可行性等方面进行初审），发展计划部门参考行业归口主管部门的意见，并根据国家规定的分级审批权限负责审、报批。凡行业归口主管部门初审未通过的项目，发展计划部门不予审、报批。

**（二）旅游景区项目建议书和可行性研究报告的编制**

旅游景区投资项目的建议书得到批准后，即可进行可行性研究工作。如进行旅游产品市场供求情况的调查与预测、建设条件的调查等。根据调查的资料对旅游景区投资项目技术上的可行性、经济上的合理性以及建设条件的可能性等方面进行论证，进行不同方案的分析比较，并在研究分析效益的基础上，提出建设项目是否可行和怎样进行建设的意见和方案。根据以上的分析论证，编写可行性研究报告，以供进一步调查研究、编制计划任务书之用。

1. 旅游景区项目可行性研究的目的和作用

通过考察旅游景区项目的市场需求并对产品竞争、赢利性和合理性进行分析，确定项目建设的必要性、可能性和可行性等。

2. 旅游项目可行性研究编制的依据

以下文件资料根据建设项目类别来选取。

（1）世界旅游组织及国家有关规划、文件规定。如：联合国教科文组织、环境规划署和世界旅游组织于 1995 年 4 月在西班牙召开的可持续发展国际会议上通过的《可持续旅游发展宪章》《可持续旅游发展行动计划》，世界旅游组织、世界旅游理事会和地球理事联合会 1996 年制定的《实现环境可持续发展的旅游业 21 世纪议程》，国家发展计划委员会社会发展司和国家旅游局规划发展与财务司《关于抓紧开展旅游资源开发与自然生态环境保护专项投资安排有关工作的通知》（计司社会函〔1999〕25 号），国家旅游局颁布的《建设项目环境保护管理条例》，建设部颁布的《风景名胜区建设管理规定》

（1992 年），林业部颁布的《森林公园管理办法》（1994 年），中华人民共和国国家标准《旅游区（点）质量等级的划分与评定》，本地区中长期旅游发展规划及近期实施计划，计委关于申报项目及国家预算内专项资金的有关文件精神。

（2）旅游景区项目主管部门对项目建设要求请示的批复。

（3）旅游景区项目建议书及审批文件。

（4）旅游景区项目承担单位委托进行可行性研究的合同或协议。

（5）国家关于建设方面的标准、规范、定额和资料。

（6）国家有关经济法规、规定。

（7）市场调查报告。

（8）建设区域的环境现状及建设项目的环境影响评估。

3. 旅游项目可行性研究的工作步骤

（1）投资机会研究。投资机会研究又称机会确定，其任务是提出旅游景区项目投资方向的建议，即在特定的地域和行业内部，根据旅游景区自身的资源和旅游市场发育状况，通过调查、预测和分析研究，选择投资，寻求投资机会，并将投资设想变成概略性的投资建议。

（2）预可行性研究。预可行性研究也称初步可行性研究，是正式的详细可行性研究前的预备性研究阶段。其目的主要是判断分析所选旅游景区项目投资机会是否有前途，是否值得作详细可行性研究；研究确定的项目概念是否正确，是否有必要通过可行性研究作进一步详细分析；决定旅游景区项目中有哪些关键性的问题需要在可行性研究中重点说明。预可行性研究是介于机会研究和详细可行性研究之间的阶段，其研究内容和结构与详细可行性研究基本相同，主要区别是所获得资料的详尽程度不同、研究的深度不同。

（3）详细可行性研究。在完成了旅游景区项目投资机会分析和初步可行性研究后，可着手进行详细可行性研究。旅游景区项目详细可行性研究报告包括文本、图件及相关附件材料。

4. 旅游景区项目可行性研究报告的内容

旅游景区项目可行性研究报告一般应包括以下 10 方面内容：

（1）项目基本概况。主要说明建设单位名称，法定地址，宗旨，经营范围和规模；合营各方名称，注册国家，法定地址和法定代表姓名、职务、国籍；合资企业总投资，注册资本，股本额（自有资金额，合营各方出资比例，出资方式，股本缴付期限）；合营期限，合营各方利润分配和亏损分担比例；项目建议书的审批文件；可行性研究报告的负责人及编制组成员名单；可行性研究范围及内容；可行性研究报告总的概况、结论、问题和建议；可行性研究报告的编制依据。

（2）项目提出背景和项目建设的必要性。项目提出的背景，着重说明国内外、区内外旅游业发展的宏观形式和行业竞争态势，阐明同类项目在国内市场及国际市场的发展前景；项目建设的必要性着重从旅游业的经济开发价值和文化开发价值两个方面来探讨，说明旅游业在地区产业结构调整和优化中的作用，在区域对外开放、对内搞活，再提高居民素质和生活质量等方面的作用。

（3）项目建设条件分析。主要说明项目建设范围、自然概况、区位条件、旅游资源条件、旅游基础设施条件、社会经济条件和项目建设条件的总体评价等。

（4）客源市场分析。主要是对客源市场现状、潜在客源市场、客源市场定位等进行分析，对未来旅游客源市场进行预测。

（5）项目建设内容和规模。主要说明项目建设原则以及旅游基础设施建设项目、生态系统保护与环境治理项目、旅游配套建设项目的具体建设内容和建设规模。

（6）投资估算、进度安排及资金筹集。主要以投资估算为依据对建设项目投资进行估算，并提出资金筹措方案和计划工期及进度安排。

（7）财务评价及投资风险分析。主要对投资项目可能获得的经济效益进行预测，对项目投资后的财务成果进行分析和评价，并对项目运行中的财务风险和其他风险进行全面分析。

（8）环境影响及生态效益、社会效益分析。主要是通过对环境质量现状的调查，对项目建设的环境影响和生态效益进行分析，并提出本项目实施对生态环境影响的综合评价。同时，从积极的社会影响和消极的社会影响两个方面对建设项目的社会效益进行评价。

（9）项目组织运作与管理。主要从项目组织机构的建立、管理体制、管理职能、管理模式的创新等方面提出项目组织运作和管理的思路，并提出项目实施的具体管理方法。

（10）结论与建议。主要提出项目可行性研究报告的总结论，并针对项目运作过程中可能出现的问题提出若干建议，供建设部门和项目管理部门参考。

旅游可行性研究报告的附图一般由区域旅游资源分布与总体布局图、旅游交通及区位关系示意图、旅游基础设施及配套设施分布示意图、旅游项目布局图和重点项目设计方案简图等构成。

旅游可行性研究附件材料一般包括可行性研究报告编制单位的资质证书及政府部门下发的有关文件，如：国家计委核发的可研报告编制资质证书、省级旅游主管部门关于项目建设区域旅游发展总体规划的批复、项目所在地区人民政府关于该旅游开发项目配套资金的文件以及旅游景区关于开发项目自筹资金的承诺文件等。

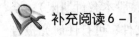 补充阅读 6 –1

### 武陵山花海生态旅游开发建设项目可行性研究报告（节选）

第一节　项目基本情况

一、项目名称：武陵山花海生态旅游开发项目

二、项目建设地点：（略）

三、项目单位：（略）

四、项目发展内容

（1）花海观赏区。花海观赏区占地面积600亩，主要进行花卉种植，主要建设内容包括旅游服务中心、山顶餐厅、度假别墅、苗木交易中心。观赏是以20万株树桩月季为主题，充分体现出花"海"的震撼和视觉冲击力，配以粉红色波斯菊、紫色浪漫的薰衣草、象征丰收的金色萱草、吉祥如意的万寿菊以及寓意不朽恋情的千日紫等各色花带，带给游客全新的芳香之旅体验。

（2）实地体验区。实地体验区占地400亩，主要建设内容包括有机食品连锁超市、特色餐厅。主要功能是让游客赏花的同时，还可以在花田间亲自动手、品鉴参与制作花草茶和精油手工皂、各式鲜花餐食、拍摄浪漫婚纱照及独特的园艺花雕等现场体验活动，感受大自然的无限乐趣。

（3）旅游休闲区。旅游休闲区占地440亩，主要建设内容包括户外运动服务中心、儿童乐园、原乡民宿、健康管理中心、职工宿舍楼、综合楼（包含四星级酒店）、温室展厅。其功能是为游客提供餐饮、食宿、娱乐等旅游配套服务，达到留住游客消费的目的。

五、项目提出理由：（略）

六、项目性质：新建

七、项目总投资及资金筹措

项目估算总投资（含铺底流动资金）29878.6万元，其中：固定资产投资26892.26万元，铺底流动资金2986.25万元，建设投资中，包含工程费用16752.56万元，花卉购置费260.00万元，工程建设其他费用7887.77万元，预备费用1992.03万元。工程费用中包括建筑工程费13605.12万元，设备购置费3041.00万元，安装工程费106.44万元。资金来源全部为企业自筹，详见表6-1。

表6-1 项目总投资使用结构

| 序号 | 项目 | 合计（万元） | 占总投资比例（%） |
|---|---|---|---|
| 1 | 固定资产投资 | 26892.36 | 90.01 |
| 1.1 | 建设投资 | 26892.36 | 90.01 |
| 1.1.1 | 工程费用 | 16752.56 | 56.07 |
| 1.1.1.1 | 建筑工程费 | 13605.12 | 45.53 |
| 1.1.1.2 | 设备购置费 | 3041.00 | 10.18 |
| 1.1.1.3 | 安装工程费 | 106.44 | 0.35 |
| 1.1.2 | 花卉购置费 | 260.00 | 0.87 |
| 1.1.3 | 工程建设其他费用 | 7887.77 | 26.40 |
| 1.1.4 | 预备费用 | 1992.03 | 6.67 |
| 1.1.4.1 | 基本预备费用 | 1245.02 | 4.17 |

续表

| 序号 | 项目 | 合计（万元） | 占总投资比例（%） |
|------|------|------------|----------------|
| 1.1.4.2 | 涨价预备费用 | 747.01 | 2.50 |
| 1.2 | 建设期利息 | 0.00 | 0.00 |
| 2 | 流动资金 | 2986.25 | 9.99 |
| 3 | 总计 | 29878.60 | 100.00 |

八、实施周期

本项目建设期分两期完成，其中一期核心功能区 2 年，建设周期为 2015 年 1 月 ~ 2017 年 1 月，建设内容主要为土地平整、花卉种植、土建；二期完善旅游景区建设周期 3 年，建设周期为 2017 年 1 月 ~ 2020 年 1 月，主要建设内容为配套旅游辅助设施、设备的购置安装工程。

（资料来源：北京尚普信息咨询有限公司）

5. 项目可行性研究书的审批

可行性报告编制完成并经过专家评估通过后，项目建设单位要着手编制计划任务书。计划任务书是确定投资项目及建设方案的重要文件，也是进行投资项目工程设计的重要依据。可行性研究报告中所提供的项目投资若干方案，包括其中的最佳方案，经过调查、研究、补充、修正、挑选确定，即可作为编制计划任务书的可靠依据。该环节是投资项目决策程序中的关键。

**（三）项目设计工作**

一般建设项目（包括工业、民用建筑、城市基础设施、水利工程、道路工程等），设计过程划分为初步设计和施工图设计两个阶段。对技术复杂而又缺乏经验的项目，可根据不同行业的特点和需要，增加技术设计阶段。

（1）初步设计。初步设计又称基础设计，其内容依项目的类型不同而有所变化，一般来说，它是项目的宏观设计，即项目的总体设计、布局设计，主要的工艺流程、设备的选型和安装设计，土建工程量及费用的估算等。初步设计文件应当满足编制施工招标文件、主要设备材料订货和编制施工图设计文件的需要，是下一阶段施工图设计的基础。

（2）施工图设计。施工图设计又称详细设计，施工图设计的主要内容是根据批准的初步设计，绘制出正确、完整和尽可能详细的建筑、安装图纸。施工图设计完成后，必须委托施工图设计审查单位审查并加盖审查专用章后使用。审查单位必须是取得审查资格，且具有审查权限要求的设计咨询单位。经审查的施工图设计还必须经有权审批的部门进行审批。

## 二、实施阶段

**（一）施工准备**

（1）建设开工前的准备。主要内容包括：征地、拆迁和场地平整；完成施工用水、电、路等工程；组织设备、材料订货；准备必要的施工图纸；组织招标投标（包括监理、施工、设备采购、设备安装等方面的招标投标）并择优选择施工单位，签订施工合同。

（2）项目开工审批。建设单位在工程建设项目可行性研究书批准，建设资金已经落实，各项准备工作就绪后，应当向当地建设行政主管部门或项目主管部门及其授权机构申请项目开工审批。

**（二）建设实施**

（1）项目新开工建设时间。开工许可审批之后即进入项目建设施工阶段。开工之日按统计部门规定是指建设项目设计文件中规定的任何一项永久性工程（无论生产性或非生产性）第一次正式破土开槽开始施工的日期。公路、水库等需要进行大量土方、石方工程的，以开始进行土方、石方工程作为正式开工日期。

（2）年度基本建设投资额。年度基本建设投资额是建设项目当年实际完成的工作量，包括用当年资金完成的工作量和动用库存的材料、设备等内部资源完成的工作量；而财务拨款是当年基本建设项目实际货币支出。投资额是以构成工程实体为准，财务拨款是以资金拨付为准。

（3）生产准备或使用准备。生产准备是生产性施工项目投产前所要进行的一项重要工作。它是基本建设程序中的重要环节，是衔接基本建设和生产的桥梁，是建设阶段转入生产经营的必要条件。使用准备是非生产性施工项目正式投入运营使用所要进行的工作。

**（三）竣工验收**

（1）竣工验收的范围。根据国家规定，所有建设项目按照上级批准的设计文件所规定内容和施工图纸的要求全部建成，工业项目经负荷试运转和试生产考核能够生产合格产品，非工业项目符合设计要求，能够正常使用，都要及时组织验收。

（2）竣工验收的依据。按国家现行规定，竣工验收的依据是经过上级审批机关批准的可行性研究报告、初步设计或扩大初步设计（技术设计）、施工图纸和说明、设备技术说明书、招标投标文件和工程承包合同、施工过程中的设计修改签证、现行的施工技术验收标准、规范以及主管部门有关审批、修改、调整文件等。

（3）竣工验收的准备。主要有三个方面的工作：一是整理技术资料。各有关单位（包括设计、施工单位）应将技术资料进行系统整理，由建设单位分类立卷，交生产单位或使用单位统一保管。技术资料主要包括土建方面、安装方面及各种有关的文件、合同和试生产的情况报告等。二是绘制竣工图纸。竣工图必须准确、完整、符合归档要求。三是编制竣工决算。建设单位必须及时清理所有财产、物资和未花完或应收回的资金，编制工程竣工决算，分析预（概）算执行情况，考核投资效益，报规定的财政部门审查。

竣工验收必须提供的资料文件。一般非生产项目的验收要提供以下文件资料：项目的审批文件、竣工验收申请报告、工程决算报告、工程质量检查报告、工程质量评估报告、工程质量监督报告、工程竣工财务决算批复、工程竣工审计报告、其他需要提供的资料。

### （四）竣工验收的程序和组织

按国家现行规定，建设项目的验收根据项目的规模大小和复杂程度可分为初步验收和竣工验收两个阶段进行。规模较大、较复杂的建设项目应先进行初验，然后进行全部建设项目的竣工验收。规模较小、较简单的项目，可以一次进行全部项目的竣工验收。

建设项目全部完成，经过各单项工程的验收，符合设计要求，并具备竣工图表、竣工决算、工程总结等必要文件资料，由项目主管部门或建设单位向负责验收的单位提出竣工验收申请报告。竣工验收要根据工程的规模大小和复杂程度组成验收委员会或验收组。验收委员会或验收组负责审查工程建设的各个环节，听取各有关单位的工作总结汇报，审阅工程档案并实地查验建筑工程和设备安装，对工程设计、施工和设备质量等方面作出全面评价。不合格的工程不予验收；对遗留问题提出具体解决意见，限期落实完成。最后经验收委员会或验收组一致通过，形成验收鉴定意见书。验收鉴定意见书由验收会议的组织单位印发各有关单位执行。

## 三、后评价阶段

建设项目后评价是工程项目竣工投产、生产运营一段时间后，再对项目的立项决策、设计施工、竣工投产、生产运营等全过程进行系统评价的一种技术经济活动。通过建设项目后评价以达到肯定成绩、总结经验、研究问题、吸取教训、提出建议、改进工作，以不断提高项目决策水平和投资效果的目的。

# 第三节 旅游景区建设项目管理的内容与方法

旅游景区建设作为一个复杂的系统工程，涉及多种建设项目，在开发建设过程中通过项目管理，能够有效地控制旅游景区建设，最终按时、保质完成旅游景区规划预先设定的建设目标。项目管理是一种科学有效的管理模式，是在长期实践和研究的基础上总结成的理论方法，并成为一种管理方法体系。掌握这种管理方法体系将有助于管理者更好地完成旅游景区建设管理。

## 一、旅游景区项目管理的主要内容

旅游景区建设项目管理的主要内容包括资源、进度和质量三个方面。三者之间错综复杂、紧密联系在一起。

### （一）旅游景区建设资源管理

资源主要是指项目所在组织中可得的为项目所需的那些资源，包括人员、资金、材料、技术、设备等。资源管理分为 3 大类，即人力资源管理、建设材料管理、资金管理。

1. 人力资源管理

人力资源管理通常包括对旅游景区经营者直接聘用或由完成各项任务的承包机构聘用的员工的管理。这些人员通常包括：建筑师、规划师、设计人员和测绘人员；建设施工人员，如水暖工、电工、钢筋工等；材料供应商；监理人员和装配人员；园艺师；市场营销人员；地方政府管理者，如检查消防的公安人员和环境卫生检查人员等；公用事业人员，如水、电、通信等基础设施配置单位的员工等。

对人力资源的管理要建立在良好的沟通基础上。所以，一个有效的项目管理者不但要具备与项目相关的技术知识和专业知识，还要具备与人沟通和协调的能力，这样才能保证建设项目的顺利完成。

2. 建设材料管理

建设材料指旅游景区开发所需的一切物资，包括建筑材料，如砖、混凝土、玻璃、钢筋等；园艺材料，如石、花草和小品等；铺设停车场和人行道的地砖；水和煤气的管道、电缆等设施；区内的路标和垃圾箱；景点的核心设施、设备，如主题乐园内的主题娱乐设施音响、放映设备等，动物园里的动物、博物馆里的藏品等。

对旅游景区建设材料的管理是旅游景区建设过程中既细致又重要的一项内容，如果无法实现对材料的妥善、有序管理，无法使材料供应与工程进度安排相衔接，就会导致工程延期和成本增加。

3. 资金管理

旅游景区开发项目的资金一般是采用专款专项的管理方式，应指定专门的财务管理人员进行管理。项目资金一般包括施工设计费、建筑材料采购费、施工人员劳务费、设备采购和安装费、管理费用、园林绿化费、施工监理费、环境保护费、土地使用费、水费和其他费用等。项目经理应做好资金的合理安排，资金调配要及时，要随时做好资金的盘查工作，对不能及时到位的资金早作安排，不能因资金短缺或周转困难而延误工期。

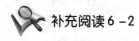 补充阅读 6-2

**青铜峡旅游区桥梁施工组织机构设置**

为保证工程质量和施工进度，加强施工管理，在工程公司宏观指挥决策下，本标段工程实行项目管理，组织一批工作能力强、工作经验丰富的人员组建"青铜峡市旅游基础设施建设桥梁工程"项目经理部，项目部下设施工技术组、质检安全组、财务材料组、后勤生活组，做到职能齐全，人员配套，分工明确，职责分明。管理体系如图 6-1 所示。

**图6-1 青铜峡旅游区管理体系**

各人员职责分工如下：

项目经理：负责领导项目工程师和质检、技术等小组及各施工队负责人，并对其工作进行考核，主持制定并提出质量及安全目标。

项目技术负责人：负责对整个工程进行全面技术指导，制定技术管理细则，检查监督各施工段工程质量管理情况，制订施工方案，处理质量事故。

质检安全组：负责对各种原材料进行取样试验、鉴定；负责各种设备、材料说明书、合格证及材料数据的收集、整理，协助技术负责人搞好整个项目安全检查和工程质量管理工作，组织施工人员执行施工规范及质检评定标准；负责对各施工队安全措施定期或不定期检查监督，对进场车辆进行指挥等。

施工技术组：负责对各施工段、施工队测量放线进行指导、复核、校正；指导检查主要施工工序的安全与准备，提供材料配合比及指标、技术资料的收集整理上报。技术负责人对施工质量及安全负直接领导责任，具体安排落实各项指标及验收评定。

财务材料组：负责资金管理和开支，按施工进度拨付工程款，严禁乱摊乱支，保证专款专用，保证材料供应及时充分。

后勤生活组：负责后勤生活保障，保证工地施工人员的正常生活需求。

同时，组织两个施工队对本段工程进行施工。第一施工队负责汉渠桥的施工，第二施工队负责东干渠桥的施工。各施工队在项目部统一领导下互相协调，平行施工。

施工队长及施工员职责：在施工的全过程中对操作人员进行施工规范、施工工艺、操作规程、验收标准等质量管理教育，强化施工人员的质量意识，并监督检查施工现场的工程质量与安全施工，监督施工人员正确使用安全防护用品，发现质量问题及安全事故隐患及时提出改进意见，坚决制止不符合施工规范与操作规程的施工，同时做好各种施工记录与质量评定记录，对工序工程质量进行复检。

（资料来源：笔者根据相关资料整理）

**（二）旅游景区建设进度管理**

旅游景区建设进度管理就是管理景区建设的时间。为了取得最大效率，项目建设开始时就必须对完成各项任务所用的时间有一个恰当的安排，前一个工程的进度不能影响下一个工程的开展。因此，进度管理是为了保证各项任务按所安排的计划完成。此外，在旅游景区建设时间的安排上必须为难以预见的情况留出余地，以防止突发事件影响工程进度，如恶劣的天气、自然灾害等。

旅游景区建设的完工期一般说来要提前于旅游景区开放一段时间。开放日是旅游景区事先与多个相关部门商定好的，通常已经广泛进行了宣传并安排了活动项目。如果因为没有完全竣工，无法按时开放将会导致旅游景区失去信誉，并为旅游景区将来的运营带来很大的困难。因此，进度管理是旅游景区按时开业的有力保证。

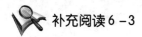 **补充阅读 6 – 3**

## 普陀山风景名胜区建设项目进度管理

基础设施建设是提升普陀山旅游环境，推动普陀山旅游发展的必要条件，然而当前普陀山工程项目建设中存在的几大问题，已严重影响了整个工程项目的进度。要加快项目进度，就必须采取以下措施使之得以顺利实施：

一、组织措施

落实各层次的控制人员、具体任务和工作责任；建立进度控制的组织系统，确定事前控制、事中控制、事后控制、协调会议、集体决策等进度控制工作制度；监测计划的执行情况，分析与控制计划执行情况等。联系普陀山的特殊情况，应着力于增加普陀山对建设人员（农民工）的吸引力，建立劳动力保障制度，"民工荒"的大环境一时难以改变，而普陀山的小环境却可以改变：① 制定一系列奖励制度，对长期在普陀山工作的施工人员给予一定的补贴，并可以考虑给予部分表现良好、参与普陀山建设达到一定年限的施工人员安排农民工宿舍；② 解决来普陀山施工人员的进山年卡、基本医疗保障等问题；③各建设项目项目部要加强企业文化宣传，在施工中不断加强人员的教育培训，增强工人的向心力，提高员工施工素质。

二、技术措施

采取加快项目进度的技术方法。针对实际情况，主要从两个方面入手：一是大力组织科技攻关活动，积极推广和应用新技术、新工艺、新材料、新设备，优化施工方案，从而达到缩短工期的目的。二是加大对大型施工设备的投入，随着目前各项工程的大型化、机械化，应采取措施减少对大型施工设备进山的限制。

三、经济措施

实行项目进度计划的资金保证措施、资源供应及时的措施，实施激励机制。

（1）解决运输难的问题。普陀山车辆限制是目前较难解决的问题，可以考虑对部分大型重点工程加大投入，给予临时进山施工用车，但也要做好管理工作，防止"进山不进工地"的情况出现。

（2）加大对水、电等基础设施的投入，各种地下主管线事先铺设完成。

（3）合理调配，保障供应。加强物资的管理和调配，保障物资及时合理到场，杜绝积压，保证施工生产的良性循环。

（4）实施激励机制，对保质保量超前完成的项目给予一定的奖励，对未能按期完工的项目给予一定的处罚。

四、管理措施

加强合同管理、信息管理、沟通管理、资料管理等综合管理，协调参与项目的各有关单位、部门和人员之间的利益关系，使之有利于项目进展。

（资料来源：中华民居，2015 年 10 月）

### （三）旅游景区建设质量管理

高质量地完成旅游景区建设项目是项目管理追求的最高目标，也是项目经理必须尽到的责任。质量标准通常是在资源、进度和预算的限制下由投资者与承建者事先约定的。当然，质量标准也一定要符合国家相关法律、法规的要求并且达到目标市场所能接受的标准。

旅游景区建设的质量管理包括诸多方面，如外观、安全和耐用等。项目经理要负责开发过程中的质量控制，保证景点的建造符合设计要求。保证任何人员不会偷工减料，建设出不符合标准的产品。当然监理部门也要承担起质量管理的重任，按国家规定的施工质量标准进行监控。无数实践已经证明，一时的偷工减料、马虎大意只会减弱旅游景区的长期生存能力，降低旅游景区的吸引力。

## 二、旅游景区项目管理的基本方法

### （一）关键途径分析法 CPM（critical path method）

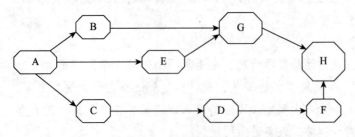

图 6 - 2　旅游景区建设项目关键路径分析图

这种方法起源于甘特的施工进程表，产生于 20 世纪 50 年代的美国。基本原理是首先把一个工程项目分解为若干分项作业，用节点和箭头分别代表工作项目和活动，组成网络图，图上的数字代表完成某一个分项所需的时间，然后用科学方法对工作进程的不同方案进行定量分析，以确定整个项目的管理办法，如图 6 - 2 所示。

从图 6 - 2 可以推理出表 6 - 2。

表6-2　旅游景区建设项目关键路径分析

| 路径名称 | 路径项目环节/个 | 所需时间/工作日 | 关键路径 |
| --- | --- | --- | --- |
| ABGH | 4 | 46 | |
| AEGH | 4 | 62 | AEGH |
| ACDFH | 5 | 48 | |

从表6-2可以看出该项目建设将包括3条路径：ABGH、AEGH、ACDFH。3条路径中 ACDFH 要经历的建设环节最多，而 AEGH 路径需要的时间最长，从时间的角度出发，路径 AEGH 制约着整个项目建设的进度。因此该项目建设的关键路径是 AEGH，其他路径建设项目的进度安排都可以依据 AEGH 路径来进行。

**（二）程序评估与审核法 PERT（plan evaluation review technique）**

与关键路径分析法不同，这种方法是把建设项目分成若干项工作和任务，然后从完成每项任务所需时间的角度进行分析，得出完成项目最短、最可能和最长3种可能。景区的投资者可以此为参考来估计可能完工的日期，恰当安排旅游景区开业的时间。

**（三）线性规划**

线性规划是以数学方法来有效帮助项目经理使用诸如人、财、物等资源的方法，操作时可设多种变量进行运算，最终得到多种选择来完成项目建设。

## 三、建设项目经常遇到的问题与应变计划

**（一）建设项目中经常遇到的问题**

建设项目在进行过程中经常出现一些问题，主要包括：

（1）天气方面的问题。恶劣天气影响施工进度，甚至地面状况太糟，以致建筑和园艺都不得不停下来。

（2）法规方面的问题。例如，出现事故后对员工健康和工地安全方面的限制，建筑监察人员巡视后另外要求的工作等。

（3）供应商方面的问题。未能交付必备材料，或者延期供货。

（4）人员方面的问题。关键人员生病或休假。

（5）承包商和供应商问题。工程开工后，承包商和供应商试图要求增加费用。他们的任务必须尽快完成，否则整个工程将延期。

（6）工程设计问题。工程开工后，建筑师对原始设计做了改动。

（7）旅游景区经营者向承包商和供应商支付款项方面的问题。比如，因付款延期，工程暂停。

上述有些问题是可以预见的，应尽量避免其发生。有些问题几乎是不可预见的，这就要求项目经理随时做出有效、快速的反应。

## （二）应变计划

针对以上经常出现的问题，项目经理都应该制订应变计划，以明确"如果……怎么办"的问题。项目经理应该清楚地知道某个问题一旦出现将意味着什么，将对整体工程进程产生什么样的影响，以及如何使其对工程的负面影响降到最低程度。明智的项目进度安排会在时间上留出余地，以防止发生减缓工程进度的未预料情况。成功的应变计划应能保证项目经理有权力调动更多的员工或增加支出，在短时间内解决问题。

 **思考与练习**

1. 旅游景区建设管理的原则有哪些？
2. 旅游景区建设项目的基本程序有哪些？
3. 旅游景区建设项目管理的内容有哪些？
4. 旅游景区建设项目管理的方法有哪些？

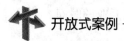 开放式案例 ·····································································

### 重大重点项目建设助推南昌旅游产业升级

分析提示：近年来，南昌市旅游产业以加强旅游强市建设为契机，主动对接"一带一路"战略，在政策扶持、区域合作、项目建设、品牌创建、宣传促销等方面积极融入，成效明显。2015 年 1～8 月，南昌市接待旅游总人数达到 3422.8 万人次，旅游综合收入达到 319.9 亿元人民币。

近年来，南昌市委、市政府高度重视旅游产业发展工作，重新修改完善了《南昌市旅游产业发展专项资金使用管理办法》，将专项资金增加到 5000 万元，引导全社会对旅游产业的开发和投入。

旅游项目是旅游产业发展的支撑，是旅游业跨越式发展的突破口。南昌市认真贯彻项目带动战略，突出重点，集中力量推动全市旅游项目建设，提升南昌市旅游产品的整体水平，丰富南昌市旅游内涵。根据《南昌市旅游产业发展专项资金使用管理办法》，南昌市组织企业申报南昌市旅游项目建设补助资金，对企业基础设施建设进行重点补助，2015 年对项目建设补助资金近 2400 万元，景区各项设施建设进一步完善，接待能力进一步增强。

此外，重点跟进滕王阁改扩建工程项目、绳金塔建设项目、万寿宫特色商业街区建设项目、象湖建设项目、梅湖景区建设项目、一江两岸景观延伸工程、红色旅游项目群建设等开发项目，及时掌握企业项目情况。通过推动重大重点旅游项目的建设，促进旅游产业转型升级和效益提升。

（资料来源：中国江西网，2015 年 11 月 27 日）

**推荐阅读**

1. 乐云 . 建设项目前期策划与设计过程项目管理［M］. 北京：中国建筑工业出版社，2010.

2. 何清华 . 建设项目管理信息化［M］. 北京：中国建筑工业出版社，2011.

3. ［美］克拉克·A. 坎贝尔著，周秋洪译 . 一页纸项目管理（世界上最简单实用的项目管理自助手册）［M］. 北京：东方出版社，2008.

4. 马旭晨 . 项目管理：成功案例精选［M］. 北京：机械工业出版社，2010.

# 第七章　旅游景区项目开发管理

【学习目标】

1. 了解旅游景区项目开发管理的主要内容。
2. 熟悉旅游景区项目设计的基本程序和方法。
3. 掌握旅游景区项目产品可行性分析的主要内容。

【内容结构】

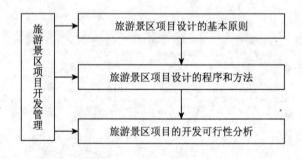

【重要概念】

项目设计　项目开发管理

**导入案例**

## 荣盛发展获安徽黄山风景区北大门整体开发项目

2015 年 1 月 11 日，荣盛房地产发展股份有限公司公告宣布，公司与安徽黄山市黄山区人民政府签订了黄山风景区北大门整体开发项目合作框架协议书。合作项目名称为"黄山北大门整体开发项目"，主要围绕目标项目区域范围内的保护与利用、相关配套建设用地的开发等展开合作。主要建设内容包括游客集散中心、星级酒店、温泉度假村、风情商业街、娱乐城、水街、水上休闲娱乐、青年旅社、养生苑等，主要建设内容以通过评审的总体规划为准。

项目的主要范围包括目标项目用地面积约 1.6 平方公里（约 2500 亩），包括山体、河流以及可供利用的土地、林地等，相关配套开发建设用地面积及范围将以政府部门最终批准的结果为准。

双方以经政府部门审批的《黄山北大门区域总体规划》为基础，共同制订目标项目的概念性规划设计方案，乙方注册项目公司，项目公司负责目标项目的建设、经营与管理，争取 5 年内将目标项目所属区域打造成国内外知名的文化旅游新区和功能齐备的游客集散中心。目标项目涉及用地按照规定办理相关手续，需办理出让的建设用地按照政府相关政策要求按程序办理，甲方在政策、法规允许的范围内予以乙方最大限度的支持和配合。

荣盛发展与黄山市黄山区政府约定，目标项目的概念性规划设计方案经双方共同认可并报市政府审批后，即签订本项目的正式投资协议。

目标项目的概念性规划设计方案经双方共同认可后，黄山区政府将成立目标项目的开发领导小组，作为该项目具体实施的协调机构，具体协调项目前期、建设、经营与管理的相关问题。

荣盛发展亦将在黄山区境内注册成立项目公司，负责目标项目的建设、经营与管理。目标项目所属区域部分旅游配套设施涉及基础设施代建的，双方可通过 PPP 模式或其他方式进行合作，具体合作方式及土地出让方式另签协议约定。

（资料来源：观点地产网，2015 年 11 月 12 日）

# 第一节 旅游景区项目设计

## 一、旅游景区项目的内涵与分类

### （一）旅游景区项目的内涵

旅游景区项目是对各种资源进行组合开发而形成的旅游产品。旅游景区项目中包括了传统意义上的旅游线路、旅游景点，也包括各种节庆活动和各类旅游商品。

**（二）旅游景区项目的分类**

基于不同的研究目的和观察角度，旅游项目在实际中经常按主体分类法和环境分类法两种方法进行分类。主体分类法是以旅游者的个人特征作为分类标准对旅游项目进行类型划分的方法（表7－1）；环境分类法是以旅游项目为依托的环境作为分类标准而划分的不同类别（表7－2）。旅游景区项目设计可以根据上述两种方法开展工作。

表7－1　主体分类法

| 分类方法 | 旅游项目类型 |
| --- | --- |
| 主导性质 | 观光旅游、生态旅游、专项旅游、度假旅游 |
| 主体职业 | 学生、无职业者、体力劳动者、脑力劳动者 |
| 主体年龄 | 儿童、青少年、成人、老人 |
| 主体组织 | 单身旅游、情侣旅游、居家旅游、群体旅游 |
| 消费方式 | 高消费、低消费、包价旅游、奖励旅游 |
| 时间 | 一日游、周末旅游、短途旅游、工作旅游 |

表7－2　环境分类法

| 分类方法 | 旅游项目类型 | 细分标准 |
| --- | --- | --- |
| 地球圈层 | 大气圈 | 宇宙、天象 |
| | 水圈 | 海水、淡水 |
| | 岩石圈 | 山岳、平原、岩洞 |
| | 生物圈 | 植物、动物 |
| | 智力圈 | 文化、科技、历史、生活 |
| 自然环境 | 自然地区 | 自然保护区、海岸旅游区、荒漠旅游区、山岳旅游区、湖川旅游区、溶洞泉瀑旅游区 |
| | 过渡地区 | 平原水乡旅游区、风情民俗旅游区、旅游度假区 |

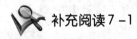 **补充阅读7－1**

**贡嘎山海螺沟风景名胜区的旅游项目**

贡嘎山海螺沟风景名胜区是世界上罕见的冰川、森林温泉共存的神奇而独特的自然奇观——"绿海冰川"。以森林垂直带谱、冰川地貌、热矿泉群为代表的自然旅游资源和以康巴文化、藏医药、古镇、格萨尔王文化、宗教文化和红军文化为代表的人文旅游资源品位高、功能齐全、组合协调。该景区在进行项目设计时，根据旅游资源分别进行了横向、综合设计：

贡嘎山海螺沟景区旅游项目纵向设计以感官指数、时间指数、复杂指数、环节指数、互动指数、交叉指数、遗憾指数、惯性指数等8大指数，温泉、藏医药等23个指标为依据进行纵向深度设计，并进行设计潜力定量评价。其中景区单项旅游资源（吸引物）设计潜力均大，而温泉、冰川、原始森林、康巴风情旅游项目设计潜力最大，是景区的 4 大品牌。

贡嘎山海螺沟景区旅游项目在纵向设计的基础上，在空间上、产品类型上进行全方位横向整合，即旅游线路设计，形成贡嘎山海螺沟风景区旅游项目 4 大主题，即健康之旅（温泉为主体）、文化之旅（康巴风情为主体）、自然之旅（冰川和原始森林为主体）和红色之旅。

## 二、旅游景区项目设计的内容与原则

### （一）旅游景区项目设计的内容

（1）明确项目定位。定位是旅游景区项目设计的基础，具体来讲，旅游景区项目的定位分为 4 个方面，即主题定位、目标定位、客源市场定位以及战略定位。

（2）选好项目名称。要仔细揣摩旅游者的心态、喜好、消费趋势，力争通过一个有创意的名称，来吸引广大旅游者的关注。

（3）凸显项目特色。要在设计中将旅游景区项目的特色或者风格描述出来，使得旅游者能够感受和把握其中所蕴含的风俗民情，并以此来控制旅游功能分区的发展方向，必须具体到可以在实际空间进行定点。

（4）明确品牌产品。要明确表明什么是该景区旅游项目的主导产品或是主导品牌，什么是该景区旅游项目的支撑项目和品牌等。

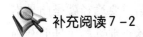

补充阅读 7 - 2

### 海南省琼海市潭门旅游小镇的项目设计

2014 年以来，海南省琼海市依托优越的资源禀赋和良好的生态条件，以 5A 级景区理念规划整个区域，以景点要求建设每个镇村，全力打造"田园城市、幸福琼海"的市域大景区。在此背景下，琼海潭门镇设计以 5 大旅游产品系列支撑旅游小镇的特色产业和文化，拟打造"中国第一南海旅游小镇"品牌形象。

一、知海系列项目

开发让游客了解南海海洋知识和海洋文化的基地。项目设计包含：南海之门，以大海为背景、极富寓意的标识性景观建筑，成为南海的一个文化性地标和游客摄影纪念性特别景观；四沙广场，临海而建的特色旅游景观地和游客聚散地；知海轩博物馆，以南海资源和南海文化（根据南海丝路、香路、瓷路设分馆，展示同各国的文化和经济交流，兼有商购功能）为主要内容的开放性主题展馆。

二、品海系列项目

分 3 个层次策划和建设品海的系列旅游产品项目，即品尝海鲜——浅层次品海，让游客在潭门镇品尝最好吃的海鲜，同时也能品赏特别的与海洋有关的风情、风俗和风光；品鉴海玉——中层次品海，通过挖掘海玉的生长、生产、加工、销售、文化品鉴的全过程，打造新型旅游景区；品赏海艺——高层次品海，挖掘当地文化和渔民风俗，让游客欣赏大海艺术。这个项目设计，旨在让旅游者真正感受特色海洋文化。

三、亲海系列项目

依托特色海洋资源和新建设的滨海景观、设施和景区，策划亲近、体验大海的系列参与性海洋休闲旅游活动，如海滩赶海、渔船出海、海滨旅游活动等。

四、敬海系列项目

潭门有很多渔民为了守护南海——祖宗海，献出了宝贵的生命，成为令人尊敬的海魂，他们是民间的英雄。通过一系列敬海旅游项目和活动，如游览海魂园、祭海台等，打造海洋题材的爱国主义教育基地和新型红色旅游基地。

五、滨海系列项目

以潭门镇区为核心，结合全镇的海、岸、镇、港、村统筹规划滨海区域系列海洋旅游、乡村度假和文化旅游项目。建设开发兄弟海岸（将潭门海岸命名为兄弟海岸）、对全镇 14 村分别进行"一村一品"产业策划并开发成系列主题旅游村。

（资料来源：编者根据自有材料整理）

**（二）旅游景区项目设计的原则**

（1）因地制宜原则。旅游景区项目在设计时，应刻意营造与旅游者熟知环境的差异性，因为旅游者的目标之一就是求差异化的感受。而营造差异化的重要途径就是凸显本地特色，因此进行旅游景区项目的创意设计时，要在充分研究景区各种资源条件的基础上，因地制宜地开发设计出具有鲜明地域特色的旅游景区项目。

（2）市场导向原则。市场导向原则即从旅游市场需求入手，以旅游者的需求为根本出发点。市场导向归根结底是由旅游者的心理决定的。旅游景区项目的设计应从旅游者需求出发，以人为本。

（3）符合现实原则。旅游景区项目设计是一项实践性较强的工作，设计出的旅游景区项目要具备可制作性和经济上的可行性。因此，在设计旅游景区项目时应立足于旅游景区开发实践，从旅游资源赋存、投资来源、科技实力水平、旅游市场需求等方面来评价和衡量所设计的旅游景区项目是否具有现实意义。

（4）整体优化原则。旅游景区项目的设计要服从全国、区域的旅游经济发展需要，不能盲目、不切实际地超前发展，应从整体利益最大化角度出发进行设计。在旅游景区项目的设计上要充分实现与旅游景区及其周边区域食、住、行、游、购、娱等行业的互动，以此来实现更大区域内的旅游经济大发展。

（5）大力创新原则。旅游景区项目设计的首要原则是创新，是做到人无我有、人有我新。即在不断变化的市场形势下，通过功能或表现形式上的创新来促进旅游景区项目的升级，为旅游景区设计出全新的项目，以此推动旅游景区的发展。

## 三、旅游景区项目设计的程序

（1）分析旅游景区内外部环境。设计旅游景区项目必须在充分了解竞争对手的情况、影响旅游景区开发和经营的各种内外部环境因素等基础上，对旅游景区的内部环境，如自然资源、人力资源、物力资源和财力资源进行分析；对外部环境，则是分析旅游市场的需求状况、竞争状况和需求趋势。分析旅游开发地即景区内外部环境，有助于项目设计者找到项目的创新点或与其他旅游景区项目间的差异点。

（2）分析旅游景区资源特色。旅游景区项目是否独具特色、个性，由旅游景区的旅游资源特色所决定。因此，旅游景区项目的内涵和形式必须与旅游景区主题和资源特色保持一致。因此，项目设计者在项目设计前应做好基础工作，对旅游景区资源特色以及各分区资源特色进行详细分析，以此作为旅游景区项目设计的基调。

（3）做好旅游市场调研。要把握好市场，需要从5个方面进行深度研究与策划：市场调研、旅游市场总体把握、项目的市场定位、对应于目标市场需求的产品创造（创意策划与游憩方式设计、游线设计）、市场核算与运作策划（收入模式设计、营销策划、市场效果判断、效益估算等）。

（4）明确旅游景区项目定位与战略。定位是旅游景区项目策划的核心步骤，所谓纲举目张。定位可以分为4个方面：主题定位、目标定位、客源市场定位和战略定位。开发战略是实现目标的现实途径，必须有战略性的构架，战略也是对多种可能途径的选择，是开发中轻重缓急、先后时序、结构配合、投资分配等重大问题的纲领与方针。

（5）要素配置与布局。旅游景区项目内部的游线、交通、土地利用、功能分布必须符合游憩规律，符合地形地貌与景观环境，符合土地利用与基础设施集约化与优化，符合环境保护、文物保护、景观保护的要求。因此，综合相关要素进行合理布局，形成最佳的空间结构关系与游憩路线，是旅游景区项目策划、开发的共同任务。

（6）旅游景区游憩方式设计。旅游景区游憩方式设计包括：观赏方式与观赏线路设计、游乐设施选型与游乐内容策划、故事编撰与情境化场景布置设计、体验模式策划、特色餐饮策划、特色住宿策划、特色纪念品策划与设计、游憩功能结构设计、布局结构设计等。

（7）旅游景区项目商业模式设计。商业模式是旅游景区项目开发与经营的商业灵魂。其内容非常丰富，包括收入模式、经营模式、营销模式、管理模式、投资分期、资本构架、融资模式等。

（8）完善旅游景区项目设计构思。在以上工作基础上，设计人员要提出关于旅游项目设计的大致思路，即设计人员应拥有数个可供选择的项目构思，而这些构思就是对未来项目成品雏形的设计。同时，也可利用外界信息不断刺激设计者的思维，这些刺激可以是来自规划人员自身的发散性思考，也可能是来源于旅游景区项目开发中涉及的人或事，如通过调查同行企业、竞争对手、游客及专家学者来寻求构思的灵感。

（9）对旅游景区项目构思进行评价。在项目设计市场导向的原则下，规划人员拥有的成型的旅游景区项目构思并不一定全部具备实施的可行性，因此，规划者要对拥有的项目构思从市场需求规模、项目建设和营运成本、项目的生命力等角度进行评估。通过以上评估，将成功概率较小的项目构思淘汰，保留那些成功概率较大的构思。

（10）对通过甄选的旅游景区项目进行设计。在一定范围内对候选的旅游景区项目构思进行评估，符合市场开发条件的项目可进入此阶段，与被淘汰的构思相比较，通过甄选的项目内容已更加丰富、具体并具有可操作性，要将可行的项目构思从总体上和细节方面加以完善，从而设计出符合多方需求的旅游景区项目。

 **补充阅读 7 –3**

### 广州增城正果镇荔枝沟生态旅游景区开发项目简介

一、项目名称：荔枝沟生态旅游景区开发
二、项目性质：原生态休闲互动旅游
三、项目投资预计：9000 万元，分 3 期逐步投资。
四、项目背景

（1）项目概况。地理区位优越。荔枝沟距离增城市区 16 公里，距广州市中心区 85 公里。东北与龙门县交界，西接小楼、派潭镇，南邻荔城等镇，东南接博罗县罗浮山麓。随着广河高速的开通，荔枝沟所在的正果镇到广州市中心区的车程缩短至 1 个小时以内，正式纳入广州 1 小时生活圈。资源条件丰富。荔枝沟属于低山丘陵区，区域内山体和溪溏密布，森林覆盖率高，山林景色宜人，形成风景独具的"山、水、林"自然景观。同时，两侧山脉形成天然的屏障，远离城市噪声污染，是一处适合休闲、度假、养生的场所。

（2）开发条件及前景。便捷的旅游区位为荔枝沟赋予兼容并蓄的姿态，市场发展潜力巨大；秀美的自然环境和畲族文化气息为荔枝沟开发提供了独特的资源基底；旅游开发政策支持为荔枝沟提供了快速发展的机遇。

（3）项目开发定位。以休闲度假、山地运动、文化体验、生态游憩为主要功能，以"绿绘自然，悠享荔枝"为形象诉求，将荔枝沟旅游景区打造成集山地康体运动体验地、森林生态宿营地、山乡和谐生态休闲地于一体的广州乃至珠三角知名生态型山地休闲旅游区。整体规划包含：荔枝沟旅游景区、生态湿地涵养区、漂流营地休闲区、峡谷穿越运动区、荔枝沟景观带。

五、项目建设内容
1 期：建造 4A 级标准游客服务中心、花园式停车场、民俗商坊小镇综合服务区、竹筏欢乐浪漫漂流、荔枝沟景观带、冒险树（树上穿越）、露天生态餐厅、医疗保健中心及滨水休闲度假营地休闲区。

2期：建造乡村旅游设计型接待酒店（宾馆）、牛路径次级服务中心、峡谷大穿越运动体验区、高空索道、田寮回程巴士中转站。

3期：生态湿地涵养区（免费开放项目）、湿地公园、图腾跌水广场、湿地栈道、蝴蝶谷、湿地迷宫、湿地儿童公园等。

六、拟引资方式：独资、合资。

七、项目前期进展情况：

现已完成旅游景区总体规划汇编、主要项目详细运作规划、政府协调和村民动员。

联系方式：张先生 139×××××；黄先生 159×××××

地址：广东省广州市增城市正果镇

（资料来源：编者根据相关资料整理）

## 四、旅游景区项目设计的方法

### （一）头脑风暴法

"头脑风暴"是一种通过大家共同努力来寻求特定问题的解答的方法。在这个过程中，小组成员即兴的想法受到重视，而会议过程就是收集所有即兴创意的过程。这种方法旨在用来克服对创意予以评价的限制性倾向。奥斯本认为，社会压力对个体自由表达思想观点具有抑制作用，为了克服这一现象，他设计了这种新型的结构化会议形式。在这样的会议上，每个人都可以自由地发表自己的观点，并且不对任何人的观点作出任何评价，评价乃是各种想法表达完之后的事情。

头脑风暴法背后隐含着这样一个基本原理：应推迟对观点作出批判性评价（暂缓评判原则），而且，小组中的任何人都有权利自由表达思想，即使是即兴的想法，也允许当众表达。这样的过程可激发个体发散性思维，以及促生许多新的思想。

头脑风暴法是一种非常有效的方法。它之所以获得成功，应归功于在小组活动情境下所具有的彼此促动的群体动力学基础。每当一个人抛出一个新的想法，这个人所激发的就不只是他自己的想象力，而是在这个过程中与会的其他人的想象力也将受到激发。头脑风暴法会在每个人的大脑中产生震动，激起一系列的联想反应。在群体活动中，个体会获得更大的动力因素，他要在小组中取得一定的地位，就得和别人竞争，而要成功地做到这一点，他就得想出更多的创意。因此，这个过程中，个人想出的新想法之多，是其单独冥想所不及的。

### （二）德尔菲法

德尔菲法，是采用背对背的通信方式征询专家小组成员的预测意见，经过几轮征询，使专家小组的预测意见趋于集中，最后作出符合市场未来发展趋势的预测结论。德尔菲法又名专家意见法或专家函询调查法，是依据系统的程序，采用匿名发表意见的方式，即团队成员之间不得互相讨论，不发生横向联系，只能与调查人员发生关系，以反复地填写问卷，集结问卷填写人的共识及搜集各方意见，可用来构造团队沟通流程，应对复杂任务难题的管理技术。

德尔菲法本质上是一种反馈匿名函询法。其大致流程是：在对所要预测的问题征得专家的意见之后，进行整理、归纳、统计，再匿名反馈给各专家，再次征求意见，再集中，再反馈，直至得到一致的意见。

在德尔菲法的实施过程中，始终有两方面的人在活动，一是预测的组织者，二是被选出来的专家。首先应注意的是德尔菲法中的调查表与通常的调查表有所不同，它除了有通常调查表向被调查者提出问题并要求回答的内容外，还兼有向被调查者提供信息的责任，它是专家们交流思想的工具。德尔菲法的工作流程大致可以分为 4 个步骤，在每一步中，组织者与专家都有各自不同的任务。

### （三）灰色系统法

系统是指相互依赖的两个或两个以上要素所构成的具有特定功能的有机整体。系统可以根据其信息的清晰程度，分为白色、黑色和灰色。白色系统是指信息完全清晰可见的系统；黑色系统是指信息全部未知的系统；灰色系统是介于白色和黑色系统之间的系统，即有一部分信息已知而另一部分信息未知的系统。

灰色系统法是指利用一些已知的行为结果，来推断产生该行为的原因或未来模糊的不确定性行为的方法。使用该方法进行旅游景区项目创意设计主要是通过现有旅游者的行为模式，推导出未来可能拥有客源市场并获得成功的旅游景区项目形式。

# 第二节　旅游景区项目的开发可行性分析

## 一、市场可行性分析

市场可行性分析是指对旅游开发地的目标市场中消费者的行为模式以及竞争者的经营行为的综合分析。市场分析一方面是对目前该目标市场内旅游产品竞争态势和旅游者需求特征的分析，另一方面则从发展的角度对其发展趋势予以预测，并据此判断旅游景区产品的开发是否与发展趋势一致。

市场分析在可行性研究中的重要地位在于，任何一个项目，其生产规模的确定、技术的选择、投资估算甚至厂址的选择，都必须在对市场需求情况有了充分了解以后才能决定。而且，市场分析的结果还可以决定产品的价格、销售收入，最终影响到项目的营利性和可行性。在可行性研究报告中，要详细研究当前市场现状，以此作为后期决策的依据。其中，主要对以下两个工作环节的工作结果进行分析：

**（一）旅游景区开发项目产品市场调查**

（1）旅游景区开发项目产品国际市场调查。

（2）旅游景区开发项目产品国内市场调查。

（3）旅游景区开发项目产品价格调查。

（4）旅游景区开发项目产品上游原料市场调查。

（5）旅游景区开发项目产品下游消费市场调查。

（6）旅游景区开发项目产品市场竞争调查。

**（二）旅游景区开发项目产品市场预测**

市场预测是市场调查在时间上和空间上的延续，是利用市场调查所得到的信息资料，根据市场信息资料分析报告的结论，对本项目产品未来市场需求量及相关因素所进行的定量与定性判断分析。在可行性研究工作中，市场预测的结论是制订产品方案，确定项目建设规模所必需的依据。

（1）旅游景区开发项目产品国际市场预测。

（2）旅游景区开发项目产品国内市场预测。

（3）旅游景区开发项目产品价格预测。

（4）旅游景区开发项目产品上游原料市场预测。

（5）旅游景区开发项目产品下游消费市场预测。

（6）旅游景区开发项目发展前景综述。

## 二、投资可行性分析

旅游景区项目开发希望收回成本，并在收回年运营成本的基础上创利或盈余。在旅游景区项目市场分析的前提下，对项目所在地的自然、文化、社会环境及投资软环境等进行综合分析，确定旅游景区产品开发的投资内容、进度、资金投入及周期。在没有进行投资可行性分析的基础上，大投大建或盲目投建都会将旅游景区推向灭亡。因此，建议以下内容作为旅游景区建设项目进行投资决策的重要依据。

（1）财务评价。财务评价是考察项目建成后的获利能力、债务偿还能力及外汇平衡能力的财务状况，以判断建设项目在财务上的可行性。财务评价多用静态分析与动态分析相结合，以动态为主的办法进行，并用财务评价指标分别和相应的基准参数——财务基准收益率、行业平均投资回收期、平均投资利润率、投资利税率相比较，以判断项目在财务上是否可行。

（2）国民经济评价。国民经济评价是旅游景区项目经济评价的核心部分，是决策部门考虑项目取舍的重要依据。建设项目国民经济评价采用费用与效益分析的方法，运用影子价格、影子汇率、影子工资和社会折现率等参数，计算项目对国民经济的净贡献，评价项目在经济上的合理性。

（3）社会效益和社会影响分析。在投资可行性研究中，除对以上各项指标进行计算和分析以外，还应对旅游景区项目的社会效益和社会影响进行分析，也就是对不能定量的效益影响进行定性描述。

## 三、技术可行性分析

技术条件分析是从项目开发和建设的技术可行性方面对旅游景区产品项目进行评价，创意独特、市场反响强烈且在技术上可行的项目才具有可行性。

旅游景区项目建设必须坚持高起点、高标准方案，为保证工艺先进性，关键设备可引进国外厂商，其他辅助设备从国内厂商中优选。旅游景区项目无论是开发工艺还是管理技术，要完全能够按照行业标准进行生产、检测。对于新技术方案的引入，要组织专家进行论证，才能有效保证项目顺利开展。

## 四、场地可行性分析

旅游景区项目和产品要落地经营，必须对场地环境进行科学论证，主要包括3个方面：场地的自然条件、场地的建设条件、场地的公共限制。场地的自然条件主要包括地形条件、气候条件、地质条件；建设条件主要包括区域位置条件、周围场地条件、内部建设条件、市政设施条件；公共限制主要包括用地限制、用地性质、交通控制、密度控制、高度控制、人口状况。具体分析如下：

（1）旅游景区开发项目建设地。主要分析以下方面：①旅游景区开发项目建设地地理位置；②旅游景区开发项目建设地自然情况；③旅游景区开发项目建设地资源情况；④旅游景区开发项目建设地经济情况；⑤旅游景区开发项目建设地人口情况；⑥旅游景区开发项目建设地交通运输。对场地可行性的分析，直接影响到项目落地开发的具体运作，如旅游景区项目开发运作立项落地后，主要面向国内、国际两个市场，如项目建设地交通运输条件优越，形成铁路、公路、航空等立体方式的交通运输网。公路四通八达，境内有国道、省道及高速公路等，将进一步改善当地的公路运输条件，逐渐优化的交通条件有利于旅游景区项目产品能够及时投放到销售目标市场。

（2）旅游景区开发项目厂址及厂房建设。主要分析以下方面：①厂址；②厂房建设内容；③厂房建设造价；④土建规划总平面布置图。

（3）旅游景区项目开发土建及配套工程。主要分析以下方面：①项目占地；②项目土建及配套工程内容。

（4）旅游景区项目土建及配套工程造价。

（5）旅游景区项目其他辅助工程。主要分析以下方面：①供水工程；②供电工程；③供暖工程；④通信工程；⑤其他。

**思考与练习**

1. 简述旅游景区项目开发的概念与内容。
2. 试比较旅游景区项目与旅游产品、旅游线路等概念的异同点。
3. 简述旅游景区项目开发应遵循的原则。
4. 简要说明旅游景区项目开发的程序及其方法。

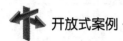
**开放式案例**--------------------------------------------------------

### 龙门石窟世界文化遗产园区开发新能源项目

分析提示：能源是人类社会生存与发展的物质基础，开发利用可再生能源是确保能源供需平衡、减少环境污染的先决条件。因此，利用太阳能、地热能等可再生能源解决建筑的采暖空调、热水供应、照明等，对替代常规能源、促进建筑节能具有重要意义。

"菩禧龙城"坐落于世界文化遗产、国家 5A 级旅游景区洛阳龙门石窟南侧，项目总面积约 1600 亩。

素有"牡丹之乡"美誉的洛阳是"国家可再生能源建筑应用示范市"。考虑到其优越的自然环境优势，依托当地政策支持，"菩禧龙城"项目的开发者仟禧集团坚持绿色建筑的开发理念，致力于打造一座基于高科技技术为依托的"绿色、生态、低碳"的综合性房地产项目。

随着生活水平的不断提高，人们的环境保护意识日益增强。建筑行业作为高耗能的行业，引入节能环保显得尤其重要。建筑节能不仅能够节约材料保护环境，建筑的舒适性也会相应提高。当前，新技术、新材料的应用已经成为当代建筑的一个显著特色，并形成一种发展趋势。借助示范城市这个载体，洛阳市将进一步加大可再生能源建筑的应用和推广力度，推进可再生能源建筑应用向规范化、规模化方向发展。

（资料来源：中原新能源网，2015 年 11 月 19 日）

--------------------------------------------------------

**推荐阅读**

1. 王衍用，宋子千，秦岩 . 旅游景区项目策划（第 2 版）[M] . 北京：中国旅游出版社，2012.

2. 李霞，朱丹丹 . 谁的街区被旅游照亮：中国历史文化街区旅游开发八大模式 [M] . 北京：化学工业出版社，2013.

3. 胡鸿杰 . 项目开发与管理 [M] . 北京：中国人民大学出版社，2008.

4. [美] 威索基 著，费琳 译 . 有效的项目管理——面向传统、敏捷、极限项目（第 5 版）[M] . 北京：电子工业出版社，2011.

# 第八章 旅游景区营销管理

【学习目标】

    1. 了解旅游景区市场营销的双重含义。

    2. 掌握旅游景区市场营销的特点、内容、程序和技术。

    3. 把握旅游景区营销的新发展。

【内容结构】

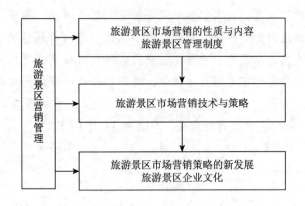

【重要概念】

    市场营销　市场细分　市场定位　营销组合　体验营销　服务营销
    网络营销　品牌营销

## 导入案例

# 长隆，年年火爆为哪般

广东长隆集团（以下简称"长隆"）是一家从广州成长起来的旅游企业，1989年创立至今已走过27个年头，目前旗下拥有广州长隆旅游度假区（以下简称"广州长隆"）和珠海横琴长隆国际海洋度假区（以下简称"珠海长隆"）两大综合度假项目。2015年上半年，广州长隆与珠海长隆两大项目共接待游客1500多万人次，同比增长35%，接待规模已超过了故宫、居庸关长城、九寨沟、黄山等热门景点。世界主题乐园界早已关注到"长隆奇迹"。2014年11月，珠海长隆海洋王国获得全球主题娱乐协会2014年度唯一的"主题公园杰出成就奖"，广州长隆旅游度假区作为亚洲唯一代表入围"全球最佳主题乐园"三甲。究竟是什么因素成就了长隆今日的兴隆景象？

长隆的成功与其独特的营销手法密切相关。近年来，长隆在产品开发上实行的高举高打战略进一步延续到营销策略上，永远选择"第一"和"最好"，与顶级媒体和顶级电视节目强强联手，极大地提升了长隆在主流媒体上的影响力，其"娱乐营销"战略已经成为实用的市场推广教科书。

第一，长隆的电视广告连续多年登陆中央电视台和凤凰卫视。2012年，长隆与浙江卫视《中国好声音》栏目合作，在长隆欢乐世界推出11场巡演，这是名噪一时的《中国好声音》学员在国内的第一次公演，在娱乐界引起强烈反响；2013年，《爸爸去哪儿》电影在长隆野生动物世界和长隆国际大马戏全程取景拍摄，长隆的品牌效应借由电影大银幕精彩绽放；2013年3月10日，京广高铁"长隆号品牌专列"开通仪式在广州南站举行，这是京广高铁首列旅游专列，也是首列由民营旅游企业冠名的高铁专列；2014年年底，长隆野生动物世界与湖南卫视合作拍摄了中国第一档原创动物环保真人秀《奇妙的朋友》，收视率高居同时段第一，长隆作为该节目全程拍摄地，品牌影响力进一步凸显。2015年，全国最火的综艺王牌节目，浙江卫视推出的《奔跑吧兄弟》同样来到长隆，再一次将长隆品牌打造成了全国旅游行业的焦点。

第二，一系列成功营销的背后，是长隆专业的市场推广团队。他们以"娱乐营销"为主导，通过广告推广、新闻宣传、事件策划等整合传播方式，与深受年轻人喜爱的节目结合，全面紧贴目标市场，大力推广"亲子游"理念，为长隆打造"世界级民族旅游品牌"奠定了坚实基础。例如，2014年7月29日凌晨，长隆野生动物世界的大熊猫妈妈"菊笑"诞下大熊猫幼仔3胞胎，这是全球目前唯一存活的大熊猫3胞胎。利用这一事件，长隆连续策划大熊猫3胞胎满月、开眼、百日、见证"首次一母带三仔"、周岁等新闻发布会，让大熊猫3胞胎成为"明星"，占据了各大媒体的头条，抢足曝光率。

凭借着贴合市场的营销手法，长隆已稳步迈入了世界主题游乐界的第一梯队。

（资料来源：中国旅游报，2015年8月3日）

# 第一节　旅游景区市场营销的性质和内容

## 一、旅游景区市场营销管理的含义与特点

### （一）市场营销的含义

市场营销活动在我们的日常生活中几乎无处不在。就一般意义而言，市场营销是指与市场有关的人的活动。著名营销大师科特勒给市场营销下了一个经典的定义：市场营销（marketing）是个人和集体通过创造，提供出售，并同其他个人和群体交换产品和价值，以获得所需所欲之物的一种社会管理过程。这一定义内涵丰富，涵盖了需要、欲望、产品、交换、交易、市场等一系列的概念及其内在联系，深入揭示了市场营销活动的本质。

对于市场营销内涵的理解通常存在着观念和操作两种不同层面上的解释。观念层面上的市场营销，是将营销作为一种经营观念，或称市场导向观念，它构成了经营战略的有机组成部分，并且通常是经营战略的核心。操作层面上的市场营销，是指在营销观念指导下的市场营销管理工作的内容和技术，它处于企业经营管理的核心。

#### 1. 市场营销观念

在观念层面上，市场营销是一种市场导向或顾客导向的经营观念，其出发点是以消费者的需要为起点，来组织企业的经营管理活动。作为一种观念，市场营销是在规范的市场经济条件下发展出来的一种崭新的经营观念。买方市场条件下，企业只有主动了解顾客现实和潜在的需要，并且适合企业的资源条件，采取相应的生产经营措施来影响和满足顾客的需要，才能够生存和发展。因此，市场营销是以满足具体消费者需要为中心来组织企业的所有生产经营活动，贯穿于企业产、供、销、人、财、物等各个环节；企业则是在满足需要的同时达到获利的目的，这意味着企业不再以自己拥有的生产技术以及相应的产品作为生产经营决策的基石，而是以市场近期和长期的顾客需要为基础，进行经营管理决策，包括生产决策、技术决策、人力资源决策、资金筹措决策等。企业生存和发展不只是单方面取决于企业自身的技术、设备、人才、资金等要素，更要看企业是否能够适应顾客的需要。

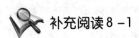 补充阅读 8 - 1

### 5 种营销观念

从历史演变来看，经营观念经历了生产导向、产品导向、推销导向、市场导向和社

会营销导向几个阶段，是随着市场供求关系的变化而变化的。

生产导向认为消费者喜欢那些可以随处买得到而且价格低廉的产品，企业管理者应该致力于降低生产成本和提高分销效率。

产品导向认为消费者会选择那些有特色、性能和质量与众不同的产品，这就意味着生产商和服务提供者的重点应该放在提高产品质量上来。

推销导向认为除非企业进行大量的促销和销售活动，否则顾客不会足量购买产品。

市场导向认为实现企业各项目标的关键，在于正确确定目标市场的需要和欲望，并且比竞争者更有效地传送目标市场所期望的产品，进而比竞争者更有效地满足目标顾客的需要和欲望。

社会营销导向认为企业在遵循市场导向的同时，应能维持或增进消费者和社会的福利，在制定营销策略时，必须同时考虑公司利润、消费者欲望和社会效益3方面的均衡。

（资料来源：编者根据市场营销学相关资料整理）

2. 市场营销工作

在操作层面上，市场营销是一个综合的经营管理过程和方法，是现代企业管理的核心内容。从这一层面上看，市场营销作为整体性的经营活动，通过系统的、有计划的策划和安排一整套营销战略、一系列具体的策略组合，来适应和影响市场需求。因此，市场营销活动包含了从新产品开发、设计到产品包装、定价，从产品的销售渠道到促销手段等涉及企业生产和经营过程许多环节的活动内容。在经营中采取了个别的营销手段和措施并不等于实施了市场营销的整体策略，分别实施单一的营销策略不仅难以实现总体的营销效果，而且可能相互干扰、相互矛盾，适得其反。

**（二）旅游景区市场营销管理的概念与特点**

1. 旅游景区市场营销管理的概念

市场营销作为一种观念，在各种组织经营中得到了普遍应用。不管是营利性组织，如企业，还是非营利性组织，如大学、医院、博物馆等，都非常重视营销。将市场营销观念应用于旅游景区经营管理，就形成了景区市场营销的概念内涵。从营销的角度来看，景区经营的任务就在于把握景区目标市场的需求和欲望，并且要做到比吸引力范围内的竞争者更好地满足旅游者的旅游需求。因此，旅游景区的市场营销可定义为：旅游景区组织为满足旅游者的需要并实现自身经营和发展目标，而通过旅游市场实现交换的一系列有计划、有组织的社会和管理活动。旅游景区营销管理是通过旅游市场分析，准确确定目标市场，为旅游者提供满意的产品和服务，使之获得预期的旅游体验，是旅游景区产品实现交换的全过程的管理，是一种游客需求的管理。

2. 旅游景区市场营销的特点

旅游景区营销的特点是由景区产品和旅游市场的特点所决定的。景区产品是体验型产品，旅游市场具有异地性、高竞争、弹性大、季节性突出等特点，这些特点决定了景区营销在营销策略方面具有一般营销活动共性的同时，也存在着自身的特色，主要表现为：

（1）注重体验营销，关注游客整体体验。旅游产品是一种经历，其本质是体验，这种体验始于消费产品之前，并延续到产品消费之后，因此，旅游营销特别强调自身特色给游客产生的美好体验。虽然游客访问景区的整个体验具有阶段性特征，其体验的关注点各不相同，但景区营销关注游客整体体验。典型的旅游体验过程可被划分为如下几个阶段：访问之前的期望阶段；前往景区的旅行阶段；在景区度过的阶段；返程旅行阶段；造访留下好的和坏的记忆，以及照片和纪念品等有形留念物。对于游客整个体验过程而言，景区经营者所能控制的仅是其中的一部分，但游客却将视其经历为一个整体。他们不会区分哪些是景区经营商的责任，哪些超出了景区经营商的能力所及。旅游景区营销人员应当关注的是顾客的整个体验。

（2）在促销组合中以拉式策略为主，推拉组合，突出网络营销、广告营销、形象促销等手段。促销策略可分为拉式策略和推式策略。推式策略是指利用推销人员与中间商促销，将产品推入渠道的策略。这一策略需利用大量的推销人员推销产品，也适用于生产者和中间商对产品前景看法一致的产品。推式策略风险小、推销周期短、资金回收快，但其前提条件是须有中间商的共识和配合。拉式策略是针对最终消费者展开广告攻势，把产品信息介绍给目标市场的消费者，使人产生强烈的购买欲望，形成急切的市场需求，然后"拉引"中间商纷纷要求经销这种产品。景区产品是无形的，具有不可移动性，游客必须前往旅游产品的生产地而不是产品被递送过来，这就意味着景区促销方式除了对旅行社和导游员采用推式策略外，更主要的是对旅游者展开促销攻势，因此，网络营销、广告营销、形象营销等种种手段成为景区促销的主要手段。通过各种方式，使公众产生对景区产品的关注，借助公众舆论和公共关系传播景区的形象和信息是营销的重点，甚至各种路标、良好的道路指示牌和宣传册都是景区营销极为重要的工具。

（3）旅游景区营销注重事件营销。旅游市场具有较强的季节性，旺季和周末景区的访问量大大高于淡季和工作日。景区营销必须处理好淡旺季之间的关系，在此方面，事件营销是平衡淡旺季的重要手段。通过适当的事件策划，尤其是节日营销，可大大吸引游客的注意力，吸引游客前来观赏。同时，利用各种方式，设法刺激淡季的需求，提高淡季时的使用率。

（4）旅游景区营销注重服务营销和全员营销。景区产品具有生产与消费的同一性特点，游客是生产过程的一部分，而员工也是产品的一部分。游客是服务的对象，服务过程就是生产过程，他们的态度和行为不仅会影响自己的经历，也会影响其他游客的经历；而员工直接参与产品的生产和销售，直接和游客接触，他们的态度和行为会直接影响到游客是否喜欢该产品。因此，游客和员工都是营销的重要组成部分。为此，景区营销注重服务营销和全员营销。

## 二、旅游景区市场营销管理的主要内容

旅游景区市场营销管理的内容包括市场营销环境分析、市场调查与预测、市场细分与目标市场的选择、旅游市场营销策略的制定、市场营销控制与管理等。

### （一）市场营销环境分析

分析市场营销环境可以帮助我们了解市场营销的机会和风险，进而适应市场环境，发掘市场机会，开拓新的市场。在旅游景区营销战略及营销计划的制定中，营销环境分析是必不可少的一步。

### （二）市场调查与预测

旅游市场信息是景区进行营销决策的基础、实施和控制营销活动的依据。面对日益激烈的市场竞争，借助各种调查数据、预测方法和旅游信息处理技术，及时、准确地掌握旅游消费动向、竞争市场反馈等旅游市场信息及其发展变化趋势，成为打造景区核心竞争力的重要保障。

### （三）目标市场选择和定位

在现代旅游市场上，竞争的深度和广度不断延展，竞争的内容涉及方方面面，任何一个旅游景区均不可能以自身有限的资源和力量，设计各种不同的旅游产品及其营销组合，来全面满足各类旅游者的所有旅游需求。因此，通过市场细分，选择目标市场和准确定位是景区市场营销的主要内容。

### （四）市场营销策略的制定

旅游景区市场营销策略是旅游市场营销中的核心问题，一般包括以下部分：

（1）旅游产品策略。确定景区旅游产品的特点、旅游产品生命周期及其策略、旅游新产品开发策略、旅游产品商标策略、旅游产品组合策略。

（2）景区价格策略。价格是市场营销中最为敏感的因素，直接受市场供求关系变化的影响。旅游景区在制定其价格策略时，要研究旅游商品和服务价格的各种影响因子，研究旅游价格的定价目标和方法，以最终确定其定价策略。

（3）旅游渠道策略。渠道是指景区产品销售的中间经销机构。旅游景区在进行市场营销时还应研究旅游营销渠道的类型，各级旅游中间商的功能，以及营销渠道的最佳选择。

（4）旅游促销策略。景区产品的流通是通过产品信息的传递和旅游者向旅游目的地的流动来实现的，因而旅游促销活动尤为重要。旅游促销策略包括广告宣传、人员推销、营销推广、公共关系、促销策略的组合和制定。

### （五）景区市场营销控制与管理

旅游景区要做好市场营销工作，有赖于有序的管理和控制，其主要内容包括对营销活动的计划、组织、执行、评价，设置高效的营销组织机构，以及对营销人员的培训和管理等。

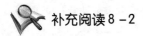

## 补充阅读8-2

### "何家千金"的市场营销

近日，在江苏扬州何园举办的"何家千金善待天下客"活动中，一群身着精致清朝服饰的靓丽女子为游客们表演击鼓、舞蹈、走秀，成了何园一道亮丽的风景线，她们的一颦一笑、一举一动都透露着古典美女的气息，引得游客们纷纷驻足围观、拍照留念，而这群多才多艺的女子不是别人，正是何园的导游团队——"何家千金"。

图8-1　何园导游团队

（1）培养"何家千金"，树旅游亮点。扬州何园素有"晚清第一园"的美誉，这座始建于清代中期的汉族古典园林建筑不仅有着中式园林的温婉，同时还融合了西方元素的简约。然而，江南并不乏园林旅游资源，对于该如何打响何园旅游，是摆在这个景区面前的一大命题。鉴于"何家千金"自古至今都很有名，何园决定以导游队伍为突破口，像何家培养大家闺秀一般培育导游，塑造"何家千金"品牌，打造何园旅游亮点。

（2）"何家千金"需内外兼修。在对"何家千金"的打造上，何园坚持着呈现外在美与内在美的融合。每个"何家千金"不仅有符合个人容貌气质特征的"定制"妆容，有专门设计的一年四季的10套清朝服饰，还注重形体礼仪的训练。同时，何园还会定期开展文化培训课程，邀请大学教授为"何家千金"讲授中国古典文化，并展开包括琵琶、古筝、茶道、扬州评话、木偶戏等才艺培训，以传统技艺塑造"何家千金"古典气质。

（3）"何家千金"成推广使者。何园对这支导游队伍的投入之多是显而易见的。反过来，"何家千金"为何园旅游及品牌形象推广也输入了新鲜血液。"何家千金"们通过参加大量的社会公益活动，让游客们了解了何园，更记住了"何家千金"。在何园新推出的何园印象系列文创产品中，甚至推出了以"何家千金"为原型的玩具娃娃，虽未正式投入市场，但展示柜里的"何家千金"娃娃总是被小游客们团团围观。

不仅如此，"何家千金"为何园旅游走向更远的地方带来了契机。"何家千金"的精致、典雅、灵动吸引了上海豫园老街，促成了何园与上海豫园的合作推介。早在2014年的豫园丽云阁扇文化节上，"何家千金"受邀参与传统扇展示活动，以活动为契机，"何家千金"将何园旅游推介到了上海，而上海豫园及丽云阁的传统扇也走进了何园。

如今，"何家千金"导游团队的打造不仅推动了何园旅游发展，也为整个扬州园林旅游推广树立了典范。

（资料来源：中国旅游报，2015年5月25日）

# 第二节 旅游市场营销核心技术与组合策略

## 一、旅游景区市场营销的核心技术

### （一）客源市场调研技术

根据市场营销调研的基本程序，旅游景区调研分为5个基本步骤。

（1）明确问题和调查目标。明确问题和确定旅游景区市场调查所要达到的目标是市场调研的前提。在调研之前，必须弄清调查什么，应达到什么样的调查目标，然后才能确定调查的对象、调查的内容和调查的方法等一系列问题，才能发现旅游景区经营需要解决的营销问题所在，进而分析影响问题的因素，做好营销调查的最初准备。在确定调查问题和调查目标时，对问题和目标的陈述一定要准确、具体，不宜过宽或者过窄，否则不利于调查的顺利展开。

（2）制订调研计划。制订调研计划的目的在于使调查工作有秩序、有计划地进行，以保证调查目标的实现。这里主要包括：调查方案设计、组织机构设置、时间安排、费用预算等。调查方案的内容包括调查目的的要求、调查对象、调查内容、调查地点以及调查氛围、调查提纲、调查时间、资料来源、调查方法、调查手段、抽样方案，以及提交调查报告的形式。资料收集应确定是第一手资料还是第二手资料，抑或是两者兼顾。机构的设置包括调研活动负责部门或人员的选择与配置，调研主体的选择是利用外埠调研机构还是本单位。调研人员必须具备善于沟通的能力、敏锐观察和感受能力、丰富的想象力、应变能力，还应具备基本的统计学、市场学、心理学、经济学等知识。

（3）收集信息。调研计划确定后，就开始系统地收集资料和信息。这是一项耗时较长、费用较多而且容易出现差错的活动。这个阶段的主要任务是系统地收集各种资料，包括第一手资料和第二手资料：①一手资料，也称原始资料或实地调查资料，是调查者为实现当前调查目的专门收集的原始信息资料。大多数市场调查项目都要求第一手资料。常规的方法是与被调查者访谈，了解其大致的想法，然后确定正式的调查方法，进行实地调查。第一手资料的来源主要有：旅游者、旅行社、企业内部信息资料等。②第二手资料，第二手资料又称文案资料，是指为其他目的收集的信息。调查人员开始调查时一般总是先收集第二手资料，通过第二手资料判断调研问题是否能部分或全部解决。

第二手资料的来源主要有：内部资料、政府出版物、期刊和书籍、商业性资料。

（4）分析信息。资料收集完毕后，调研人员应对资料进行整理、分析，从中提取相关信息。信息分析主要有两种方法：一是统计分析方法，常用的是计算综合指数、时间序列分析、指数分析、相关或回归分析；二是模型分析法，模型是专门设计出来的表达现实中真实的系统或过程的一组相互关联的变量及其关系。分析模型主要包括描述性模型和决策性模型。

（5）提出调研报告。这一阶段要将调研的结果写成调研报告，这是整个调研活动最终结果的体现。调研报告的编写应符合基本规范，应以使用者的需求为导向，把与使用者进行关键决策的相关调研结果充分体现出来，以减少决策的不确定性。调研报告的编写力求观点正确、材料典型、中心明确、重点突出、结构合理。调查报告的结构一般分为：前言、正文、结尾、附录四部分。

**（二）客源市场细分技术**

**1. 市场细分的概念**

市场细分是旅游景区从旅游者的需求出发，根据不同的标准将客源市场划分为若干子市场，以便从中选出旅游景区营销市场的过程。在旅游者需求个性差异巨大的时代，任何一个旅游景区都无法满足所有旅游者的需求和审美品位，旅游景区必须发现和选择与自己资源特点及产品特征相适应的市场群体。

**2. 市场细分的标准**

常见的旅游景区市场细分的标准有以下类别。

（1）地理细分。所谓地理细分就是将市场划分为不同的地理单元，然后选择其中的一个或几个作为市场营销的目标市场。常见的地理细分变量有地区、城市、气候等。传统的地理特征细分标准是按照客源地划分细分市场，客源地的人口将决定潜在游客的数量，同时将帮助营销人员决定在何处进行宣传促销。需要指出的是，如果只考虑游客的长久居住地，就会对市场形成错误的认识，原因在于在外度假的人并不总是从长久居住地出发前往景区的。他们的一日游可能开始于某个旅馆、饭店，也可能开始于他们暂住的朋友家或亲戚家。这就意味着，营销人员不仅要把目标对准那些长久居住地的居民，而且也要对准暂住于此的访客。在许多地方，旅游景区正常的客源区会因非本地区度假者的到来而膨胀。此外，地理细分市场的概念还被应用于其他方面。城市居民可能比较喜欢去乡村的景点，因为这意味着环境的改变；而有些人可能想造访位于气候优于他们日常居住地的地区的景区。

（2）人口细分。人口细分是按照旅游者的年龄、性别、家庭人口、家庭类型、收入、职业、受教育程度、宗教、种族等人口变量来对客源市场进行划分。该类因素对旅游者的需求影响较大，该信息可以较好地为市场营销人员所获得并进行分类处理。因此，在旅游市场细分中是使用较为频繁的一类细分标准。在进行市场细分时，单一人口因素的有效性往往不太理想，例如用单纯的年龄指标得到的市场细分，景区就不一定能够发现其所需要的目标市场。因此，在市场细分过程中，更多的是采用多因素联合的人口细分方式。

（3）心理细分。心理细分是一种按照人们的态度和看法细分市场的方法。这种方法的理论根据是态度和意见决定着人们的消费行为。按照旅游者的个性、兴趣、爱好等心理因素来划分景区市场，常用的标准有社会阶层、生活方式、个性等。

（4）行为细分。行为细分是指以旅游者选择购买旅游景区产品的行为方式作为标准的细分方式，通常采用的行为细分标准有旅游动机、价格敏感度、品牌敏感度、旅游方式、旅游距离、旅游时间等。

（5）其他市场细分的方法。到目前为止，我们所讨论的都是景区市场的传统细分方法。现在有不少专家认为，旅游市场还存在其他的细分方法，这些方法对景区市场也应该是适用的，部分方法如下：①访问群体的构成。持有这种观点的人认为，游客的行为与出游群体的构成有关。因此，市场应该按人们单独出游还是举家出游或是参加团队等进行细分。②访问的类型和目的。这种方法是将市场细分为不同的团体类型，比如，学生团体、企业团体游客等。各种团体类型游客造访景区都有各自特殊的理由。③旅行方式。将景区市场按照人们前来的旅行方式（私家车、旅游大巴、自行车、步行或火车）进行细分。

需要说明的是，事实上没有任何一种单一的市场细分方法可以满足复杂的景区市场的细分要求。每一种市场细分方法都不够全面，因而，只有将若干种市场细分方法（两种、3种或更多）恰当地结合起来使用，才能准确地描绘所研究的景区市场。此外，还应该认识到细分市场是为了帮助改进营销活动，因此，所选择的细分方法一定要与景区的营销目标相吻合。

3. 市场细分的步骤

（1）列举潜在旅游者的基本需要。营销者可以从地理、人口、行为和心理等几个方面，初步预计潜在旅游者的需求。

（2）分析潜在旅游者的不同需求。景区应依据各细分变量作抽样调查，即在初步了解市场需要的基础上，有目的地选取市场细分变量，进行整体特征市场细分。

（3）细分市场的初步调整。细分市场应该具有这样的特征，即任何两个细分市场都存在明显的区别，而同一细分市场内的潜在旅游者具有明显相似的购买行为的特征。在这些细分市场中，旅游景区首先应先去掉现实中不存在的子市场，然后再去掉一些无利可图的市场，对于剩下的一部分细分市场，景区要进一步分析各自的特征，以明确有没有必要对各分市场再作细分。

（4）为细分市场命名。旅游景区应对细分出来的市场，结合其中潜在旅游者的特点，为其命名。

### （三）目标市场定位技术

1. 旅游景区目标市场定位的含义

所谓旅游景区的市场定位，是景区旨在使自己或自己的旅游项目在目标顾客心目中树立和造就某一与众不同或突出的地位。也就是说，旅游景区要在目标顾客心目中树立起自己的形象。目前旅游市场上旅游景区产品数量众多，竞争激烈，旅游者已经被形形色色的旅游信息包围。在这样的市场环境中，旅游景区要想突出自身，必须进行有效的市场定位，把自己的突出特色宣扬给旅游目标市场，并能牢牢抓住旅游者，以建立起某种竞争优势，争取在目标市场上占有更大的市场份额。

2. 旅游景区市场定位方法

（1）领先定位。领先定位是强调率先在游客心目中的某一项类别中占据首要位置的定位方法。这种方法适合于那些独一无二、不可替代的事物。例如，"黄山归来不看山""九寨归来不看水"等。对于特色鲜明突出、属于无可替代的旅游景区产品，大都采用这种定位方法。

（2）攀附定位。攀附定位是一种"借光"定位方法，它借用著名旅游景区的市场影响来突出、抬高自己。比如把三亚誉为"东方夏威夷"，把小浪底水库誉为"北方的千岛湖"。采用这种定位方法的旅游景区并不去占据攀附对象的市场地位，与其发生正面冲突，而是以近、廉、新的比较优势去争取攀附对象的潜在顾客群。采用这种定位方法要求与攀附对象空间距离较大，因为这种定位是吸引攀附对象景区的远途的潜在顾客。另外，对于著名旅游景区和具有独特风格的旅游景区不能随便采用此种定位方法。著名旅游景区已被市场赋予了特定的位置，仅需要维护和保持这种特色位置就可以，而不必贸然只为一时一地市场的开发而别出心裁地突出另外特色，这样会冲淡自己原有的特色，动摇原先的市场地位。对于新开发的旅游景区，如果能从与其他旅游景区的比较中找出自己突出的、有特点的风格，也不要贸然采用攀附定位。因为攀附定位永远做不到市场第一，并且会掩盖旅游景区真正的特色。

（3）心理逆向定位。心理逆向定位是打破消费者一般思维模式，以相反的内容和形式标新立异地塑造市场形象。例如，河南林州市林滤山风景区以"暑天山上看冰堆，冬天峡谷观桃花"的奇特景观定位市场，深圳野生动物园一改传统动物园将动物囚禁在笼中观赏的方式，游客与动物对调，人被囚禁在车中，让动物在车外宽阔的空间自由活动。这种模拟野生动物园的做法打破了我国消费者对动物园的惯性思维，从而赢得了市场的认可。

（4）夹缝市场定位。夹缝市场定位是旅游景区不具有明显的特色优势，而利用被其他旅游景区忽视的旅游市场来塑造自己旅游产品的市场形象。比如河南辉县有名的电影村郭亮，本来是一个普普通通的太行山村，自从著名导演谢晋在此拍过一次电影后，山村开始走旅游发展道路。他们以洁净的山泉水、清新的空气、干净卫生的住房条件，用比市场低得多的价格（包食宿每天 10～20 元）去占领附近城市的休闲旅游市场和美术院校校外写生市场。

（5）变换市场定位。变换市场定位是一种不确定定位方法，主要针对那些已经变化的旅游市场或者根本就是一个易变的市场而言的。市场发生变化，旅游景区的特色定位就要随之改变。一般的人造景观，如主题公园类型的旅游景区，往往面对的是一个易变的市场，要采用变换的定位方法，不断改变旅游产品的内容和形式，让游客常游常新，以变取胜，如深圳华侨城的产品开发定位。

## 二、市场营销策略

### （一）旅游景区营销组合策略的含义

营销组合是营销理论的核心内容，其内涵可定义为"营销管理中可调整的一套工具，用来影响顾客"，即营销组合是可掌控的变项，公司可因市场环境的变化予以调整，满足消费者的需求。

最早提出营销组合的是营销学家麦卡锡（McCarthy）在 1964 年提出的 4P 营销组合，即产品（product）、价格（price）、销售渠道（place）和促销（promotion）。4P 营销组合一直广为全球的学术界与营销人员采用，且历久不衰。由于市场环境的变化日新月异，近年来许多业界的学者专家均认为 4P 营销组合已不足以适应现代营销环境，尤其是服务业营销。营销学家科特勒（Kotler）提出了"大营销"（Megamarketing）的范畴。培恩及巴兰坦（Payne and Ballantyne）进一步指出，在"关系营销"的组合里除了必须强化 4P 之外，应再加入人员、过程以及顾客服务等元素（People、Process、Customer Service），简称 7P 营销组合。

旅游景区营销组合策略主要是指传统的 4P 营销组合策略，即旅游景区产品策略、价格策略、渠道策略和促销策略。

### （二）旅游景区产品策略

1. 旅游景区产品的构成要素

旅游景区本身就是一件产品，其构成要素主要包括：

（1）专门设计的特色和包装。例如博物馆产品的特色就是指建筑物、陈列品、解说的方法，以及诸如商店、咖啡厅等辅助性服务设施。

（2）服务。包括员工数量，以及员工的仪表、能力和态度。例如，迪士尼乐园在这方面名声远扬，他们在员工的招募和培训方面下了很大功夫。

（3）形象和声誉。比如某个景区的名声。

（4）品牌及其定位。品牌形象代表旅游景区的品质，树立良好的品牌形象，不仅能够提高旅游景区的识别性和竞争力，也可以提高旅游景区被选择的机会增多。

（5）提供的利益。各种旅游景区提供的利益不同，比如博物馆和艺术馆提供学习的机会，参加特殊节事则是地位的象征，而主题公园提供的则是兴奋。

（6）质量。旅游景区的质量管理体系及其所达到的质量水平，可以用投诉数量的多少来衡量。

（7）承诺与售后服务。如果出现问题，旅游景区如何帮助顾客？顾客游览结束后如何关照他们，如何与之沟通。

2. 旅游景区产品策略

产品策略是市场营销 4P 组合的核心，是价格策略、分销策略和促销策略的基础。景区产品策略主要包括：

（1）改造老产品：是指对原有旅游景区产品不进行重大改造，只是对其局部形式上的改进。这是景区吸引游客、保持和拓展市场的一种重要手段。如上海新天地改造前是成片有近百年历史的石库门建筑旧居，通过创新赋予其商业经营功能，虽然依旧保留着青砖步道、清水砖墙、乌漆大门等旧元素，但每座建筑内部却是按照 21 世纪现代都市人的生活方式和节奏量身定做的，充满了新鲜时尚感。

（2）换代旧产品：是指在现有产品的基础上进行较大改革而生成的新产品。例如，某旅游景区原来经营纯观光产品，经较大改造后转变为以度假为主的产品。

（3）开发新产品：指旅游景区开发了以前从未生产和销售过的新产品、新项目。例如，大连金石滩度假区开发温泉度假项目。

（4）产品品牌化：品牌是一种名称、术语、标记、符号或设计，或是它们的组合运用，其目的是借以辨认某个销售者或某群销售者的产品或服务，并使之同竞争对手的产品或服务区别开来。旅游景区产品品牌化就是塑造旅游景区产品品牌。一般而言，旅游景区品牌是景点、景观、景色等核心产品的通用品牌，其作用就是吸引旅游者。

**（三）旅游景区的价格策略**

价格策略是旅游景区营销工作的重要方面。对于旅游景区营销管理来说，要成功地运用价格手段调控市场，保证旅游景区客源和收益的稳定增长，关键是要建立起较为完善的价格管理体系。这个价格管理体系应包括价格决策、价格组合和价格管理 3 方面的内容。

1. 影响旅游景区价格的因素

（1）资源因素。资源因素是影响旅游景区定价的基本因素。具有垄断性资源的旅游景区，完全可以根据自己的开发成本、需求程度、管理费用和利润目标，自主地决定其价格；而处于非垄断地位的旅游景区产品，其可替代性决定了定价时必须考虑到竞争对手的情况。

（2）季节因素。淡、旺季差和不同时差的价格波动主要是受供求关系变化影响的缘故。在旅游旺季，旅游需求大于供给，价格就会调高；在旅游淡季，供给大于需求，价格就应降低；在旅游平季，价格会处于适中的状态。此外，旅游产品在不同时段的价格也应有所不同，如黄山风景区门票从 2014 年 3 月开始不同时段执行不同价格，平旺季

（3月1日~11月30日）期间230元/张，淡季（12月1日~来年的2月28日）150元/张。清明节、劳动节、端午节、中秋节和国庆节期间为旺季，其余时间为平季。这主要是受产品的不同性质和不同时段的供求关系所决定的。这种不同时段的定价可以在宏观上调节游客人数和不同的游客群体。当然不同时段的价格变动也可能会受到管理者宏观调控的控制。

（3）需求因素。市场需求对价格有重要的影响。需求强度与旅游景区产品的价格往往呈正比例分布。需求价格弹性大的商品，在其他条件不变的情况下，价格越高需求越趋于减少，反之则增加。

（4）竞争因素。旅游景区产品一般来说并不是完全垄断性的，总存有竞争品和替代品，即使是用途完全不同的产品，也存在着争夺旅游者有限购买力的可能。比如旅游者因为其他的消费选择而放弃了一次计划性的旅行。依此观点，旅游景区的产品定价必须认真研究目标旅游者各方面的需求。

（5）政策和法律因素。所有国家都有自己的旅游经济政策，对旅游市场物价高低的调整也都有相应的限制和法律规定，有保护性质的，有监督性质的，也有限制性质的。旅游景区的产品定价只能在法律约束范围内波动。

2. 旅游景区价格决策

旅游景区定价是一个比较复杂的问题。根据经营战略的不同，定价大体有3种决策方向：一是利润导向，就是追求利润最大化；二是销售导向，就是谋求较大的市场份额；三是竞争导向，就是采用对等定价或持续降价的策略，以应对竞争或者回避竞争。

（1）利润导向与高价策略。旅游景区经营战略以利润为导向，并不意味着产品一定要高价。但是利润导向的战略思维常会导致经营者在价格决策时，较倾向于选择高价策略。当旅游景区品质较高、资源具有不可替代性、市场又处于供不应求状态时，情况就更是如此。比如九寨沟，票价高达310元（门票220元＋游览车90元），但是国内外游客仍然纷至沓来。

旅游景区选择高价策略，必须随时关注游客对于旅游景区产品及其相关服务的满意度，妥善处理好旅游景区和旅游经销商之间的利益平衡关系。国有旅游景区具有准公共资源的属性，如果定价过高，超过了人们心理承受的极限，就有可能遭到市场的反弹，甚至引发政府干预。比如2013年湖南凤凰景区就因强售一张近500元景区联票招致舆论批评，因为这笔钱占到全国居民人均可支配收入2%，把法国罗浮宫、美国黄石公园、印度泰姬陵、日本富士山全部都玩一遍都花不完。因此，高价策略的市场运用，最好是循序渐进，要让市场在不知不觉中逐步接受和消化涨价因素。同时，无论旅游景区品质多高，其最终价格都应小心翼翼地维持在市场所能忍受的心理临界点之下。此外，高价策略的另一种情形，是旅游景区品质较好，但是区域市场内同质化产品较多，选择高价策略就会面临较大的市场风险。

（2）销售导向与低价策略。新建旅游景区在市场导入期，为了赚取人气，常会选择以销售为导向的经营战略。进入市场成熟期之后，也有一部分旅游景区会继续沿袭这种经营战略，以保持已经获得的市场份额。销售导向的经营战略，在价格决策方面的表现就是低价策略。低价策略需要具备 3 个条件：一是市场对价格高度敏感，并且低价能促进市场成长；二是成本会随着规模扩大而下降；三是低价能够阻止现实的和潜在的竞争者。

跟其他快速消费品行业相比，旅游消费者对于旅游景区产品的价格敏感度相对较低。一个普通游客对旅游费用的关注，首先是旅游出行的总体费用，然后才是具体旅游景点的价格。因此，如果旅游景区产品定价过低，未必能够促进市场成长。相反，过于低廉的价格，有可能对市场形成误导，使消费者以为旅游景区质量欠佳，不利于旅游景区品牌形象塑造。

旅游经销商对于旅游景区价格的任何变动通常十分敏感。鉴于这种情况，一些资源不占优势的中小型旅游景区常会采用大幅度让利于旅行社的低价策略，主动对大型旅游景区发起攻击。由于大型旅游景区运营成本较高，价格难以大幅度下降，中小型景区的这种低价策略有时也会十分奏效。比如，无锡太湖边的一个小景区蠡园，为了争取旅行社将其纳入线路，就曾采用这种低价策略跟周边的大型景区展开竞争，取得了一定的市场效果。

需要注意的是，如果旅游景区的产品质量较差，却故意大幅抬高门票价格，企图用高额代理费引诱旅游经销商为其推销旅游景区产品，这种"价格虚高"的低价策略，很容易沦为营销理论中所谓的"骗取战略"。这在短期内可能产生一定的市场效果，但对旅游景区的长远发展危害很大。当旅游景区的价格严重偏离实际价值，游客必定会有上当受骗的感觉，从而泄愤于旅游经销商。

（3）竞争导向与竞价策略。旅游景区经营战略以竞争为导向，其价格决策可能出现两种情况：对等定价和持续降价。在旅游景区更为常见的是对等定价。当某个旅游区域内各大旅游景区所占有的市场份额相对稳定，旅游景区之间常会出现某种默契，采取对等定价的方式，应对竞争或者回避竞争。对等定价的价格标杆，通常是一个旅游区域或旅游品类中的龙头旅游景区。比如同处珠江三角洲，深圳欢乐谷票价为 140 元，于是新建的广州长隆欢乐世界就以之为基准，将自己景区的票价定在 145 元；再比如同处四川阿坝地区，九寨沟票价为 220 元，而黄龙景区就将票价定在 200 元。

对等定价的好处是，可以将景区的市场竞争注意力有效转移到价格以外的其他竞争要素，比如提高产品质量、加强市场宣传、改进客户服务等。对等定价的弊端是，可能形成准同盟性质的不正当竞争。当旅游景区拥有垄断性的资源，处于市场绝对强势地位时，这种定价策略常会造成对渠道商和终端消费者的利益损害。不过，只要市场中出现新的可替代产品，或者其中某个旅游景区出现产品升级，这种价格平衡就会被迅速打破。

有趣的是，在国内其他行业，价格平衡一旦被打破，其结果往往是竞相杀价，而旅游景区之间却会出现轮番涨价的奇特现象。比如，无锡主要的三大景区鼋头渚、灵山大佛和三国城景区，2005 年的门票价格分别为 45 元、35 元、35 元。但是，灵山大佛景区在完成二期工程之后，将门票价格提高到 68 元，使该景区的市场份额和盈利率大幅上升。而鼋头渚景区的市场份额则出现下降。为了维持经营收入的稳定，鼋头渚景区采用对等定价的策略，也将票价涨到 70 元。不久，灵山大佛景区再次涨价，将门票价格提高到 88 元。随后，鼋头渚景区也再次涨价，将门票价格提高到 110 元。数年间，两大景区的轮番涨价，使旅行社实际得到的代理费大幅提高，这就对三国城景区形成了涨价压力。于是 2014 年，三国城景区也不得不将门票价格提高到 150 元。

3. 旅游景区的价格组合

旅游景区的价格组合策略主要分为两种类型：一是单一旅游景区的价格组合；二是系列旅游景区的价格组合。一般来讲，旅游景区在发展初期，大多是以单一旅游景区进入旅游市场。随着旅游景区规模和实力的不断壮大，产品项目开始细化，逐渐形成产品线。比如深圳华侨城，至今已有世界之窗、锦绣中华、中华民俗村和欢乐谷等 4 大旅游景区。横店影视城已形成秦王宫、清明上河图、香港街、明清宫苑、大智禅寺、屏岩洞府、江南水乡和明清民居博览城等 8 个旅游景区。此外，大型景区还可能同时经营饭店和旅行社，甚至将业务领域拓展至地产、娱乐和传媒等其他关联产业。这样，旅游景区就需要根据产品所针对的不同细分市场和目标人群，采取灵活多样的价格组合策略。

（1）单一旅游景区的价格组合。单一旅游景区的价格体系分为 3 个层次：票房挂牌价、社会团体价和旅游团队价。

①票房挂牌价。主要针对旅游散客。旅游景区公开面向市场的挂牌价应保持稳定性和连续性，不宜轻易变更。有些新建旅游景区在拓展市场时，喜欢在广告宣传中频频推出针对散客市场的大幅度票价优惠，这样很容易导致整个价格体系的紊乱，对于团队市场的营销工作也十分不利。此外，还有部分旅游景区错误地认为门票反正是可以随意印制的，因而到处滥发赠券。事实上，门票跟钞票一样，必须保持严肃性。赠券发得过多过滥，会使旅游景区的品牌价值迅速贬值。

②社会团体价。主要针对两种情况：一是旅游散客相伴出行的人数较多，到了旅游景区票房购票时，临时希望获得一定的价格折扣；二是旅游景区营销人员针对大型企业进行促销，由于企业旅游团体的总量较大，因而提出折扣要求。对于这两种情况，处理方法应既坚持原则，又保持弹性。所谓坚持原则，就是社会团体的优惠价格，在通常情况下不得低于旅游景区给予旅行社的折扣上限；保持弹性，就是经营者应在既定框架内给予营销人员和票房人员一定的价格自主权，以便快速处理团体消费者的折扣要求，从而最大限度地避免游客不满和客源流失。

③旅游团队价，主要针对旅游经销商。在旅游景区的价格组合中，这是最重要也最难把握的环节。归纳其市场难点，主要有两个问题：一是旅行社作为旅游经销商的主

体，数量众多且渠道扁平。而且，旅行社的规模有大有小，市场影响力有强有弱。有的旅行社彼此之间还存在强烈的相互竞争关系。这样，旅游景区在跟旅游经销商合作时，对于价格折扣的处理，常会感到无所适从。二是旅游景区的旅游经销商不仅包括旅行社，一些旅游定点餐厅、旅游购物商店以及本市的各大宾馆饭店手里也掌握着大量客源，会向旅游景区提出价格折扣要求。

旅游景区对于旅游团队价的处理，重点应该把握好两个原则：第一，价格优惠应以旅游经销商对旅游景区的实际贡献为标准。旅行社规模大，并不意味着它为旅游景区输送的游客就一定多。旅行社规模小，也不等于它实际掌握的客源就一定少。事实上，在长期的市场营销实践中发现，许多在市场上名不见经传的中小旅行社和宾馆饭店，为旅游景区实际输送的客源远远超过知名的大型旅行社。而且，他们一般不会提出不合情理的苛刻要求，是旅游景区值得与之长期合作的良好伙伴。第二，对旅游经销商的回报方式应该多样化。当旅游经销商对旅游景区的贡献很大，比如客源数量每年大幅度递增时，旅游景区往往会陷入两难选择。如果不给予更多的价格优惠，可能导致旅游经销商的不满；如果每年给予新的价格优惠，又会使旅游景区价格持续向下波动，最终导致价格体系失去平衡。解决这一问题的最好办法，是调动旅游景区的综合资源，采取多种形式和手段，对旅游经销商主动进行"超值回报"。比如，在价格优惠之外，再给旅游经销商一定数额的广告费用；在年终对旅游经销商给予特别奖励；支持旅游经销商的企业公关活动等。而无论旅游经销商的客流量多么大，旅游景区的价格底线都不应轻易突破。这样，才能维持旅游景区价格体系的稳定。

（2）系列旅游景区的价格组合。大型旅游景区发展到一定阶段，有可能形成产品序列，旅游景区价格也会呈现复合型的组合特征。复合型的价格组合形式多样，机动灵活，有利于营销人员运用价格手段调控市场。旅游景区形成产品序列也会存在若干问题。比如，旅游景区的系列产品如果具有同质化的倾向，消费者会认为没有必要游览所有旅游景区。同时，旅游景点过多还会导致游览时间太长，不利于旅行社的线路行程安排；而旅游景区的系列产品如果彼此区隔，分别指向不同的细分市场和目标人群，又会加大营销资源的分配难度，造成旅游景区内部的协调问题。

在实际的市场运作中，价格组合需要遵守3个基本的营销原则。

①旅游景区营销资源应向核心产品重点倾斜。无论旅游景区的产品序列是同质化还是异质化，由于所处的生命周期不同，其市场发展潜力也有大有小，因此，可能产生的市场预期收益大不一样。按照"占优选择"的策略原则，旅游景区应将有限的营销资源有效集中，凝聚于能够形成市场规模、产生较大当期收益、具有可持续发展潜力的核心产品或产品组合。要做到这一点，经营者必须坚持以客户为导向，首先完成内部的营销资源整合。企业内部的经营管理人员为了突出自己所在岗位的重要性，体现个人和部门的存在价值，常会出现各种本位主义的思想和行为。比如，各大旅游景区之间的内部竞

争、广告人员和营销人员的责任推诿、一线部门和后勤部门的相互埋怨等。这种状况如果得不到改变，会导致旅游景区营销效率降低，价格组合再设计怎么合理，也很难真正付诸实施。

②要兼顾消费者、渠道商和企业三者的利益。在对旅游景区系列产品进行价格组合时，经营者时常会碰到一个难题，就是如何处理好企业利润要求和市场实际需求之间的辩证关系。比如，横店影视城现有8个景区，站在企业的角度考虑，自然是希望游客全部游览，这样才能获得最大收益。但是，游客也许只对其中的两三个景区感兴趣。而旅行社的常规线路由于行程安排和报价等原因，也许只能选择旅游景区系列产品的其中之一。面对这种情况，旅游景区经营者应对目标市场的需求状况和目标人群的消费特性进行深入研究，要将不同价格组合可能产生的市场效果进行比较分析和反复推演。在此基础上，才能找到企业利益和市场需求的平衡点。最后，再运用价格手段去引导市场。

③价格组合不能变成"价格捆绑"。一些大型旅游景区，包括某些政府主导的旅游城市，有时候会采用"打包销售"的价格组合策略。所谓"打包销售"，就是旅游景区或城市将部分旅游景区通过某种形式进行组合，比如，以"旅游精品线路"或"某市一日游"的形式，面向旅游市场集体推出。为了确保"打包销售"的市场效果，旅游景区或城市还会相应推出价格和服务方面的一系列优惠政策。

应该说，由于游客对远距离的旅游景区和旅游城市缺乏认知，这种"打包销售"的营销方法能够全面展现旅游景区或城市的优质旅游资源，丰富游客的旅游体验，有利于提高旅游景区或城市的品牌形象。不过，需要注意的是，"打包销售"绝不能变成"价格捆绑"。"打包销售"和"价格捆绑"的重要区别是，前者主要运用价格杠杆进行市场引导，渠道商和终端消费者依然可对旅游景区产品进行自由选择；而后者则完全剥夺了市场对旅游景区产品的最终选择权，它在本质上属于一种"强买强卖"的不正当市场竞争行为。

对于旅游景区来说，"价格捆绑"的市场后果是极其严重的。2013年湖南省凤凰县对外公布，从4月10日起，对现有旅游服务管理体系实施调整，变"凭票进入景点"为"凭票进入景区"，这意味着今后游客进入凤凰古城多了一道148元的"门槛"。官方解释，148元其实是套票，几个游览项目不仅仅包含古城，还包括此前需要另外收费的像沈从文故居、杨家祠堂等9大景点，而这些旅游景点的游览总费用要高于148元，有网友质疑这有"捆绑销售"的嫌疑。与此同时，凤凰县的做法也遭到了旅游者的强烈反对。

4. 旅游景区价格管理

旅游景区对价格体系的管理主要涉及3个问题："管什么""谁来管""怎样管"。

（1）"管什么"。许多人认为价格管理就是"管价格"，这是一种错误认识。价格管理表面是"管价格"，其实是"管市场"。旅游景区建立价格管理体系，是为了通过对市场的有序调控，以带来更大的现实收益。如果本末倒置，眼睛只盯住价格，以为把价格管住了就能做好市场，其效果只会适得其反。当价格体系失去弹性，旅游景区营销工作就会流于死板，基层营销人员的思想和行为就会受到禁锢，而一线人员如果对价格问题没有发言权，也就难以处理旅行社、社会团体和普通游客可能提出的各种价格要求，从而失去旅游经销商的尊重。

（2）"谁来管"。这是一个带有普遍性的问题。旅游景区在这方面的常见错误，一是价格管理权过度集中于高管层，而高管人员又远离市场一线，不了解市场的实际情况，使价格策略失去了市场针对性；二是价格管理权过度集中于财务部门，而财务工作的职业特性，决定了财务人员通常只认数字，不认市场。有些旅游景区不但将票房归于财务部门管理，而且还将市场营销部门置于财务部门的变相领导之下。这就很容易把价格体系彻底管死，使旅游景区营销工作失去活力。要解决这一问题，关键是要做好以下 3 个方面的工作：

①理顺体制。比如，票房作为旅游景区接触游客的第一窗口，其服务水准直接影响到游客对旅游景区的第一印象，其营销意识直接关系到旅游景区的门票收入，其客源数据能为营销工作提供决策依据。因此，必须划归市场营销部门领导和管理。

②明确职责。比如，对财务部门必须明确其责任和义务。一方面，财务部门拥有对旅游景区日常收支进行实时监控的责任和权利；另一方面，财务人员还必须主动做好为一线部门的服务工作。在实际的市场营销工作中，财务人员"脸难看、事难办"，财务总监动辄干预一线部门的具体业务，几乎成为旅游景区营销管理工作的一大通病。这种情况不但会导致财务部门和营销部门的矛盾对立，而且会使旅游景区营销工作陷入内耗，难以真正做好客户服务。比如，每到年底，许多旅游景区会对贡献较大的旅游经销商兑现返利政策，这时候如果财务部门一味拖延付款，就可能引发旅游经销商的强烈不满。

③分级授权。比如，对于旅游景区的价格管理体系，高管层拥有最高决策权和最后否决权。但是，赠券发放权应授予行政部门，票务监督权应授予财务部门，票务管理权应授予营销部门。而营销部门的价格管理权，还应按照一定的原则，继续分级授权，逐级下放至片区经理、票房经理以及基层的市场营销人员和票房工作人员。当分级授权完毕，只要在各自权限范围之内，即便是最基层的营销人员和票房人员，也可以根据市场具体情况，对价格问题进行随机处理。

（3）"如何管"。在价格体系的既定框架之下，营销管理者针对市场中不断出现的新情况和新问题，应按以下原则来管理价格：

①比价关系和合理性原则。旅游景区的系列产品，进入市场有早有晚，产品质量有高有低，每个旅游景区的价格也不尽相同。这样，旅游景区之间就会形成一定的比价关系。比价关系对潜在市场具有较强的心理暗示作用，会对消费者的购买决策行为产生影

响。当消费者面对一组产品时，常会通过价格来区分产品品质。比如，某旅游景区价格特别高，消费者会认为该旅游景区的品质也较好。这时候，可能出现两种情况，一是决定购买；二是选择放弃。但是，无论消费者如何选择，都不会影响他对旅游景区产品的质量认知。相反，如果旅游景区系列产品的价格"一刀切"，消费者就会难以识别旅游景区之间的质量差异。这样，消费者的购买决定就会带有较大的随机性。如果刚好选择了其中质量最差的旅游景区产品，就会严重影响消费者对于旅游景区的品牌印象。因此，旅游景区应遵循合理性原则，按照旅游景区内在价值的差异，妥善处理旅游景区之间的比价关系。

旅游景区系列产品的比价关系对团队市场的导向作用更加明显，需要营销管理者慎重对待。比如，某旅游景区品质很好，价格也高，但是旅游经销商不能获得满意的折扣，那么，团队仍有可能流向品质较差而折扣较大的其他旅游景区，从而既影响旅游景区的品牌形象，又影响旅游景区的预期收入。另一种情形，是不同产品组合之间的比价关系。由于这种情形比较复杂，在此难以细述。但是，处理原则依然应是保持比价关系的合理性。

②折扣差价和连续性原则。如前所述，旅游景区给予旅游经销商何种价格折扣，对团队市场会产生重要影响。而价格折扣的关键要素是差价。一是"绝对差价"，就是指旅游经销商实际获得的差价额。二是"相对差价"，就是指旅游经销商对于差价额的心理感受。"相对差价"主要来源于比较。比如，旅游经销商对同一景区的不同产品和产品组合的差价比较、对不同旅游景区之间的差价比较、对同行所获得折扣的差价比较，等等。

"相对差价"是价格策略的核心，其作用于市场的过程及其作用机理十分微妙。有时候，小小一元钱的"相对差价"，就足以"四两拨千斤"，一下子撬动市场。但是，"相对差价"如果运用不当，甚至被旅游景区经营者完全漠视，也会导致旅游经销商的强烈不满，使旅游景区的团队市场蒙受重大损失。"相对差价"的市场运用技巧，关键是要把握好"连续性原则"。旅游景区的价格可能有涨有跌，旅游景区给旅游经销商的折扣也会有高有低。但是，无论什么情况，"相对差价"都应保持连续稳定。旅游景区在价格方面的任何调整，都不能让旅游经销商产生不良的心理感受。有时候，折扣差价的细微变化，意味着旅游景区对旅游经销商的行业地位的某种态度。如果轻易变化，很容易引起对方猜疑，从而影响彼此合作的诚意和信心。运用折扣差价，要把握浮动幅度和灵活性原则。在旅游景区营销过程中，营销人员可能会根据不同季节、不同地区、不同节庆和不同团队，推出各种临时性的价格优惠措施。这样，旅游景区无论挂牌价、社会团体价还是团队价，在既有基准价的基础上，难免会有一定的浮动幅度，出现各种季节差价、地区差价和批零差价。对于这些临时性的价格浮动，旅游景区应按照"灵活性原则"加以处理。之所以如此，主要基于3个方面的考虑。一是应对竞争的需要。当竞争对手面向市场推出各种价格优惠措施时，如果旅游景区不能及时作出反应，有可能导致客源的流失。二是维系客户关系的需要。旅游景区营销工作是跟人打交道，应该富有人情味，不能机械刻板。有时候，运用临时性的价格优惠措施，给景区的合作伙伴一些意外之喜，也是一件令人愉快的事。三是增加收入的需要。旅游市场的消费行为特征具有某种随机性和偶然性，要抓住这些看似偶然的市场机会，价格政策就必须保持灵活性。

需要注意的是，短期的价格优惠措施不能变成长期的价格政策。短期优惠是旅游景区对市场的一种主动回报，可收可放，进退自如；而价格政策则是旅游景区对市场作出的郑重承诺，不能随意修改和变更。在实际的市场营销工作中，某些营销人员看到短期价格优惠带来了较大的团队量，于是心为所动，轻易地向旅游经销商作出长期价格承诺。结果，当旅游经销商全年的团队量远远不足以达到预期数量时，营销人员便陷入进退两难的尴尬境地。

**（四）渠道策略**

营销渠道是指旅游景区产品提供者通过各种直接和间接的方式，实现旅游产品销售的有组织、多层次的销售系统。对旅游景区营销而言，产品的出类拔萃固然重要，但合适的、通畅的渠道同样是一个必备的因素。

1. 营销渠道的主要类型

（1）直接销售渠道。直接销售渠道简称直销，它指在旅游景区与目标市场之间不存在中间环节，直接面对游客进行销售。由于旅游目的地和客源市场的地域关系，两者之间存在距离且较分散，游客永远不会相对集中于一个区域，需要由大量处在不同地方的服务供应企业，如饭店、餐馆及交通等和产品销售中介旅行社组成一个庞大的网络，才能完成旅游景区直接销售和接待任务。旅游电子商务的实现，使旅游直销渠道形成网络系统，其发挥的功能之大，以至于旅游产品（票务、服务等）通过电子商务系统进入了每一个家庭，致使每一个人都可能成为旅游直接销售渠道的购买者，这正在很大程度上改变着原有的营销理念。

（2）间接销售渠道。这意味着在旅游景区和旅游者之间存在着中间环节，它往往由旅游批发商、零售商、经纪人、代理人等组成，并由他们组合成一个市场的销售网络体系。

2. 渠道成员之间的关系

我国旅游景区的渠道成员之间的关系，有以下几种：

（1）松散型关系。这是一种自发的市场组合，具有很强的偶然性和随意性，具有明显的一次博弈性。在这种渠道关系之下，渠道成员有较强的独立性，进退灵活，进入和退出完全由各成员自主决策，渠道的安全运行完全依赖成员的自律，缺乏有效的监控机制，安全系数小。渠道成员最关心的是自身局部利益的实现，每一个成员都仅基于自身利益的考虑，缺乏宏观意识、系统意识，渠道成员之间没有明确的分工协作关系，交通、广告、品牌、经验、人员等资源也无法实现有效共享。渠道关系是在成员之间持续不断的讨价还价过程中得以维系的，利有则来，利尽则散，现在绝大多数旅游景区经营企业的渠道成员关系均如此。

（2）共生型渠道关系。在这种关系下，渠道成员之间关系密切，共生共荣、共进共退，具有多次博弈性的特点。双方各自拥有对方所不具备的优势，每一方都能够从对方那里获得相应的核心利益，作为补偿，获得利益的一方也必须为对方提供相应的服务。双方有共同的需求，通过合作能够实现"共赢"。现在旅游行业这种渠道组合关系也开始渐露雏形，渠道成员因各自竞争优势的不同而产生一种有机的分工，如汽车运输公司、旅行社、广告公司、旅游景区经营单位等，形成一种协同竞争优势。

（3）契约型渠道关系。在这种关系下，渠道成员之间关系的维护是通过契约这一"文明锁链"来维系的，即在价值流转过程中，参与价值再分配的各渠道成员通过不同形式的契约来确定彼此之间的分工与协作、权利与义务关系。这种渠道关系的发起人通常在旅游景区的价值增值系统中处于一种相对高端的地位，或者拥有一种相对较强的控制资源的能力，或者维系这个价值系统对其有重要的增值意义，如黄山旅游发展股份有限公司发起成立的旅游营销联盟，就具有这种渠道关系的性质。这种契约型渠道关系的组织结构，也符合当今管理所追求的组织结构扁平化、柔性化、网络化、虚拟化的发展趋势。

3. 渠道成员管理

为了充分调动渠道成员参与景区营销的积极性，旅游景区经营通常可采取以下激励措施：

（1）给予价格折扣。灵活的价格政策在相当程度上决定一个旅游景区竞争力，对渠道组成者而言，可以采取下列措施对渠道成员进行利益刺激，包括消费数量折扣、旅游淡旺季季节折扣、冷热景区搭配折扣、内部消费数量折扣等，目的是使中间商获得丰厚的回报和减少可能的风险。

（2）广告合作和支持。对一些重点市场、目标市场、细分市场旅游景区经营企业为了表达或传递一种独特的价值判断，应该给予渠道成员一些广告合作与支持。

（3）营销理念培训。旅游景区经营企业相对于渠道的其他成员而言，无论在资金或人才储备方面都有一定的优势，作为一种共生共荣的渠道关系，旅游景区经营企业应该将其所具有的竞争优势转化为对成员的支持，这其中就包括营销理念、营销战略的培训，有了共同的营销战略、营销理念，企业在进行渠道决策时，也容易找到一致的价值诉求。

（4）提供适度启动基金。对一些二、三线或者四线市场，旅游景区经营企业应该鼓励渠道成员去开辟新市场，并为他们提供必要的启动资金，以降低其投资风险。

（5）提供补贴。如促销补贴、广告补贴、包机补贴、包专列补贴等，通过这些形形色色的补贴，将渠道成员的成本合理公司化，以弥补其在市场开拓方面的缺陷。

（6）设立专项奖金。如友好合作奖、市场开拓奖、销售成长奖、管理贡献奖等。通过形形色色的奖励，将渠道成员联系在一起，促使他们为渠道的成长作出更大的贡献。

旅游景区经营企业必须注意避免激励不足、激励过度、无谓激励3种现象的发生，当旅游景区经营企业给予渠道成员的条件过于苛刻，桃子挂得太高，以致渠道成员无论怎么努力也不能达到目标时，就出现了激励不足，致使企业销售收入降低和营业利润减少，市场萎缩。当旅游景区经营企业给予渠道成员的优惠条件超过所能够获得的收益时，就出现了激励过度，致使景区经营者的销售收入虽有小幅提高，但利润量却大幅下降。当旅游景区经营企业给予渠道成员的优惠条件并非渠道成员最关心和最渴望得到的时，就出现了一种无谓激励，如对需要交通支持的渠道成员，给予价格折扣就没有意义，对需要礼遇支持的渠道成员给予交通支持就没有意义。

### （五）促销策略

旅游景区产品的促销是指旅游景区旅游产品的推广手段，其目的是将有关旅游景区的各种信息推广给目标受众，以招徕游客的购买行为。它是营销组合中最大的一个变量，采取何种方式进行促销，既要看旅游景区产品的性质，又要看目标市场受众的喜好，还要在实战中因地制宜地选用成本较低、效果较好的促销手段。

促销方式多种多样，主要包括广告、公共关系、宣传材料、网络促销、社区促销、交易会和博览会等各种方式。

#### 1. 广告

广告对于旅游景区形象、品牌的确立具有十分重要的意义。由于广告的主题突出，且创意新颖，不同形式的广告重复出现，易于在游客心目中产生感知形象。需要注意的是：旅游景区的生产能力有限，表现在旅游景区的容量有限，饭店的容量也有限；旅游景区产品不能像工业产品的生产一样，可以很容易地扩大生产规模。另外，旅游地形象和旅游产品的品牌并不主要通过广告来传播，而是主要依靠资源丰度、管理和服务水平。

#### 2. 公共关系

公共关系是重要的促销手段，其目的是为了建立旅游景区与公众之间的良好关系，是与公众沟通的重要技巧。公共关系比之于广告，是成本效益比较高的一种促销手段，同时比广告更有利于树立旅游景区的形象和品牌。由于它旨在与公众沟通，并不仅限于目标市场，通过公关便于在公众中树立有口皆碑的良好形象，培育潜在客源群，有利于增加销售额。同时，由于公共关系的活动具有社会公益色彩，使其能更有效地取信于公众，在一段时期内会持续成为公众关注的焦点，而且所需成本还低于广告，营销效果却通常优于广告。所以，旅游景区的促销，应在公共关系上多下功夫，公共关系促销更适合旅游景区产品的特性。公关促销应重点把握以下方面：

（1）与新闻界的关系。新闻发布会、记者招待会固然重要，与新闻界保持持久的合作关系更加重要，以保证旅游景区的新旅游信息可随时见诸报端。此外，还可经常有目的地邀请目标客源地记者来访、采风，并有针对性地策划主题活动，使消息的报道更有深度。

（2）节庆活动。利用各种节庆活动吸引媒体和公众的注意力，围绕节庆可策划一些旅游景区的专题活动，使节庆活动更有深度和影响力。

（3）专题活动。就旅游景区的文化和生态内容进行专题讨论、专家论坛，在电视台做专栏节目，举行与旅游景区产品有关的纪念活动。

（4）公益活动。旅游景区通过资助慈善事业、社会公益事业、政府主办的大型活动以赢得良好的声誉，对树立旅游景区形象意义重大，也会大大提高旅游景区在公众中的形象地位。

### 3. 旅游宣传册

旅游宣传册指传统的旅游宣传印刷品。其功能主要是通过分发给自己的分销渠道、潜在的顾客宣传旅游产品和形象。当然，有的旅游宣传册还具有招商引资的功能，是将旅游景区资源的特色宣传与招商引资项目合为一体的。

旅游宣传册的设计应把握以下几个方面的内容：突出旅游景区的整体形象；充分展示旅游产品的特色和区域文化特色；全面反映吃、住、行、游、购、娱 6 大要素为旅游者提供的便捷、舒适服务；语言表述精练、准确、优美动人；根据 CI 设计的要求，要有标准色、标准字、标识图案，色彩搭配美观并有视觉冲击力，版式设计要有个性。

### 4. 录像带和 VCD 光盘

尽管录像带和 VCD 光盘大有取代传统宣传册之势，然而终究不能将其替代，因为各有各的用处。在旅游促销中，录像带以声情并茂、信息容量大而大显身手。一般都准备有几种版面：一是 20～30 分钟的详细介绍的宣传材料；一是 8～10 分钟的短片，可在旅交会、博览会上播放。

### 5. 网络促销

业内人士认为，旅游景区营销系统可被认为在信息化时代中形成的新的旅游营销模式。通过 Internet 促销已成为成本最低、覆盖面最广、最有前景的促销手段。Internet 促销基本分为以下几种类型：

（1）新闻信息发布。通过网上不断发布的旅游景区的新闻和信息，使旅游者获得大量的资讯，其中包括资源介绍、产品介绍。

（2）票务预订。通过网络直接实现订房、订票业务，旅游者可直接在网上成交，在签订协议前，旅游者在网上可详细浏览旅游景区的各种信息。这也可吸引许多饭店、旅行社到网上做电子商务。在旅游电子商务网络中，以携程网（www. ctrip. com）为代表。

（3）B2B 模式。电子商务的组织者不针对散客，而只与团队发生关系，通过收取会员费和交易佣金来维持电子商务的生存、发展。其代表是华夏网（www. ctn. com）。

互联网营销也有不足之处。作为公众网，网上信息繁杂，不利于旅游者的发现和筛选；而且与旅游者所习惯的、传统的面对面咨询、销售相比，网上销售在个性化服务、微笑服务、人情服务等方面仍然存在先天不足；同时，网上预订的安全性和金融交易的可靠性也存在着许多问题，互联网受众的复杂性和不明确性，同样在一定程度上削弱了旅游营销效果。

6. 手机 APP

出门旅游，手机在手全程无忧。随着在线旅游的快速收展，用手机查机票旅社、订景区门票、订房订车、预订各类度假产品，已成为自由行时代年轻一代的消费习惯，尤其是 34 岁以下的年轻游客更倾向于利用移动装备。2013 年，中国在线旅游市场交易范围 2204.6 亿元。2015 年，中国在线观光预订市场交易范围达到 3630 亿元，携程手机下载量已超过 1.6 亿。在线旅游，特别是 APP 的火热，已成为一种趋势，旅游景区作为传统的旅游实体须借助其实现市场突破。

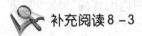

补充阅读 8-3

### 随州"西游记"：做独一无二的漂流

日前，湖北随州西游记漂流景区发布了品牌加盟招募广告，面向全国招募加盟景区，并授权"西游记漂流"经营模式，至此，"西游记"成为湖北首家将漂流做成品牌进行推广的景区。5 年前，位于湖北省随州市桐柏山东区淮河镇的龙潭河还是一片寂静的河道，不为人知，如今，每到七八月份，这条河流便成了热闹欢腾的海洋，特别是在周末，"万人同漂"的壮观景象在这个名为西游记漂流的景区时常出现。在近几年夏季湖北各漂流景区冷热不均甚至关停的情况下，西游记漂流景区却游客盈门。"西游记"是如何做到的？

**图 8-2　漂流**

（1）独一无二的漂流体验。该景区所在的鄂豫交界处的桐柏山淮河镇龙潭河，是吴承恩客居桐柏山数年完成传世名著《西游记》的地方，因此 2010 年景区开发时，决定以西游神话为主题，让游客在漂流中体验西游记文化。如今，西游记漂流在沿河两岸设置大量西游记人物的雕塑、模型及西游主题场景，用各种元素和手法演绎出"西游取经"九九八十一难闯关的精彩桥段。在漂流过程中，游客不仅可以与心仪的西游人物雕像合影，还可以与岸边、水中"妖魔"角色进行互动。除了刺激，西游记漂流景区还在漂流河床上通过立体彩绘手段，营造出"船漂水上、水流云端、云水相融"

的意境，漂流时游客宛如在蓝天白云或星空上翱翔。

（2）相信游客的口碑传播。相比一些景区利用给游客拍照的机会赚钱，西游记漂流景区则将拍照当成服务和营销手段。景区在河道沿途惊险处安排工作人员为游客拍照、摄影，并在漂流结束后将这些精彩照片免费发送到游客手机。80%的游客会将这些照片分享到微博或朋友圈，成为景区非常有效的免费广告。此外，景区还经常邀请微博大V和旅游达人来景区体验，通过他们的平台向庞大的粉丝团进行口碑传播。

（3）品牌加盟的有益尝试。据介绍，西游记漂流景区是总投资15亿元的"西游神话世界"4大主题景区之一。2014年6～8月，西游记漂流景区共接待游客20多万人次，实现旅游综合收入3000多万元，在湖北省40多家漂流景区中名列前茅。目前有一些景区正在积极联系该景区，希望加盟合作。对于加盟景区，西游记主题公园管理有限公司也有一定的甄选标准，例如，河道漂流长度在5～10公里区间，漂流落差在100～200米区间，河段最好位于峡谷中，河床的地质基础宜为花岗岩，水深1米左右。其希望把西游记漂流的模式有效复制、分享，让它更成熟、更有意义。

（资料来源：中国旅游报，2015年9月7日）

# 第三节　旅游景区营销策略的新发展

旅游景区在市场营销传统理论引入过程中，也在逐渐形成旅游景区特有的一些营销新策略，本节主要就这些营销新策略进行介绍，以便把握旅游景区营销的最新动态。

## 一、体验营销策略

### （一）体验营销的内涵

体验营销是体验经济的产物。未来学家托夫勒在20世纪70年代预言人类的经济形态将在经历农业经济、工业经济和服务经济之后步入体验经济时代。美国经济学家约瑟夫·派恩二世和詹姆斯·吉尔摩于20世纪90年代撰写了《体验经济》一书，对体验经济的内涵、特点以及实施策略进行了深入的探讨，指出"体验就是企业以服务为舞台，以商品为道具，以消费者为中心，创造能够使消费者参与、值得消费者回忆的活动"。体验经济的特征是企业由原来的为消费者提供货品、制造商品的商业模式发展到为消费者提供服务，最终与消费者实现共同体验的商业模式。在这个商业模式的演进过程中，企业实现了消费者需求的逐步贴近，同时借此实现自身品牌认知质量的提升，进而构筑更强的市场竞争力，获得更高的品牌溢价。

体验营销是以创造、引导并满足消费者的体验需求为目标，以服务产品为舞台，以有形产品为载体，通过整合各种营销方式，营造顾客忠诚的动态过程。旅游景区的体验营销是以满足旅游者的体验需求为目标，在景区景点开发体验参与性的活动，让游客在旅游景区体验中理性与感性并存，在参与过程中体现旅游景区产品的价值。

**（二）旅游景区实施体验营销的要点**

旅游景区产品本质上就是一种体验。这种体验从游客制订访问旅游景区的旅行计划开始，在访问的过程中达到高潮，包括前往旅游景区和离开旅游景区的旅行，以及在旅游景区的活动，形成旅游的整体印象，终结于旅游结束。所以，旅游景区营销的目标，就是提供给游客最难忘的体验，保持旅游景区的生命力。

（1）营销设计以体验为基础。旅游景区营销设计应该重视对旅游者心理需求的分析研究，挖掘出有价值的营销机会。只有直接与旅游者进行深度调研，才能发掘他们内心的渴望，使产品和服务的开发与目标顾客心理需求相一致。要深入分析并测量构成旅游者体验的因素，必须借鉴应用心理学、消费者行为学等理论，进行以情感为主的针对性、实用性调查，设计出全面激发旅游者兴趣的体验。旅游景区要根据自己的特定资源优势与目标消费者的需求结合起来开发体验产品，实施体验营销。

（2）旅游者体验主题化。体验必须围绕主题，才能将最佳诉求传递给旅游者。要创造令人难忘的旅游景区体验，旅游景区营销人员要从广泛的层面进行横向与纵向的联系，围绕主题，不断推出吸引游客的体验项目。

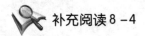

**补充阅读 8 - 4**

### 衡量旅游景区体验主题优劣的标准

（1）具有诱惑力的主题必须能够调整人们的现实感受。

（2）旅游景区的主题能够通过影响游客对空间、时间和事物的体验，彻底改变游客对现实的感觉；

（3）旅游景区体验主题必须将空间、时间和事物协调成一个不可分割的整体。

（4）好的旅游景区体验主题应该能够在景区内进行多景点布局。

（5）旅游景区体验主题必须能够符合旅游景区本身的特色。

（资料来源：根据旅游景区体验营销相关资料整理）

（3）因地制宜，设计营销事件。体验是通过精心设计的事件创造出来的，因此，必须建立在目标顾客在体验上的消费习惯和体验营销要求的基础上，设计营销事件和刺激，同时自始至终不能偏离体验主题。这需要根据不同的地区特征和消费终端环境，展现不同的体验诉求，把游客的敏感区域激发出来，以正面线索使体验的结果达到和谐。旅游景区必须引入确认体验之本质的线索，同时必须向顾客介绍线索，每个线索都无一例外地体现主题。同时，还要淘汰负面因素，要删除任何削弱、抵触、分散主题中心的环节，这些消极的印象会对游客的体验产生负面影响。

（4）借体验媒介，调动游客参与主动性。要充分利用旅游景区资源，将各种工具进行全方位的组合运用，让旅游者充分暴露在旅游景区提供的氛围中，主动参与到设计的事件中来，从而完成体验生产和消费过程。作为旅游景区体验式营销执行工具的体验媒介包括：旅游企业通过广告等与外部的沟通，例如，杂志型广告目录、宣传小册子、新闻稿、公司年报以及品牌化的公共关系活动等；旅游景区内部员工与游客的沟通；视觉与口头的识别一般是指可以使用于创造感官、情感、思考、行动及关联等体验的品牌，包括旅游景区的主题、口号和标志等。产品呈现一般是包括产品、设施以及标志或是吉祥物。空间环境包括旅游景区的外观建筑、游乐设施、停车场、园内餐厅、商店、洗手间位置和卫生等。互联网的出现大大改变了人们沟通的方式，电子媒体与网站等也为旅游企业的体验式营销提供了理想的舞台。人员主要包括企业后台管理人员、维护设施与园内秩序的人员、清洁的人员、前台面对游客提供服务的人员、为游客表演的人员以及任何可以与公司品牌相关的人员。门票价格越高的产品，越需要销售人员去创造顾客的体验。

（5）持续创新，增加附加体验值。在众多的旅游景区纷纷把目光投向体验营销，企图通过体验来抓住更多消费者眼球的今天，旅游景区始终应关注新一代消费热点，不断的人员推出新的体验经历将是必然的选择。人们不喜欢一成不变的东西，因此体验必须不断创新推出，如此才能够保持旅游景区的吸引力。

## 二、关系营销策略

### （一）关系营销的含义

所谓关系营销，是把营销活动看成是旅游景区与旅游者、旅行社、导游、饭店、竞争者、政府机构及其他公众发生互动作用的过程，其核心是建立和发展与这些公众的良好关系。关系营销的核心内容就是与客人建立一种坦诚的、相互信任的、持久的伙伴关系，这种关系一旦建立，客人就不会由于服务价格的细微变化而轻易改变"合伙"对象。

关系营销与传统的交易营销相比，在对待顾客上的不同之处主要在于：

（1）交易营销关注的是一次性交易，关系营销关注的是如何保持顾客。

（2）交易营销较少强调顾客服务，而关系营销则高度重视顾客服务，并借顾客服务提高顾客满意度，培育顾客忠诚。

（3）交易营销往往只有少量的顾客承诺，关系营销则有充分的顾客承诺。

（4）交易营销认为产品质量应是生产部门所关心的，关系营销则认为所有部门都应关心质量问题。

（5）交易营销不注重与顾客的长期联系，关系营销的核心就在于发展与顾客的长期、稳定关系。关系营销不仅将注意力集中于发展和维持与顾客的关系，而且扩大了营销的视野，它涉及的关系包含了企业与其所有利益相关者间所发生的所有关系。

### （二）关系营销的优势

（1）有效对抗外界压力。旅游景区处于竞争激烈、瞬息万变的环境之中，与环境发生着错综复杂的关系，对于旅游景区营销而言，旅游者、旅行社、旅游社区以及政府管理部门都与旅游景区发生着联系，旅游景区只凭自己的力量不能生产所需的全部资源，只有相互营造良好的合作关系，才能实现共赢。

（2）双向沟通和合作。在关系营销中，通过双向沟通，赢得各个利益相关者的支持与合作，通过合作实现双赢，即关系营销旨在通过合作增加关系各方的利益，而不是通过损害其中一方或多方的利益来增加其他各方的利益。

## 三、事件营销策略

### （一）事件营销的含义

旅游景区事件营销是有计划地策划、组织、举办和利用具有名人效应、新闻价值以及社会影响的人物或事件，即旅游景区外部发生型和旅游景区内部策划型事件，进行营销组合，运用新闻公关，进行正面宣传，吸引现实和潜在的旅游消费者的注意和兴趣，以达到丰富旅游景区现有旅游产品，扩大产品销售，增大旅游景区收入和提升旅游景区知名度与美誉度的一种现代营销手段。

### （二）旅游景区事件营销的作用

（1）提高旅游景区产品知名度。在旅游景区进行事件营销的过程中，以某一特殊活动强化景区的品牌形象，比较典型且长期进行的就是节庆活动的策划，以这种方式将旅游景区策划成具有某一特色的地方，通过广播、电视、报纸、刊物、通讯社、互联网等新闻媒体的宣传，吸引众多旅游者，有效地提高旅游景区知名度，使其成为大众期望的旅游目的地。

（2）强化旅游景区的品牌形象。事件营销的传播相当于景区打了一个广告，不仅自己参与宣传，也可以让媒体和公众从正面积极进行传播，树立地方友好、文化多样或激动人心的主题，从而将旅游景区宣传成一个充满各种迷人故事的地方，产生某种光环效应。

（3）形成新的旅游旺季。受旅游景区资源等因素的影响，旅游者客流的流向、流量会集中于一年中相对较短时段出现高潮。旅游景区可以选择恰当的时段，针对合适的客源状况，策划大型旅游活动，如节庆活动、展示会、博览会、艺术节、纪念日等，形成新的旅游吸引物，延长旅游景区的旺季，弥补旅游淡季的经济损失。

## 四、网络营销策略

### （一）网络营销的含义

网络营销是指建立在互联网基础上，借助互联网的特性来实现旅游景区营销目的的一种营销手段。网络营销的发展是伴随信息技术的发展而发展的。目前，信息技术，特别是通信技术的进步，促使互联网络形成一个辐射面更广、交互性更强的新型媒体，它不再局限于传统的广播电视等媒体的单向性传播，而且还可以与媒体的接受者进行实时的交互式沟通和联系。网络营销的效益巨大，随着入网用户的数倍增加，网络效益也随之以更大的倍数增加。因此，如何在如此潜力巨大的市场上开展网络营销、占领新兴市场，对企业来说既是机遇又是挑战，机会稍纵即逝。

**（二）旅游景区网络营销的主要内容**

（1）利用网络高科技，通过高清影片制作及配音等在网络上仿真模拟宣传旅游景区资源特色、旅游景区服务等，尤其是制作受年轻游客群体欢迎的景区微电影。

（2）开辟旅游景区直接营销渠道，利用互联网技术完善网上转账支付方式或开发手机 APP 客户端进行景区产品的网上直接交易，并通过网络全方位给旅游者提供方便，不仅提供咨询服务，还要具备解决机票、火车票及酒店住房预订的功能。

（3）通过网络组合旅游线路设计体系、旅游产品设计系统，利用网络进行形式多样的景区旅游者调查活动，了解旅游者需求并根据调查结果开发私人定制旅游产品，充分体现和满足个性化旅游的需要。

（4）注重旅游景区网络热门搜索与关注度，旅游景区的官方网页宣传要进入网络搜索排名平台的前列，或者在其他热搜排名的前列，或者在其他热搜网络排名平台上占据一席之地，以此吸引对搜索到关键词感兴趣的人群，发展潜在客户与品牌形象。

（5）制定网络营销策略、网上产品和服务策略、网上价格营销策略等。

**（三）网络营销特点**

（1）跨时空。企业能有更多时间和更大的空间进行营销，可每周 7 天，每天 24 小时随时随地地提供全球性营销服务。

（2）多媒体。互联网络被设计成可以传输多种媒体的信息，使得为达成交易进行的信息交换可以多种形式存在和交换，可以充分发挥营销人员的创造性和能动性。

（3）交互式。互联网络可以展示商品型录、可以联结资料库提供有关商品信息的查询、可以和顾客作互动双向沟通、可以收集市场情报、可以进行产品测试与消费者满意调查等，是产品设计、商品信息提供，以及服务的最佳工具。

（4）拟人化。互联网上的促销是一对一的、理性的、消费者主导的、非强迫性的、循序渐进式的，而且是一种低成本与人性化的促销，避免了推销员强势推销的干扰，并可以通过信息提供与交互式交谈，与消费者建立长期良好的关系。

（5）成长性。互联网使用者数量快速成长并遍及全球，使用者多为年轻人、中产阶级、教育水准高，由于这部分群体购买力强而且具有很强市场影响力，因此是一个极具开发潜力的市场渠道。

（6）整合性。互联网上的营销可由商品信息至收款、售后服务一气呵成，因此也是一种全程的营销渠道。另外，可以借助互联网将不同的传播营销活动进行统一设计规划和协调实施，以统一的传播资讯向消费者传达信息，避免不同传播中不一致性产生的消极影响。

（7）超前性。互联网是一种功能强大的营销工具，它同时兼具渠道、促销、电子交易、互动顾客服务、以及市场信息分析与提供等多种功能。它所具备的一对一营销能力，正是符合定制营销与直复营销的未来趋势。

（8）高效性。电脑可储存大量的信息，代消费者查询，可传送的信息数量与精确度远超过其他媒体，并能因应市场需求，及时更新产品或调整价格，因此能及时有效了解并满足顾客的需求。

（9）经济性。通过互联网进行信息交换，代替以前的实物交换，一方面可以减少印刷与邮递成本，可以无店面销售，免交租金，节约水电与人工成本；另一方面可以减少由于迂回多次交换带来的损耗。

（10）技术性。网络营销是建立在以高技术作为支撑的互联网的基础上的，实施网络营销必须有一定的技术投入和技术支持。

### （四）网络营销的优势

（1）实现旅游景区与游客的双方互动交流。改变了信息不对称的局面，使游客在旅游景点选择上处于主动地位，有更大的选择自由。让游客参与项目设计、定价以及反馈，在这个平台上可以比较容易地获得游客对旅游景区的意见，从而改进。

（2）使旅游景区营销突破时空限制。可以在任何时间对全球范围内的游客展开营销，有利于开发远程市场。通过网络平等展示旅游景区资源，减少了市场和地区壁垒，为旅游景区发展提供了更大的空间。

（3）网络媒介具有传播范围广、速度快、无时间地域限制等特点，有利于提高旅游景区营销信息传播的效应，增强旅游景区营销信息传播的效果，降低营销信息传播和旅游景区营销经营的成本。

（4）方便游客。随着金融业参与，旅游者可以根据自己的特点和需求，在网络平台下进行充分比较后自由选择，既可实现网上结算，也可实现网上票务预订。信息的共享，是给予游客最大的方便。

### （五）网络营销与传统营销整合

网络营销作为新的营销理念和策略，凭借互联网特性对传统经营方式产生了巨大的冲击，但这并不等于说网络营销将完全取代传统营销，网络营销与传统营销是一个整合的过程。

网络营销与传统营销是相互促进和补充的，旅游景区在进行营销时应根据自身的经营目标和细分市场，整合网络营销和传统营销策略，以最低成本达到最佳的营销目标。网络营销与传统营销的整合，就是利用整合营销策略实现以消费者为中心的传播统一、双向沟通，实现营销目标。传播的统一性是指以统一的传播资讯向消费者传达，即用一个声音来说话（speak with one voice），消费者无论从哪种媒体所获得的信息都是统一的、一致的，其目的是运用和协调各种不同的传播手段，使其发挥出最佳、最集中统一的作用，最终实现在企业与消费者之间建立长期的、双向的、维系不散的关系。

## 五、联合营销策略

### （一）共生营销的含义

共生营销是指两个或两个以上的旅游景区（或与旅游景区业务关联的企业，如交通、餐饮等）通过分享市场营销中的资源，达到降低成本、提高效率、增强市场竞争力的目的的一种营销策略。由于市场竞争的日益激烈，旅游景区在营销成本控制上的要求越来越强烈，因此，共生营销作为一种新的营销方式，正逐渐在旅游景区营销实践中得到推广。

### （二）共生营销的作用

（1）降低营销成本。共生营销的核心理念是双赢和多赢，其最大优势在于规模和市场资源整合所获得的经验互补、网络终端互享所产生的经营成本下降和共生力提升。旅游景区资源共享可降低经营成本和营销费用，提高旅游景区产品的质量或创新卖点，从而提高市场竞争力。

（2）提高营销效率。如果分享异地旅游景区的销售渠道，则可实现短时间内在更多地域推出旅游景区产品，先入为主占据优势。

（3）吸引注意力，制造轰动效应。共生营销具有特别的形式，能引起人们特别关注，制造轰动效应。

（4）拓宽旅游景区产品的价值。在分工日益精细的今天，单个旅游景区的产品已经不能满足游客多样化和个性化的需求。这就要求旅游景区之间进行线路组合，既方便顾客，也可以使本旅游景区产品的价值扩大化、完整化。

（5）减少无益竞争。同类型旅游景区在激烈竞争中往往会产生负效应，降低价格，增加生产成本，某种共生营销可避免这种情况发生。

 **思考与练习**

1. 旅游景区市场营销的主要内容有哪些？
2. 旅游景区市场营销的技术主要有哪些？
3. 旅游景区市场营销有哪些新发展？

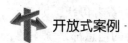

开放式案例 ·······························································

### 汪山土库何时成为江西的"乔家大院"

分析提示：电视连续剧《乔家大院》
的热播，捧红了一座位于山西的清代民
宅，使之成为不少游客一提到山西就能想
到的首选旅游目的地。而对于生在南昌的
人来说，想要见识一下旧时豪门的风采，
根本不必远行山西，距离南昌市区不远的
新建区（原新建县）大塘坪乡有座清道
光初年兴建起来的官僚豪门府第，叫作汪
山土库，它以江南园林建筑、赣派建筑与
清朝宫廷建筑相结合，规模浩大、气势伟

图 8 – 3 汪山土库

绝，在民间素有"江南小朝廷"之称。遗憾的是，这样一个南方罕见的古宅，在当地乃
至江西省却知名度不高，未能成为热门旅游目的地，省外游客更是鲜有人知。

**现状：旅游潜力待开发**

汪山土库始建于清道光年间，由于历史原因，加上年久失修，它的整体建筑遭到
了严重损坏。为抢救挖掘景区的历史文化，再现特色建筑，并充分利用这一文化旅游
资源，带动地方经济发展，从 2003 年年初起，南昌市和新建区两级政府开启汪山土
库修复工程。2013 年，汪山土库以景区租赁的形式由江西汪山土库文化旅游开发公司
进行开发运营。2013 ~ 2014 年，景区各方面都有了明显的改善与提升。不过，即便如
此，开放多年的汪山土库仍处于游客稀少的状态。由于前期宣传不到位，吃、住、
行、娱、购、游等基本旅游要素存在不完善的状态，仅凭门票收入使得景区的经济效
益难以提高。

**建议：开辟旅游新业态**

汪山土库整个建筑保存完整，风格讲究，独具地方特色，曾被中国文联、中国民
协授予"中国府第文化博物馆"，形成了景区独有的建筑特色与文化内涵。但在配套
设施、旅游业态、营销推广等方面仍存在着不足与差距。目前，景区主要以接待旅行
团为主，自由行游客还很少，客源市场主要以南昌市内以及南昌周边为主。然而，因
为程氏家族后代程天放的原因，每年凡是到庐山或者到南昌的台湾旅行团都会来一趟
汪山土库。

业内人士建议，汪山土库所在的大塘坪乡拥有酿制独特的清明酒和香浓美味的东坡
肉，是当地值得开发的旅游食品。同时，该乡还有大唐极乐寺、刘贺古墓群等景点，距

离南昌昌北机场也不远，交通便利。据江西汪山土库文化旅游开发公司相关负责人表示，以汪山土库为依托的电视剧正在筹拍中，希望借此打开知名度。

（资料来源：中国旅游报，2015 年 8 月 31 日）

**推荐阅读**

1.［美］菲利普·科特勒著，翁瑾、张惠俊译．地方营销［M］．上海：上海财经大学出版社，2008.

2. 范一鸿．决战旅游营销：最懂游客心理的营销读本［M］．广州：广东旅游出版社，2013.

3. 菲利普·科特勒（Philip Kotler）（作者），约翰·T. 保文（John T. Bowen）（作者），詹姆斯·C. 迈肯斯（James C. Makens）（作者），谢彦君（合著者）．旅游市场营销（第 5 版）［M］．大连：东北财经大学出版社，2011.

4. 龚铂洋．左手微博右手微信：企业微营销实战攻略［M］．北京：电子工业大学出版社，2014.

# 第九章 旅游景区质量管理

【学习目标】

1. 了解旅游景区质量的概念与构成要素。
2. 理解旅游景区质量管理的原则、步骤和基础工作。
3. 理解旅游景区质量管理的标准化工作。

【内容结构】

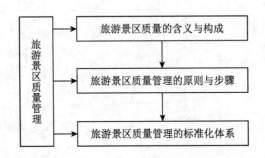

【重要概念】

景区质量　质量管理　景区质量标准化

↘ **导入案例**

## 取卵式旅游遭摘牌　提升品质浴火重生

数日前，山海关景区5A级资质被国家旅游局取消，这是5A级景区制度设立以来全国首家被摘牌的5A级旅游景区。为此山海关区旅游局局长痛哭失声："我是山海关的罪人，老局长的工作成果在我手上被败光了。我们愧对全国游客，愧对国家旅游局的信任，愧对山海关人民……"回过头来看，山海关景区被国家旅游局取消5A级资质，主要原因有4个：老龙头景区擅自更改门票价格；景区环境卫生脏乱；设施破损普遍，服务质量下降严重；导游、医务等岗位人员缺失严重。虽然景区出于环境保护、提升建设和管理水平的目的，对游客收取适当门票，这是可以理解的，但是只见门票涨不见服务升的现象也是客观存在的。旅游行业从拉动内需的有效途径逐渐变成了个别景区搜刮普通游客腰包的重要手段。事实上，旅游景区在门票价格上的短视，已经充分暴露出景区对旅游资源"杀鸡取卵式"的任意性。而长此以往，势必会对中国旅游产业乃至经济运行造成无法挽回的损害。如何避免这种任意性而趋利避害呢？最主要的手段是国家旅游主管部门和当地相关部门把依法监督管理、提升服务品质常态化，即从以下4个方面入手：

第一，建立旅游景区巡视制度。国家旅游局等主管部门定期组织具有权威性的5A级旅游景区巡视组，奔赴各地景区进行明察暗访，及时通报景区相关情况，促使景区建设和管理水平提升。

第二，建立"能进能出"的景区等级评定体系。打破铁交椅，不搞终身制，形成"优者上、劣者汰"的景区5A级资质评定制度。对于不符合5A级旅游景区条件的，随时撤销其5A级景区资质，推进更多景点品质高、综合环境好、具有国际旅游竞争力的景区加入5A级景区行列，促进旅游行业良性竞争。

第三，强化景区门票价格规范。随着带薪休假制度的不断完善，旅游资源的需求也将日趋合理，景区"以价制量"的理论愈发没有市场，门票价格规范与控制的法治化成了依法监管旅游市场的重要手段。相关旅游管理部门应结合实际，出台更加详细、科学的规范景区门票价格的法律法规。

第四，强化市场监管，重塑旅游良好形象。相关部门应严格规范景区内经营行为，打击价格欺骗，清除不合格商户；成立旅游市场秩序整治工作领导小组，组建旅游综合执法队伍，完善旅游投诉处理机制。

（资料来源：东北新闻网，2015年10月20日）

# 第一节 旅游景区服务质量内涵与评价

## 一、旅游景区服务质量的内涵

质量的概念最早源于制造业，尤其是那些与工程建筑相关的行业。最初，质量这一概念主要指减少生产过程中的浪费与最终生产出来的次品。随着人们认识的深入，质量的内涵发生了变化，质量不再仅指结果，而是指产生结果的整个过程。这种变化导致了质量管理系统的出现。人们认识到，质量管理不仅仅是诸如生产管理、运作管理等管理功能的一部分，也不仅仅是几个专门负责质量管理的员工的责任。质量管理涉及整个企业，因此，每个员工都必须具有质量意识，保证质量是所有员工的职责。目前，许多公司都将质量作为企业战略和企业文化中不可或缺的一部分，力图通过向市场提供高质量产品，来树立企业形象和声誉，以便在市场中获得竞争优势。

目前，关于质量概念的理解主要依据国际标准化组织（ISO, International Organization for Standardization）的定义。在ISO9000：2000标准中，质量被定义为"产品或服务所具备的满足明确或隐含需求能力的特征和特性的总和"。根据这个定义，我们将旅游景区产品质量定义为景区满足游客明显或隐含需求的能力和特性的总和。所谓游客明显的需求是指旅游者对景区景点的潜在期望，而隐含需求是指那些人们公认的、不言而喻的、不必明确表达的需要，也指那些必须加以分析、研究、识别，才能够确定的游客潜在需要。

旅游景区质量内涵丰富，在理解旅游景区质量内涵时，须把握以下几点：

（1）对旅游景区质量的评价者是游客。在衡量旅游景区产品质量时，不同主体评价的角度有所不同。对于旅游景区管理者而言，质量意味着旅游景区的顺利运营和最少的旅游投诉；对旅游景区员工而言，质量就是按照服务标准和规范提供服务，尽可能提高游客满意度；对旅游者而言，质量意味着能够以最低的价格消费对于他们而言利益最大的产品。从市场经济的观点来看，旅游景区质量的评价者应是游客，旅游者是旅游景区产品的购买者，对旅游景区产品质量最有发言权。旅游景区管理者必须树立这种观念，以游客为本，从旅游者的角度出发衡量旅游景区产品质量。

（2）旅游景区质量评价具有主观性。旅游景区作为一种经历型产品，旅游者在评价旅游景区质量时主要依靠个人感知，凭借旅游景区给其留下的主要印象，大多使用"好、优秀、美丽、独特"等词语。这些词语都具有浓郁的主观色彩，并且在具体含义上十分模糊，这表明旅游景区质量实际上是旅游者对其旅游经历的一种主观评价。由于旅游者需求的多样性和个体的差异性，对旅游景区质量评价会有较大的不同，因此，衡量旅游景区产品质量比较困难，这也一直困扰着旅游景区管理者。

（3）旅游景区质量具有综合性。旅游景区质量的综合性主要体现在其质量内容的丰富性。对于旅游景区而言，影响旅游体验质量判断的因素多种多样，但是总体上看，旅游者较为关注旅游景区特色、游览内容丰富与否、价格是否公道以及安全卫生条件等，即旅游景区产品设计是否符合游客需求、产品价格是否公平、产品的功能是否完善以及产品的消费过程是否安全等。可见，旅游景区质量涉及旅游景区管理的方方面面，只有将细节做好了，旅游景区质量才会得到提高。

## 二、旅游景区服务质量的构成

旅游景区是一种体验型产品，其质量是由旅游景区产品的各个构成要素的质量及其有效组合以满足游客需要的程度来体现的。在旅游景区质量的构成要素中，主要包括以下几部分：

（1）基础产品质量。旅游景区基础产品质量主要包括景观、环境、交通、住宿、餐饮、购物、娱乐等设施的质量。旅游景区基础产品是旅游者在旅游景区内进行旅游活动所必须借助和消费的物质凭借，任何一部分出现质量问题，都会引发旅游者的不满，进而影响到旅游景区产品质量。

（2）产品的组合质量。旅游景区产品的组合质量是指旅游景区内各景点之间的线路设计、项目组合等是否给游客带来最大的利益，即是否将旅游景区的特色充分展现出来，游览内容是否丰富多彩、游客能否参与其中，等等。

（3）服务质量。这里的服务质量指狭义的服务质量，即旅游景区服务人员所提供的服务质量，包括票务服务、导游服务、购物服务、救助服务等各种劳务性服务。旅游景区服务质量主要体现在服务项目、服务技能、服务态度、服务语言、服务仪表、服务时机、服务效率等方面。由于旅游景区服务具有无形性，游客旅游时在多个环节上都由服务人员提供服务，因而其质量高低往往成为游客评价旅游景区产品质量的主要依据。服务质量是旅游景区产品质量的核心环节，必须努力提高旅游景区服务质量。

（4）产品价格。旅游者在衡量旅游景区质量时一般将其价格作为一个重要的指标，较高的价格就应该有较高的质量。所以，当游客感到物有所值、物超所值时，就会十分满意，认为是高质量的产品；当游客感到价格较高，有所不值时，就会认为质量不好。

## 三、旅游景区服务质量的评价

由于旅游景区是一种体验型产品，其质量构成复杂，评价比较困难。目前，我国对旅游产品质量的衡量标准主要是按照标准适用领域和有效范围，分为国家标准、行业标准、地方标准和旅游景区标准4个级别。

国家标准是对需要在全国范围内统一的技术要求，由国务院标准化行政管理部门制定的如通用术语、代号、文件格式、制图方法和互换配合等通用要求；保障人体健康和人身财产安全的技术要求；通用试验、检验方法和通用管理技术要求等。

　　行业标准是对没有国家标准而又需要在全国某个行业范围内统一的技术要求，由国务院有关行政主管部门制定，并报国家标准化主管部门备案。

　　地方标准是对没有国家标准和行业标准而又需要在省、自治区、直辖市范围内统一的工业产品的安全、生产要求，由省、自治区、直辖市标准化行政部门制定，并报国务院标准化行政主管部门和国务院有关行政部门备案。

　　旅游景区标准是指当没有国家标准、行业标准时，在旅游景区内部适用的标准。国家鼓励景区制定自己的标准，景区产品标准须报当地现有的标准化主管部门和有关行业主管部门备案。

　　为推动中国旅游景区（点）的长远发展，国家技术监督局于1999年10月1日颁布了中华人民共和国国家标准GB/17775-1999《旅游区（点）质量等级的划分评定》，并规定自1999年10月1日起实施。该标准明确规定了旅游区（点）质量等级及标准、旅游区（点）质量等级划分依据方法、旅游区（点）质量划分条件、旅游区（点）质量等级的评定与监督检查。按照此标准，旅游区等级划分为4级，从高到低依次为AAAA、AAA、AA和A级旅游区。标准包括以下10个方面的评价项目：旅游交通、游览、旅游安全、卫生、旅游购物、综合管理、旅游资源和环境保护、资源要素价值与景观市场价值。这项标准是旅游景区（点）的第一项国家标准，系统地规范了旅游景区（点）的经营和服务活动，促进了旅游景区（点）规范化建设和服务，同时又是衡量旅游景区（点）服务质量的尺度，也是旅游者合法权益的有效保障。2004年10月28日，国家质量监督检验检疫总局发布GB/T 17775-2003《旅游区（点）质量等级的划分与评定》，该标准从实施之日起，代替GB/T17775-1999《旅游区（点）质量等级的划分与评定》。

# 第二节　旅游景区服务质量管理

## 一、旅游景区服务质量管理的含义

　　从质量管理的发展历史来看，质量管理经历了质量控制、质量担保、全面质量控制与全面质量管理4个阶段。因此，目前人们使用质量管理这一概念时，其含义就是指全面质量管理。所谓全面质量管理（Total quality management）通常被称作TQM系统，其目的是持续不断地提高产品或服务的质量，以满足企业目标和顾客需要。

　　根据最通行的表述方式，全面质量管理的要点包括：①强烈地关注顾客；②坚持不懈地改进；③改进组织中每一项工作的质量；④精确的质量；⑤向雇员授权。这说明质量的外部制约性首先来自顾客，只有强烈地关注顾客，关注顾客对产品和服务的需求，同时用一种永不满足的态度，不断地改进质量，提升质量标准，并且把质量贯彻到生产和供应的每一个环节，对质量的每一个关键变量进行追踪，为了质量的保证和提高而向主管部门充分授权，才能把产品和服务质量全面地向前推进。

参照全面质量的内涵，旅游景区质量管理可以定义为：以全面提高旅游景区质量为目的，以全体人员为主体，综合运用现代管理理论、专业技术和科学方法，通过建立完整的质量体系，不断提高旅游景区质量的管理活动。

## 二、旅游景区服务质量管理的原则

（1）游客满意原则。旅游景区是为游客服务的，游客是旅游景区产品质量的最终评价者，游客是否满意是衡量旅游景区质量的最重要的标准，因此，旅游景区质量管理必须以游客满意为中心，坚持从游客出发，只有为游客创造价值，让游客满意，旅游景区才能生存发展。以游客为中心就是要以游客为关注焦点，强调游客是所有旅游景区行为的切入点，是旅游景区运作的中心。贯彻这一原则需要在管理理念、业务流程、人员服务等各方面，全员、全过程地满足游客需要，全面提高旅游景区质量。

（2）全员参与原则。对于旅游景区而言，每一个工作人员都是质量管理的参与者和组织者，只有充分参与，才能使他们的才干充分发挥出来，为旅游景区带来最大的收益。所以，旅游景区应对其员工实施质量意识教育和职业道德教育，使其牢固树立以游客为中心的意识和敬业精神，激发他们的积极性和责任感。

（3）过程管理原则。全面质量管理理论认为，将相关的资源和活动作为过程进行管理，可以更高效地得到期望的效果。旅游景区应将游客需求作为景区运作的输入过程，为旅游者提供服务作为产品的输出过程，将信息反馈作为测定游客满意度、评价旅游景区质量管理的评测过程，旅游景区质量管理则应注重对上述过程进行监控和管理。

（4）系统控制原则。系统控制原则是指旅游景区在实施质量管理时要将所有相关因素考虑在内，将其作为一个系统化的整体加以分析。在制订管理方案时也应利用要素间的相互关联性，构建高效的质量管理网络。

（5）持续改进原则。持续改进是旅游景区全面提升质量管理的重要特征，也是旅游景区质量管理的一个永恒目标。在质量管理体系中，改进指旅游景区旅游产品质量、服务过程及服务体系有效性和效率的提高。旅游景区服务质量管理应识别目前所处状态并根据市场需求建立持续改进的目标，通过质量提升方案的选择和实施来推动旅游景区质量的不断进步。

（6）立足事实原则。立足事实是指在进行质量决策时，以事实作为依据，可有效防止决策失误。对数据和信息的逻辑分析是有效决策的基础，旅游景区经营决策时也应充分利用统计技术来测量、分析和说明旅游景区在产品质量方面存在的问题，并为旅游景区产品质量持续改进方案的选择提供决策依据。

（7）互利互动原则。旅游者与旅游景区之间的互动和沟通对于旅游者的满意度具有一定影响，如果旅游景区与游客之间构建了良好的互动关系，即使在游览过程中出现小小的质量问题，游客对旅游景区的质量评价也不会产生显著的下降。因此，处理好旅游景区与旅游者之间的关系，有益于巩固产品在游客心目中的质量稳定程度。

### 三、旅游景区服务质量管理的程序与方法

旅游景区服务质量管理的基本步骤分为 5 步（见图 9-1）。

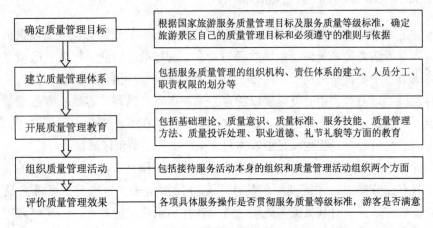

图 9-1　旅游景区服务质量管理的基本步骤

（1）确定质量管理目标。旅游景区质量管理是围绕着质量目标展开的，确定合适的管理目标是质量管理的首要环节。旅游景区质量管理目标的确定通常要根据国家《旅游区（点）旅游服务质量标准》，结合旅游景区自身实际，确定旅游景区的质量管理目标。

（2）建立质量管理体系。围绕质量等级标准，建立实施这种质量标准的管理体系，包括质量管理的组织机构、人员分工、责任体系的建立、职责权限的划分等。

（3）开展质量管理教育。开展质量管理教育主要包括基础理论、质量意识、质量标准、服务技能、质量管理方法、质量投诉处理、职业道德、礼仪礼貌等方面的教育。

（4）组织质量管理活动。组织质量管理活动主要包括接待服务活动本身的组织和质量管理活动组织两个方面，前者以贯彻服务质量标准，在服务准备、迎接客人、现场服务、善后服务等方面认真执行标准、遵守操作规程为主；后者以开展服务质量管理小组活动、评比活动为主。

（5）评比质量管理效果。其评价内容有：各项具体服务操作是否贯彻服务质量等级标准；服务程度、服务方法和操作规程是否符合客人的消费需要；宾客至上、服务第一的宗旨是否深入人心并在服务操作中得到贯彻落实；客人的满意程度是否达到了规定的标准。

## 四、旅游景区服务质量管理的基础性工作

### （一）标准化工作

根据《中华人民共和国标准化法》规定，标准是对重复性事物和概念所做的统一规定，它以科学技术和实践经验的综合成果为基础，经有关方面协商一致，由主管机构批准，以特定形式发布，作为共同遵守的准则和依据。我国的标准体制正式划分为国家标准、行业标准、地方标准和企业标准4个级别。为了参与国际竞争，越来越多的企业积极采用了国际标准和国外先进标准。具体而言，工作标准、技术标准、地方标准和管理标准共同构成了旅游景区的标准体系。

### （二）程序化工作

旅游景区程序化工作是各种服务、接待操作、管理以及工作程序的设计、实施、完善等管理活动的总称。按功能划分，旅游景区的程序化工作可以分为：服务接待性程序、操作技术性程序、管理性程序、岗位工作性程序。

### （三）制度化工作

旅游景区制度化工作是规章制度的制定、执行、检查、完善等各项工作的总称。通常，旅游景区的规章制度包括3类，即责任制度、管理工作制度、服务规范。

（1）责任制度一般分为部门制度和岗位责任制度。部门责任制度具体规定了每个部门的领导关系、职责、权限、工作质量标准和对该部门的考核办法。建立部门责任制度的目的在于明确部门分工，理顺领导关系，提高工作质量和办事效率。岗位责任制度具体规定了岗位的职责和权限，根据不同的岗位性质可分为员工岗位责任制、各职能部门专业人员责任制和领导干部岗位责任制。员工岗位责任制是责任制的基础，是岗位责任制的主要部分，一般包括：岗位名称、岗位任务和责任、上岗条件、岗位工作程序、质量责任、信息传递方式、岗位安全责任制和考核办法。

（2）管理工作制度是指导管理人员和员工进行各项管理活动的规范与准则。一般包括：质量管理、人力资源管理、财务管理、物价和计量管理、会计与统计管理、安全保卫与卫生管理、生活福利待遇管理，以及文书档案管理、技术档案管理、保密工作和车辆管理制度等。

（3）服务规范是一种指示型与限制型相结合的特殊管理制度。一般应包括语言规范、仪容仪表规范、行为举止规范、服务程序和质量标准规范。

（4）原始记录。原始记录是旅游景区在推行质量管理过程中，对服务工作现场的服务质量变化情况以及旅游景区各项质量管理活动所做的文字、数据和符号记载。必备的记录主要有：质量例会记录、值班经理日志、商品原材料购进质量检验记录、服务质量考核记录、服务设备设施质量检查及维修记录、服务质量调查记录、质量管理小组活动记录。

（5）质量信息收集。旅游景区的质量信息，根据不同来源可分为景区内部质量信息

和景区外部质量信息两大类。景区内部质量信息包括接待服务质量信息、环境质量信息和商品质量信息；景区外部信息包括政策信息、行业信息、市场信息、宾客信息等。按质量信息重要程度，可分为 A、B、C 三大类。A 类是需要由总经理及时处理的重大质量信息，B 类是需要各部门相互协调解决的质量信息，C 类是部门自行解决的一般质量信息。

（6）计量工作。为了切实做好质量管理工作，旅游景区应根据《中华人民共和国计量法》，制定计量管理制度，对计量机构与职责，计量器具的配置、管理、维修、检查、计量工作奖惩等作出明确规定，并贯彻执行。

（7）质量教育工作。把质量教育工作贯穿于质量管理的全过程，是景区质量管理工作的基本任务。旅游景区的质量管理教育包括：质量意识教育、质量管理基本知识的普及教育和职业道德教育。

（8）质量责任制度。服务质量是旅游景区各项工作质量的综合反映，保证服务质量是旅游景区各个部门、全体人员的共同责任。旅游景区要依据各项质量管理职能，建立和健全总经理、副总经理，各管理部门直至每个员工的质量责任制，明确各自的质量职责，形成严密的质量管理工作体系。

# 第三节　旅游景区对客服务管理

旅游景区产品的生产过程是旅游者全程参与的链式过程。在这个过程中，旅游者与旅游景区员工之间具有多种互动，旅游景区员工的服务技能、态度、专业知识都将直接影响到旅游者对旅游景区体验的满意程度，从而影响旅游者对旅游景区整体质量的评价。因此，旅游景区必须做好对客服务管理工作，重视对客服务这个环节，有效引导游客行为，提升旅游景区质量。

## 一、入园服务管理

旅游者入园接待是旅游景区为旅游者提供的服务链条的第一环，是在旅游者心中形成良好的第一印象的关键环节。旅游者入园服务管理包括旅游者订票服务、入园验票服务以及入园过程中的排队管理。

### （一）订票服务

旅游景区订票服务方式的选择实际上是对旅游景区市场营销渠道的选择。订票服务方式主要包括：旅游景区自己销售，即游客在旅游景区售票现场直接购买或在旅游景区设立的专门售票点购票；与其他机构联合销售，即旅游景区与旅行社、饭店、大型机关团体、电子商务经营商等联合进行旅游景区门票的销售。

订票服务关键是便利性，即旅游者可以在作出赴旅游景区旅游的选择之后尽可能方便、快捷地订购旅游景区门票。随着电子商务的快速发展，旅游景区已经能够实现景区门票的数字化无障碍销售。通过这种销售方式，游客可以轻松实现网上浏览、网上预订、网上支付、实时出票、本地打印等功能。通过采用电子商务手段，旅游景区在降低票务经营成本的同时还可以为游客提供尽可能大的便利。

**（二）验票服务**

验票是入园服务的第一站。由于旅游景区入园时间相对集中，验票时人流量也相对较大，为避免因排队时间过长引起游客的烦躁情绪，需要验票人员具备熟练的技术保证客流快速通过旅游景区入口。另外，验票服务人员的服务态度对游客的满意度也起着至关重要的影响。为了避免散客、团队游客以及 VIP 游客之间的互相干扰，在验票时应将不同客流引导至不同验票口，以加快验票入园速度。

**（三）排队管理**

在旅游景区入口、游客中心及热门景点处，排队现象并不鲜见。如果对游客队伍采取的管理措施及分流措施不力，会导致游客丧失耐心，使得服务质量下降，甚至引发安全事故。因此，旅游景区排队管理是质量管理中非常重要的一项工作。

一旦出现游客排队现象，管理者就要采取一定的措施，尽量缩短游客排队等候的时间。一方面，旅游景区可以根据游客和工作人员的数量采取不同的队形以加快队伍通过速度；另一方面，当不能完全杜绝排队时，就要采取其他一些措施来降低游客在排队过程中的不良感受，如让游客知道需要等候的时间，为游客提供娱乐活动以转移其注意力等。

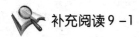 **补充阅读 9 -1**

## 旅游景区票务服务规范

1. 售票服务

（1）售票处应设在醒目位置，明示旅游景区的开放时间、售票时间、淡旺季门票价格、享受优惠票价的特殊群体（如学生、军人、老年人、残疾人等）、享受免票的特殊群体以及购票须知。

（2）在购票须知中应明示旅游景区内其他收费项目、套票价格。

（3）根据游客流量设置相应数量的售票窗口，并根据实时流量开放相应数量的窗口。

（4）旅游景区可设置团体购票窗口；必要时散客购票窗口可设立排队隔栏。

（5）售票员售票时应做到细心、准确、迅速、唱收唱付，并耐心、热情地解答游客的问询。

2. 验票服务

（1）入口、出口处中外文标志明显。

（2）合理设置验票入口，旅游旺季应设立团队入口。

（3）验票员衣着整齐，态度和善，验票准确、迅速。

（4）设立安全通道，确保畅通。

（资料来源：根据旅游景区相关资料整理）

## 二、游园服务管理

（1）解说服务。解说服务是旅游景区服务中不可缺少的组成部分。解说不但可以为游客提供旅游景区的基本信息及向导服务，还能够通过向游客解说旅游景区的自然、历史、文化等特色，为景区实体景观提供有力支撑，增强旅游景区的教育功能，并有利于营造更逼真的欣赏氛围，强化游客对旅游景区的心理感受。高质量的解说服务可以提高游客满意度，加深游客印象，提高旅游景区的整体质量。解说服务需要清晰、准确、简洁，发挥向导或教育作用。因此，在不同类型的旅游景区选择不同类型的解说系统成为保证解说服务质量的关键所在。景区的解说系统包括导游员解说系统与物化解说系统两种方式。导游员解说系统是旅游景区解说员、旅行社的导游人员向游客进行主动的、动态的、以信息传递为主的解说形式。它的最大特点是双向沟通，能够回答游客提出的各种各样的问题，可以因人而异提供个性化服务。物化解说系统是由书面材料、标准公共信息图形符号、语音导游等无生命设施、设备向游客提供静态的、被动的信息服务。它的形式多样，包括标牌、解说手册、导游图、语音解说、录像带、幻灯片等。

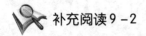

**补充阅读 9 - 2**

### 旅游景区解说服务的要求

1. 电子导览服务

（1）4A 级以上景区应配备电子显示屏、电子触摸屏等电子导览设备，其数量和安放位置合理，便于服务，并与环境相协调。

（2）电子导览服务应为游客提供多语种、全面、准确的信息。

（3）电子导览设备的操作系统应设计简单，方便游客操作和使用。

（4）旅游景区应定时检修电子导览设备，保证正常运转。

2. 电子解说服务

（1）4A 级以上旅游景区应提供中、英等多语种电子解说设备租赁服务，解说内容准确、丰富、生动，系统设计要方便游客操作。

（2）电子解说设备的租赁地点以及归还地点标志醒目、指示准确、方便易行。

（3）有详细、明确的电子解说设备租赁、使用须知，内容包括租赁押金、租金、操作指南以及损坏赔偿等规定。

3. 讲解员/导游员讲解服务

（1）讲解员/导游员须熟悉业务、持证上岗、规范着装。

（2）讲解员/导游员的人数及语种应能满足游客需要，其普通话二级甲等达标率不低于90%。

（3）讲解员/导游员讲解真实、准确、生动，讲解内容健康、科学，达到 GB/T15971 的要求。

　　　　　（资料来源：根据旅游景区相关资料整理）

（2）交通服务。交通服务是旅游景区服务的重要组成部分，旅游景区必须按照相应规范，做好相关服务。

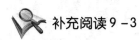 补充阅读 9 - 3

### 旅游景区交通服务规范

（1）交通设施完善，进出安全便捷。

（2）应设置与景观环境相协调、可进入性良好、与旅游景区规模相适应的旅游车站点、专用停车场或船舶码头。3A 级以上旅游景区要有一定比例的生态停车场，5A 级旅游景区生态停车场应不低于80%。

（3）停车场或码头管理规范，明码标价，收费合理。

（4）停车场或码头布局合理，车位或泊位能满足旅游景区容量要求，配有无障碍车位，标识标线规范、醒目。

（5）旅游景区内游览路线或航道布局合理、通行顺畅，游步道设计与景观环境相协调。

（6）4A 级以上旅游景区内的交通工具应使用清洁能源和环保动力，并保持整洁、卫生。

（7）旅游景区内交通工具的运行线路设计合理，与环境相协调，并保证交通安全。

（8）4A 级以上旅游景区应使用两种以上语言（中、英文）设置道路标识系统。

　　　　　（资料来源：根据旅游景区相关资料整理）

（3）住宿服务。住宿服务是旅游景区服务的重要组成部分，旅游景区必须遵守相应规范。

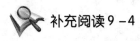 补充阅读 9 - 4

### 旅游景区住宿服务规范

1. 旅游景区内住宿服务设施布局合理，与环境相协调。

2. 星级饭店的设施和服务应符合 GB/T – 14308 的规定。

3. 服务质量要求：

（1）对客人礼貌、热情、亲切、友好。

（2）对客人不分种族、民族、国别、贫富、亲疏，一视同仁。

（3）密切关注并尽量满足客人的需求，高效率地完成对客服务。

（4）遵守国家法律法规，保护客人的合法权益。

（5）尊重客人的道德信仰与风俗习惯，不损伤民族感情。

（6）对客人提出的问题无法解决时，应耐心解释，不推诿和应付。

（7）熟练掌握相应服务岗位的业务知识和技能，并能准确运用。

（资料来源：根据旅游景区相关资料整理）

（4）餐饮服务。餐饮服务是旅游景区服务的重要组成部分，旅游景区必须遵守相应规范。

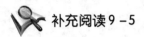 **补充阅读 9 – 5**

### 旅游景区餐饮服务规范

（1）旅游景区内餐厅、茶楼、小吃店等餐饮服务设施布局合理，方便游客，并与环境相协调。

（2）热情服务、诚信待客、明码标价、出具服务凭证或相应税票，不欺客、不宰客。

（3）服务人员每年接受体检，上岗须持健康合格证。

（4）室内外客用餐桌/椅完好无损、干净无污垢，备有儿童座椅。

（5）餐具、饮具、台布、餐巾、面巾等每日清洗、消毒，符合 GB 16153 的相关规定，三证齐全（包括卫生许可证、经营许可证、健康证）。

（6）禁止使用不可降解的、对环境造成污染的一次性餐饮具。

（7）厨房灶台、加工案台、器皿洁净、无油渍；排烟机通风口无油垢。

（8）外购食（饮）品有正规的检验合格证。

（9）食品原材料采购、运输、存储的容器包装、工具、设备必须安全、无害，保持清洁，防止食品污染。

（10）食（饮）品的加工制作应生熟分开，禁止使用过期变质原料进行食品加工。

（11）旅游景区饮用水执行 GB 5749 的相关规定。

（资料来源：根据旅游景区相关资料整理）

（5）娱乐演出服务。娱乐演出服务是旅游景区服务的重要组成部分，旅游景区必须遵守相应规范。

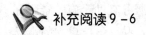 **补充阅读 9 -6**

### 旅游景区游乐、娱乐/演出服务规范

（1）游乐设施的操作人员须持证上岗，定时检查、维护、保养机器设备，保证安全运行。

（2）旅游景区内举办的演出类活动的文化内涵、表演内容、演出服装等文明健康，与旅游景区的特色、主题相匹配。

（3）使用临时搭建舞台进行文艺演出的，临建设施不得破坏旅游景区环境和景观特色。

（4）旅游景区和文艺演出单位要采取有效措施保护旅游景区内的景观、植被、环境不受破坏和污染。

（5）旅游景区游乐及娱乐设施、服务质量和安全要求应符合 GB/T 16767 的相关规定。旅游景区管理部门应落实相关安全措施，确保游客财产及人身安全。

（6）购物服务。旅游景区的购物服务不仅满足了旅游者对旅行购物的需求，而且丰富了旅游者的休闲娱乐内容，对提高旅游景区的信誉和声誉具有非常重要的作用。购物服务质量的高低取决于旅游商品本身的质量以及旅游景区销售服务的水平和态度。其中旅游商品本身的质量是决定购物服务质量的至关重要的因素。

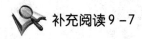 **补充阅读 9 -7**

### 旅游购物服务规范

（1）购物场所数量与布局合理，与环境相协调。

（2）有统一管理措施和手段，包括质量管理、价格管理、计量管理、售后服务管理等。

（3）旅游商品经营者要诚信经营，不得尾随兜售，强买强卖。

（4）旅游商品货真价实、明码标价、种类丰富，突出本地区及本旅游景区特色，符合 GB/T 16868 的规定。

（5）禁止销售过期、变质及其他不符合食品卫生规定的食（饮）品。

（6）旅游商品的经营应符合 GB/T 16868 的规定，商品质量必须保障人体健康与安全。

## 三、跟进服务管理

（1）环境卫生服务。环境卫生是旅游景区的基础管理工作，是直接影响游览质量的基

本要素，也是衡量旅游景区管理水平的重要参数。优质的环境卫生服务有助于旅游景区打造适应现代心理需求的整洁、文明的游览环境，提供高质量的旅游产品，争取更大的市场份额。

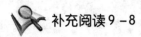 **补充阅读9 -8**

### 旅游景区环境服务规范

（1）自然景观和文物古迹保护手段科学、措施先进，能有效预防自然和人为破坏，保持景观和古迹的真实性、完整性。

（2）旅游景区应采取有效措施阻止游客触摸、刻画、坐骑文物古迹，重点保护文物应设警示标志，并有专人巡视，对已遭破坏的景观环境和文物古迹应及时维修。

（3）旅游景区内商业设施、游客休息区、公共厕所、临建设施等布局合理，造型与景观相协调，方便游客使用。

（4）旅游景区环境质量应进行 ISO14000 国际环境管理标准认证。

（5）旅游景区开发利用自然资源必须以保护为前提，注重发展生态旅游。

（6）按照旅游景区规划确定的游客容量，合理调整游客流量，控制游客入、出量。

（7）营造优良的环境氛围，植物与景观配置得当，美化环境措施得力。

（8）光照不足的旅游景区，应在主要通道和游客活动场所设置充足的照明设备。夜间接待游客的旅游景区，游客活动区域应保证充足的照明。

（9）旅游景区的夜间亮化应在节能的前提下，符合安全与美观的要求。

（10）旅游景区的大型维护、修缮工程应做到防尘、防噪，美化遮挡。

（11）旅游景区源头水、国家自然保护区地面水的环境质量达到 GB3838 规定的 I 类标准。

（12）旅游景区主要适用于珍稀水生生物栖息的地面水环境质量应达到 GB3838 规定的 II 类标准。

（13）旅游景区拥有专门的节水措施和节水系统，且运转正常。

（14）旅游景区拥有专门的排污、排水系统，做到雨污分离，污水排放应符合相关规定。

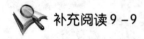 **补充阅读9 -9**

### 旅游景区卫生服务规范

1. 旅游景区卫生环境要求

（1）旅游景区游览环境整洁，无污水污物，不乱建、乱堆、乱放，建筑物及各种设施设备无污垢、无异味。

（2）配备足够的卫生设施和环卫工作人员。

2.　垃圾处理

（1）拥有足够数量的垃圾桶/箱，且布放适宜、标志明显、造型美观，与环境相协调。

（2）垃圾箱应分类设置。

（3）垃圾清扫、清运及时，日产日清，且遮盖或封闭清运。

（4）存放垃圾的设施设备和场地清洁，无异味，有防蚊、蝇、虫、鼠等措施。

3.　公共厕所服务

（1）布局合理，数量充足，标志醒目规范，建筑造型与景观相协调。

（2）厕所内拥有足够的厕位；根据需要，设立无障碍厕位、婴儿看护设施等。

（3）配备完好的水冲、盥洗、通风设备等，4A级以上景区应使用免水冲生态厕所。

（4）配备专人服务，保证室内整洁、无异味，洁具洁净、无污垢、无堵塞，清洁工具摆放整齐、不外露。

（5）星级厕所的建设管理符合 GB/T 18973 的规定。

4.　医疗卫生服务

（1）设立医务室，拥有必备的医疗设施和医护人员，提供必要的医疗救护服务。

（2）例行消毒，按照 GB 19085 的相关规定预防传染性疾病的产生并控制其传播。

（2）安全保卫服务。安全保卫工作是旅游景区为保障游乐设施、旅游者人身和财产安全、保障正常游乐秩序的重要工作。旅游景区安全保卫工作的重点包括：建立旅游景区安全保障网络体系；设计旅游景区突发事故处理预案；贵宾接待的安保方案；保证旅游景区良好的秩序；员工的安全教育和培训；安全系统的评估与改进；游客人身意外保险制度。

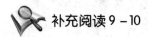 **补充阅读 9 - 10**

### 旅游景区安全服务规范

1.　安全管理要求

（1）设立安全管理部门，建立完善的安全管理责任体系、安全监控系统和安全保卫制度。

（2）建立防火、防盗、防爆、防拥挤、防踩踏及防地质灾害、防气象灾害、防食品中毒、防传染性疾病的危机处理机制，具备应对突发事件的能力，制定相应的应急预案和处理程序。

（3）具备大型活动的应急预案和节假日安全预案。

（4）提供24小时保安服务，及时检查、报告和消除安全隐患。

（5）有专人进行日常游览秩序监控和旅游景区日常防盗、防爆检查。

（6）定期组织安全知识培训和各项安全演练。

（7）危险地段设置明显的中外文警示标志，防护设施齐备、有效，特殊地段有专人值守。

（8）涉及安全的特种设备操作、机动车辆驾驶、紧急救援等人员应取得相应岗位证书。

（9）为旅游景区内的珍贵文物进行安全投保。

2. 消防安全服务

（1）配备足够的灭火器材，并保持完好有效。

（2）定期进行消防演习，对职工进行消防知识培训。

（3）对安全通道、疏散出口进行例行检查，确保畅通。

（4）消防标志明显、规范。

（5）旅游景区内明确划定禁烟区，设置禁烟标志。

（6）林区、文物保护单位应禁止游客使用明火。

（7）使用明火、电、气的场所应有严格的安全措施。

3. 设施设备安全服务

（1）重要部位有监视器、防盗门、报警器、护栏、保险柜等装置，并完好、有效。

（2）交通、机电、游览等设备完好，运行正常，并进行定期检查，杜绝安全隐患。

（3）游乐园设施设备的安全与服务达到 GB/T 16767 的要求。

（4）大型游乐设施项目（如索道、缆车），运营前应通过国家有关部门的质量与安全检测；在运营过程中，按规定进行年检和例行检修，并且有详细的检修和运行记录。

4. 游客安全服务

（1）旅游景区内安全保卫人员与旅游景区的规模、性质相适应，安全保卫制度健全，危险地段防护设施齐备，警示标志明显，有夜间照明。

（2）旅游景区广播应定时对游客播放有关安全事项说明。

（3）在旅游景区危险或不宜进入的地段和场所，应设置警示标志或禁止进入标志。

（4）落实流动巡查人员，职责明确，建立紧急救援体系，游客发生意外事故如落水、摔伤等，巡查人员应尽快到达现场，并做好善后处理，保证游客安全，做好相关记录。

（5）游乐项目要有安全须知，做好对游客的保护工作，并有相关维护人员，制定意外事故处理程序。

5. 安全救助服务

（1）建立紧急救援机制，具备应急处理能力，事故处理及时、妥当。

（2）配备旅游景区紧急救援人员。

（3）医务室必须配备医疗救助设施，并配备专职医务人员，能满足游客的一般安全求助，做到快速出诊、正确施救。

（4）安全档案记录准确、齐全。

（3）信息服务

信息服务是旅游景区服务的重要组成部分，包括多种形式。旅游景区必须加强信息服务，为游客提供及时准确的信息，提高信息服务质量。

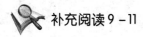 **补充阅读 9 –11**

### 旅游景区信息服务规范

1．旅游景区互联网信息

（1）3A 级以上旅游景区应建立面向公众的网站或网页，提供公共信息服务，并保证信息的准确、及时。

（2）网站或网页应提供旅游景区票价、开放时间、景区特色、主要景观、景区区位、乘车路线、景区地图、问讯电话、景点最佳游览时间、游览注意事项、自然灾害预警等基本信息。

（3）网站或网页应及时更新所在地道路改线、景区特色活动、景点维修等信息。

（4）4A 级以上旅游景区除建立网站之外，还应提供网上远程订票服务。

2．公众信息服务

（1）旅游景区提供的公众信息资料包括研究性论著、科普读物、综合画册、宣传册、宣传页、音像制品、导游图和导游资料等。

（2）公众信息资料应内容丰富、特色突出、品种多样。

（3）公众信息资料提供的基本信息应文字简洁、真实可靠。

3．旅游景区标识服务

（1）旅游景区外部引导标识规范，设置合理、明显，符合 GB/T 10001.1 的要求。

（2）旅游景区内应设置游览全景图、导览图、景观说明牌或简介、中外文指路标志牌、安全警示、游客须知、注意事项等相应的中外文引导标识，且数量适中、内容准确、标志醒目、指向准确，符合 GB/T 10001.2 的要求。

4．旅游景区广播服务

（1）应提供覆盖旅游景区服务范围的中文广播服务；并使用普通话播音，播音员发音标准，播放内容简练、清晰、易懂。

（2）4A 级以上旅游景区至少应提供 1 种（英文）以上外文广播服务，播放内容简练、清晰、易懂。

（3）广播服务内容包括背景音乐、旅游景区导览、安全提示、紧急通知，以及为游客提供的相关服务等。

（4）背景音乐的选择符合景区的特点，播放时间恰当、音量适中，并与环境相协调。

（5）提供广播找人服务。

5．其他信息服务

（1）游客服务中心位置适中，规模适度，设施齐全，提供信息、咨询、宣传等服务。接待人员应热情礼貌、普通话标准，熟练使用至少一门外语。

（2）提供对外电话咨询服务，电话服务人员普通话标准，能熟练使用一门外语进行对游客的答疑服务。

（3）通过旅游景区内信息提示或各类媒体途径，向游客提供旅游景区节庆活动举办、景点维护修缮、间断性关闭以及售票电话、投诉电话等基本信息，内容真实有效。

（4）应急医疗服务。应急医疗是旅游景区为游客遇到突发疾病、突发自然灾害、游乐设施事故各种原因造成的身体伤害事故而提供的一种保障服务。具有一定规模的旅游景区应配备常用急救药品，或者建立医务室，医务人员应具备专业资格证书。应急医疗服务一般包括：日常应急医疗的处置方案；重大活动的医疗保障方案；对旅游者中危重病人的处置方案；旅游景区应急医疗服务的标识；员工基本救护知识。

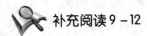 补充阅读 9－12

### 旅游景区医疗救护服务规范

（1）规模较大或离医院较远的旅游景区应设置为游客服务的医务室，为游客进行一般性突发疾病的诊治和救护。医务室位置合理，标志明显。

（2）医务室应配备具有医师职称以上资格的医生和训练有素的护理人员。

（3）医务室应备有常用救护器材，能保障突发事故中伤病员的急救工作。

（4）营业时间医护人员必须坚守岗位，认真负责，坚持诊疗常规，严防发生医疗事故。

（5）一旦发生意外伤害事故，医护人员应立即赶往事故现场，对伤病员进行紧急抢救。

（5）旅游者投诉处理。旅游者抱怨和投诉是旅游者对旅游景区主观评价的一种直接表现，间接地反映了旅游景区的质量水平。因此旅游景区对游客投诉要采取妥善的处理措施。为了有效处理投诉，旅游景区首先要建立专门的投诉受理渠道，使游客可以方便地反映其对旅游景区的主观感受，并听取游客对旅游景区质量改进的意见和建议。其次，旅游景区在接到投诉之后要及时作出反应，尽快形成对投诉的处理方案，并反馈给游客。旅游景区员工接到游客投诉后，一般应按下面的程序处理：首先，接待游客并表示歉意；其次，要认真倾听，一般不打断对方的话语；再次，根据投诉内容，按"合理而可能的原则"进行处理，并告知处理过程与结果；最后，对游客的投诉表示感谢。

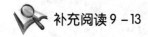 **补充阅读 9 - 13**

**旅游景区投诉处理服务规范**

1. 机制健全

（1）设立投诉受理机构并配备专门人员，制定完善的受理和处理制度，并在旅游景区售票处、网站/网页、宣传资料、门票上公布投诉电话。

（2）运行机制良好，能及时、妥善处理投诉，建立完整的投诉处理档案，保持一年以上的备查期。

2. 投诉处理程序

（1）旅游景区接到直接投诉后，应准确记录投诉人姓名、投诉事由，并按相应格式填写景区旅游投诉登记表。

（2）迅速调查核实情况，在5个工作日内以书面或口头形式告知游客投诉处理意见。

（3）双方可通过协商解决纠纷，并在书面协议上签字；属于旅游景区责任的，应向游客赔礼道歉，并承担相应的经济责任。

（4）双方未能协商解决的，要及时报请上级主管部门处理；避免和游客发生争执。

（5）涉及法律问题的，应依照法定程序处理。

（6）旅游景区接到相关部门转来的投诉，应当在收到之日起5个工作日内反馈投诉的基本事实、证据和处理意见。

（7）旅游景区接到旅游投诉管理部门转发的投诉登记表，应在收到之日起5个工作日内反馈投诉的基本事实、证据和处理意见，并上报投诉管理部门。

（6）特殊服务。特殊服务是旅游景区为满足部分有特殊需求的旅游者而提供的个性化服务，一般包括：高龄老人特殊照顾；残疾人士特殊照顾；提供婴幼儿轮椅车服务或托婴服务；提供贵重物品保管服务；部分商务服务；提供特殊的游乐项目和活动。

（7）其他服务。其他服务是指上述服务中没有涉及，但需要旅游景区提供的一些服务内容或服务项目。

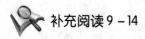 **补充阅读 9 - 14**

**旅游景区其他服务规范**

（1）在游客中心或专门地点设立失物招领处，提供失物招领服务。

（2）通信设施布局合理，手机信号接收良好；入口、出口及游人集中场所设有公用电话，并具备国际、国内直拨功能；公用电话亭标志醒目，与环境协调。

（3）具备条件的，提供邮政及邮政纪念品服务。

（4）游客公共休息区域设施齐全、布局合理、数量充足。

（5）应提供 POS 机刷卡服务、ATM 取款等自助银行服务；接待海外游客比例达到 20% 的，提供外币兑换服务。

（6）提供助老、助幼、助残、助孕、助急等特殊化、人性化设施和服务。

（7）旅游景区应提供走失、迷路等快速反应的救援服务。

（8）在不破坏景观、环境的基础上，配备必要的无障碍设施。

# 第四节　游客行为引导与旅游景区客流调控

旅游景区是为游客提供体验的场所，游客是旅游景区产品的消费者，是为旅游景区带来经济收益的顾客。为游客提供高质量的产品，吸引更多的游客前来游览参观，是旅游景区管理的核心目标之一。与此同时，游客也会对旅游景区产生影响，并影响其他游客的体验质量。这就需要在充分认识景区内游客行为特点及规律的基础上，运用恰当的管理方法与技术，对游客行为进行必要的引导、约束与管理，以保障游客生命财产安全，使其获得高质量的旅游体验，并促进旅游景区资源与环境保护以及设施的合理利用。

## 一、游客行为引导

游客是旅游景区的服务对象，但其行为也需要积极引导，对其不当行为进行有效的管理。旅游景区游客管理的方法必须坚持以服务性管理为主，通过引导激发游客的自我控制意识并保证其按照旅游景区的游客行为规范行事。在现实中某些场合下，特别是涉及珍稀资源环境保护、游客人身安全保护等方面，强制性管理也是十分必要的。也就是说，需要制定明确的行为规则，强制要求执行，同时对违规行为进行必要的惩罚。因此，游客行为管理的方法可分为服务性管理和强制性管理。

### （一）服务性管理方法

服务性管理方法主要通过信息传递、行为规范、有效引导等来引导游客行为。

（1）信息传递。为保障旅游者人身、财产安全，保护旅游资源、旅游环境不受破坏，旅游景区对游客行为都有要求。旅游景区管理者应该通过游客中心信息发布、门票背面印制注意事项、发放宣传材料、利用交通工具上的视听设备、导游宣传讲解等多种方式把这些要求向游客介绍，提供信息，以引导游客行为。信息传递是双向的，旅游景区还可以通过在游客中心，甚至在对客服务的各个环节接受游客意见、争议和投诉，合理处理游客投诉，建立方便的反映问题的渠道，及时消除游客不满情绪，预防破坏行为的发生。

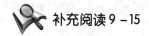

## 引导文明旅游　海南热带野生动植物园游客量创新高

"五一"小长假，海南热带野生动植物园迎来大批游客，接待量比上年同期增长30%，创历史新高。同时，由于景区采取多项措施引导文明旅游，游客不文明现象明显减少，整个景区处处体现出"人与人、人与自然、人与动物和谐共生"的大家园欢乐景象。

据了解，国家 4A 级景区海南热带野生动植物园为了迎接"五一"小长假，做了一系列细致的准备工作，特别是在引导游客文明旅游方面，采取了包括事先倡导、现场引导、加强督导等多种方式践行文明旅游。

旅游景区利用公司官网、微信公众平台，开设文明旅游专栏，传播文明旅游观念，引导广大市民、游客树立关爱他人、关爱集体、爱护公共环境的意识，注重文明形象，提升游客文明意识，形成自觉遵纪守法、理性消费的良好习惯。

为了强化现场引导文明旅游，海南热带野生动植物园在景区大门口、售票处悬挂"倡导文明出游"的宣传横幅，设置"游客文明旅游公约"的提示语，在游客中心摆放文明旅游宣传材料，强化文明旅游氛围；为有效督导景区文明旅游，景区加强了员工培训，特别是规范景区导游员讲解服务流程，积极主动引导游客的行为，对不文明的行为或现象予以及时劝阻，将文明引导工作渗透到游览过程中，切实起到监督、引导作用，避免各类不文明现象的发生。

过去很多游客为寻求刺激，经常拿石子或树枝投掷动物，看到漂亮的花朵就忍不住采摘等，甚至出现过景区的沉香树被剥光树皮的事。通过一系列措施，游客投掷动物、采摘树枝、攀爬栏杆、践踏草坪等不文明现象明显减少，而自觉将垃圾分类投放，甚至打包装袋带走的游客比比皆是。

海南热带野生动植物园负责人表示，野生动植物园是体现人类与自然相融合、人类与动物和谐共生的大家园，希望大家都能文明旅游，保护环境，珍惜大自然，关爱野生动植物。

（资料来源：人民网，2015 年 5 月 2 日）

（2）行为示范。旅游景区的员工，特别是直接对客服务的一线员工，必须养成文明礼貌、爱护环境的习惯，杜绝乱扔乱丢等不文明行为，用自己的行为为旅游者率先垂范，以自己的实际行动教育游客尊重环境，遵守规章。例如，黄山之所以卫生保洁好，除了到处都是石砌的垃圾箱外，黄山的环卫人员总是不辞辛劳，默默地跟在游客身后，捡拾游客留下的垃圾。为了捡拾游客丢下悬崖、山谷中的包装袋等废弃物，黄山的环卫工人在悬崖上打了 130 多个吊环，用绳子吊着在山崖间捡拾游客丢下的垃圾，看到这样的情景，还有谁会忍心乱扔乱丢了呢！张家界国家森林公园内的经营户大多是周边的山民，他们的经营摊点总是干干净净，剩下的杂物、废弃物、废水等总是自己用背篼背下山，而且他们还会提醒游客不要抽烟、用火，防止森林火灾等。

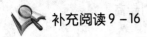 **补充阅读 9 — 16**

### 海南呀诺达景区：无人为垃圾　5 分钟保洁

在呀诺达，无论是景区栈道上，还是溪流里、林子间，都看不到人为丢弃的垃圾；即使在中国景区最难解决的公厕卫生，呀诺达也做得很好，厕所没有异味，一尘不染，设计也很科学美观，成为一道风景。

采访期间，记者发现呀诺达的导游人手一个藤质的小背篓挂在腰间。"可别小看了我们的背篓，它作用很大。我不告诉你，你慢慢留意吧。"导游叶琼顽皮地说。

记者坐上一辆雨林巴士，同车从大连来的游客李先生将手里的空烟盒交给了叶琼，叶琼立即将烟盒放在了随身携带的小背篓里。"记者同志，看到了吧？这个背篓既可以帮我们装随身之物，还能随时随地将游客丢弃的垃圾装在小背篓里，带下山来。"

游客游玩时，渴了会喝水，饿了要吃东西，出汗了要用纸巾，垃圾随时可能产生，但垃圾桶却不可能处处都有，导游的小背篓就起作用了。每个导游要负责所带旅游团游客手中的垃圾，不仅要劝导游客别随意丢弃垃圾，还要主动清理并带走游客产生的垃圾，这是呀诺达导游管理制度中一条严格的规定。原来，海南呀诺达雨林文化旅游区整体开发面积达到 45 平方公里，现在已开放近万亩，而且景区内都是热带雨林，面积又大，对环境卫生的管理难度很大。山上不能确保分配很多保洁人员，景区便给每个内导配备一个藤编的小背篓，以便随时收集游客们产生的垃圾，做到随时随地保洁，不仅美观大方，还有民族特色。看到这么干净、整洁的环境，游客们也不好意思乱丢乱吐了。环境足够干净，就可以影响人、约束人。

回到景区雨林谷入口不远处，看到一队游客正围着一块牌子，打着"丫"字形手势，跟着导游宣誓："国际岛、生态窗、呀诺达、养生窗。"这是呀诺达的绿色宣言。一位游客读完宣言后，感慨地说："这一课很有必要上。"从江苏张家港来的尤小姐也表示，宣誓了，就会约束自己遵守誓言，尤小姐将随手拿着的袋子给记者看："我们准备用这个东西把垃圾带下山。"

导游的小背篓随丢随捡垃圾以及 5 分钟保洁垃圾随时清扫，这两招轻松化解了景区内游客随意丢弃垃圾的难题。

（资料来源：南海网，2014 年 1 月 27 日）

（3）有效引导。此类引导有两种方法。

①标识引导。通过旅游景区的标牌系统引导游客行为。许多旅游景区都有与环境和

周围景物相协调的美观的标识牌，针对不同的情况，配有亲和力的提醒文字，达到引导游客行为的目的。例如，草坪上置"青青小草，踏之何忍"，林海深处有"气候干燥，望勿火烛"，悬崖护栏边"景色奇绝，勿忘安全"，重点文物前"镁光氧化，请勿拍照"等。在旅游景区的游艺设施前，不少景区都配有使用说明和安全注意事项。一些旅游景区在游客进入景区前会给发放纸质垃圾袋，上书"感谢您对×××景区环保事业的支持"，游客离开旅游景区可用垃圾袋换景区纪念品，这些都是旅游景区引导游客行为的有效手段。

②人员引导。旅游景区导游讲解员、旅行社的全陪和领队对游客的行为起到直接的示范、监督、制约作用。导游员不仅要完成组织、协调、解说等传统职责，还负有资源管理和环保宣传职责。导游员应鼓励游客表现出对景区环境、景观负责的行为，预防和制止其不文明行为。旅游管理部门在导游员考评、导游培训中应增加有关生态环境、资源保护等内容，引导和鼓励导游负责任地行使好管理资源和环境保护的职责。浙江省淳安县旅游局的做法颇有借鉴意义。淳安县是著名的千岛湖风景区所在地，为保护千岛湖的良好生态环境，该县旅游局明确要求导游员要成为千岛湖的"环保大使"。该局经常为导游员举办环保知识专题讲座，把《千岛湖环境》作为导游上岗、年审培训的必修课，强化导游员的环保意识，要求每个导游员都有责任向游客宣传千岛湖环境保护，还在导游队伍中发起"保护千岛湖，从我做起"的倡议。这些做法取得了很好的效果。

### （二）强制性管理方法

强制性管理方法主要通过旅游景区制定的各种规章制度，对违反规章制度的游客行为进行处罚，以管理游客行为。使用强制性管理方法首先要制定比较完备的规章制度，对可能出现的各种不文明行为，尤其是对故意破坏行为加大制约力度，并配备一定数量的管理人员约束游客的不文明行为，包括加强巡查、长期雇用看护员、使用闭路电视或摄影机监视等，对违规行为实施罚款等处罚措施。

旅游景区常见的强制性游客管理措施包括：关闭某些地域的活动场所、禁止在某些区域或某些时间段内从事某些活动；限制停留时间、限制团体规模、限制游客数量、禁止野营；禁止超出道路和游径的旅行、禁止篝火晚会、禁止带狗、禁止乱扔废物、禁止游客纵容马匹啃食植物等。

## 二、旅游景区客流调控

### （一）旅游景区客流的时空特征

旅游景区内部游客活动具有一定的时空特征及其规律。

1. 旅游景区客流的时间特征

旅游景区客流在时间上具有周期性特征，具体表现为季节变化和日变化两种形式。

（1）旅游客流的季节变化。影响旅游景区客流变化的主要原因是旅游景区吸引力随季节而变化。我国大部分地区由于气候条件不同，旅游景区的植被、地表景观等在一年四季呈现出规律性的变化。因此我国许多以自然资源为依托的室外旅游景区都表现出明显的季节性，有淡季和旺季之分。淡季游客较少，大量设施设备闲置；旺季人满为患，给旅游景区资源环境带来较大压力。例如，每当冬季来临，由于九寨沟大雪封山，进入景区的公路、山路路面结冰、结霜，汽车难以进入，部分游客对寒冷气候无法适应，冬季九寨沟的游客明显减少，形成淡季。又如敦煌特殊的地理与气候条件，游客大多选择在 5 ~ 10 月前来旅游，7、8、9 这 3 个月份累计接待游客人数约占全年接待量的 65%。

影响旅游景区客流季节变化的另一个重要原因是由于人们的闲暇时间分布具有规律性。对于大多数人而言，由于工作等原因，平时一般没有外出旅游度假的时间，中、远程距离的旅游往往集中在节假日或长假期间，而周末双休日往往是近程旅游的高峰期，寒暑假是学生、教师出游的集中期。每年"五一""十一"、春节期间，许多旅游景区游客摩肩接踵，给旅游景区经营与管理带来较大的压力。至 2015 年，我国"黄金周"已悄然走过 16 个年头，当年"十一""黄金周"期间，各大景点依旧人潮如织，九寨沟、故宫、西湖等往年长假最热门的国内景区依然人头攒动。三峡大坝旅游区连续 4 天发布红色预警；一小伙儿欲在华山山顶求婚，因平台人太多竟无处下跪；10 月 3 日，八达岭长城接待游客 8.75 万人，为 5 年来同期最高，游客连呼走不动。

在自然条件的季节变化、节假日、居民出游习惯等综合作用下，每年 5 ~ 10 月是我国大多数室外旅游景区的旺季，11、3、4 月是平季，12、1、2 月是淡季。但是由于我国地域广阔．全国各地的旅游景区自然条件变化规律不同，加上各个旅游景区客流结构复杂多样，同时由于一些旅游景区结合自身情况开展了卓有成效的淡季促销活动，不同的旅游景区在一年当中的季节变化会有较大差异。

（2）旅游客流的日变化。旅游景区由于与游客集散中心、游客服务基地的距离远近不同、开放时间、活动内容等，在一天之中的不同时段会形成客流的高峰和低谷。高峰时段游客排队等待，低谷时段游客稀疏。一般而言，在进入旅游景区的高峰期，旅游景区入口处客流量巨大，会形成游客的排队现象；黄昏时段是游客离开旅游景区的高峰期，在旅游景区出口，客流强度较大；有重大表演活动的旅游景区，在表演活动开始前后，会在表演场地形成较大的客流积聚。例如：云南石林景区的游客多以昆明为集散中心，昆明到石林 1 个多小时的车程，因此，石林景区在每天 9：00 以前几乎没有游客进入。再比如，故宫每年 10 月 15 日 ~ 3 月 31 日的开放时间是 8：30 ~ 16：30，下午 15：30 停止售票；4 月 1 日 ~ 10 月 14 日的开放时间是 8：30 ~ 17：00），16：00 停止售票。早上 9：00 ~ 10：00 是游客进入的高峰，此段时间，午门外的售票处常有排队的长龙。下午 3：00 ~ 4：00 神武门外会有高强度的离散客流。深圳欢乐谷的开放时间是每天 9：30 ~ 21：00，由于 19：00 有大型主题晚会，每天 15：00 前后是入园高峰期之一。

2. 旅游景区客流的空间特征

旅游景区内游客的空间位移呈现出线性多向流动与节点汇聚的空间特征。

（1）线性多向流动。一般而言，旅游景区大多有一个或多个出入口。进入旅游景区后，游客在导游的带领下、在导游图或路标系统的导引下，会沿着一定的线路或旅游景区游道进行游览。游客从进入旅游景区到离开旅游景区，大的空间位移过程是高度流动和发散的。以简单的一日游景区为例，旅游者要经过到达—泊车—买票—验票进入—参观、游乐、看节目等—午餐—参览、游乐、看节目等—出口—取车—离去这一完整的移动过程。这个过程中，游客的空间位移是线性的、连续的。从流动节奏看，有时快有时慢，有时甚至是静止的，如欣赏某个景物时、观看节目时、就餐时，游客流动是相对静止的。从流向看，由于旅游景区内部游道布局、宽窄不同，游客对出入口游览线路选择不同，游览速度也不同。游客的流向有时是单向的，有时是双向的，有时是混杂的。例如：张家界的"一线天"景点，两边山石夹道，仅容一人，游人只能单向线性流动上行，另外择道下行；云南石林景区主游道常常是电瓶车、游人交会，既有双向流动的人流，偶尔也有横向流动的人流，或在路边座椅上休息停止不动的人流，游客的流向是混杂的。而在大、小石林内部，游道狭窄，有时是"单行道"，有时是"双行道"，旅游景区内游客空间位移过程是一个线性多向流动的过程。

（2）节点会聚。在旅游景区内部游客空间移动过程中，旅游景区出入口、高级别的吸引物、主要游乐设施、表演场所、购物场所、就餐地点、游道的交会处等分点会形成人流会聚，特别是在旅游旺季的高峰期，这些节点会承受游客超负荷的压力，对资源环境、接待设施产生较大的影响，会出现游客排队等待，容易产生各种事故。客流会聚超过游客的心理容量，会降低其体验质量。例如，在张家界国家公园，从公园大门门票站和水绕四门进入金鞭溪游道的两股客流，每天上午10：00～12：00在"紫草潭"和"千里相会"等景点会聚，在这一时段游道上人满为患，十分拥挤。

## 三、旅游景区客流的管理技术

旅游景区客流时空分布不平衡，给旅游景区资源环境、设备设施供给带来了压力，也埋下了一些安全隐患。下面从点、线、面3个层面介绍旅游景区客流的调控与管理技术。

### （一）游览节点管理技术

在游览节点上对游客进行管理主要是应用定量、定点管理技术。所谓定量管理是通过限制进入时间、停留时间，控制旅游团人数、日旅游接待量，或综合运用几种措施的方式限定游客数量和预停留时间，解决因过度拥挤、践踏、温度、湿度变化引起的旅游资源损耗。例如，2015年国庆前夕，西安秦始皇帝陵博物院就及时向社会发布公告，称其瞬时承载量为13700人，最大承载量为65000人。售出门票达到瞬时承载量时，景区将减缓人工售票速度，停止自动售票机售票；参观区域达到最大承载量时，将暂停售票，并利用博物院的微信平台每半小时发布实时客流信息，引导游客错峰参观。国庆期间，该景区售出门票曾达到瞬时承载量，博物院除了疏导观众先去附近的秦陵景区参观，还采取了提前开馆延时闭馆的有效措施，极大地缓解了接待压力，收到了非常好的效果。所谓定点管理是指在需要特别保护的地带利用警示性标牌提醒游客什么不可以做，或在旅游高峰期聘用保安及专门服务人员或安排志愿者，在资源易受损耗的地方值勤，重点区域、重点地段实行重点管理，避免游客践踏、抚摩、偷盗、乱写乱刻乱画引起旅游资源的损耗，采用覆盖、分隔、摹写等方式保护重点文物，在危险地带或禁止游客入内的场所拉网、拉绳、种植植物墙。

### （二）游览路线管理技术

旅游景区游览路线设计是否科学直接影响到游客的体验质量和行为。科学的游览路线应该使游客付出最少的精力与体力上的成本，获取最多的信息，获得最大的愉悦和满足感。为了保证游客得到高质量的旅游体验，在设计游览路线时应降低游览成本，提高体验丰富程度与质量。降低游客游览成本，主要应缩减不能给游客带来太多收益的景点间转移的距离，提高游客游览收益主要应考虑增加游览路线上景观的差异性，为游客提供更好的观景位置和观景角度等。例如，颐和园的 1 小时左右的最佳游线是：东宫门—仁寿殿—德和园—乐寿堂—邀月门—长廊—石丈亭—石舫—西宫门 。如果参观游览时间半天左右的最佳游线是在沿上述线路游览至长廊中段后，沿排云殿上万寿山，依次为排云殿—佛香阁—智慧海—松堂景区—苏州街—宁堂—后溪河—谐趣园—铜牛—新建宫门。显然，游线设计与管理技术还有利于调控景区内客流分布，分流热门景点的客流，减少景区内的拥挤程度与环境压力，确保游客安全与体验质量。

### （三）重点区域的游客管理

旅游景区游客管理的重点区域主要集中在停车场、出入口、热门景点、重点旅游资源、乘骑设施、安全隐患突出地、排队区、游客中心等。对这些重点区域，一般要设专人进行管理，提醒、疏散游客，保护游客安全，保护资源环境等。下面重点介绍排队区和游客中心管理。

#### 1. 排队区管理

在旅游旺季，或接待高峰期，在旅游景区入口、热门参观点或乘骑设施前常常会出现游客排队等待的现象，如果不能有效处理排队，会严重降低游客体验质量和满意度，甚至发生冲突。例如旅游景区入口是游客进入景区的第一印象区，在旅游旺季，景区入口经常出现堵塞的情况，造成游客长时间排队等候，如果分流措施不力，甚至可能会出现安全事故，损害旅游景区的声誉。排队区管理宜采取如下措施：

（1）设置合理的游客排队队列。不同旅游景区根据游客流量、游客集中度、排队项目特点、排队区地形特点等应采取不同的队形和接待方式，一般有单列单人型、单列多人型、多列多人型、多列单人型、主题或综合队列型等 5 种形式。例如，丽江玉龙雪山索道、乐山大佛通过九曲栈道到大佛脚下的排队区，由于索道和九曲栈道瞬时容量的限制、排队游客较多等原因，采用的是迂回的单列多人型队列；昆明世博园入口采用多列多人型，队列多达12条，根据入园游客数量多少，开启部分队列，确保游客不至于在入口滞留。旅游景区在设计和改进排队区队列类型时，要考虑人员成本、排队游客的视觉效果，多用横列，少用纵列。

（2）利用技术手段加快游客进入过程。游客等待时间过长必然影响游览或游乐活动时间，产生焦虑、烦躁心理。排队区管理的最高目标是减少或杜绝游客排队等待。一些大型旅游景区率先利用高科技或独特的管理手段，如使用电子门票、设立电动快行通道等缩短游客进入时间，一些热点项目实行提前预约，以分流高峰期游客。

（3）设计排队区环境。设计良好的排队环境，可以转移游客的注意力，使他们不至于在等待中感到无聊或浪费时间。国外很多著名的主题乐园会在热门游乐项目中花很多心思，如在矿山过山车的排队区让排队的游客通过曲折幽暗的隧道，用各种道具和声光效果渲染环境的神秘气氛，让游客在越来越接近乘骑体验的同时，积累对这种体验的期待；很多表演性游乐活动在正式表演开始之前都有丑角"捉弄"游客，制造气氛，让预先等候在外的观众不会觉得无聊。国内旅游景区也开始重视排队区设计与服务，例如，泰山索道的排队区设计有座位，有电视介绍泰山美景，提供免费茶水。云南丽江的玉龙雪山景区候车厅，旅游者可以看电视、听音乐，在乘索道的地方，旅游者可以听到广播里有关雪山的介绍，周围墙壁上布满了有关雪山、冰川等的图片和文字介绍。

2. 游客中心管理

游客中心又称游人接待中心或访客中心，一般位于旅游景区的入口，是旅游景区游客服务与管理的重要场所。游客中心的有无和它提供的服务项目、服务质量直接影响到游客对旅游景区的印象。国家旅游局颁布的《旅游区（点）质量等级的划分与评定》中也对游客中心有明确的要求。游客中心的主要职责表现在3个方面：一是信息咨询服务，包括旅游景区的基本情况、景点分布情况、最佳旅游路线、新近特殊景观、需要保护的动植物、当天的天气、各个景点游人数量预报、拥挤程度、食宿设施可利用情况等；二是提供游客所需要的其他服务，如导游服务、托儿服务、餐饮及零售服务等；三是接受游客投诉。我国许多大型旅游景区的游客中心建筑都极富特色，内部设备设施现代化，使用电子触摸屏、视频技术、声光电技术等高科技手段向游客提供各种信息与服务。

游客中心管理涉及服务过程管理和设备设施管理，要求工作人员统一着装，佩证上岗，按照服务规范和流程提供标准化与个性化相结合的服务，工作人员对旅游景区各方面的情况必须了如指掌，能提供全面信息咨询服务，要有良好的服务水平和技能，提高游客的满意程度。游客中心的展品、设施设备要得到正常的维护和保养。

# 第五节　旅游景区质量管理等级划分与评定

## 一、我国旅游景区质量等级划分与评定

我国旅游景区管理的标准化是随着旅游业标准化管理的发展而逐步健全起来的。我国对旅游业的标准化管理十分重视，1987 年首次出台星级饭店评估标准，标志着我国旅游业标准化建设的开始。1995 年 2 月 16 日经国家技术监督局批准，国家旅游局成立了全国旅游标准化技术委员会，该技术委员会专门从事旅游标准化工作的技术工作组织，负责旅游业的标准化技术归口工作。

在国家旅游局、全国旅游标准化技术委员会及我国其他标准化管理部门的共同推动下，近几年来，我国已经颁布了 10 余项旅游标准，是世界上颁布和制定旅游业标准最多的国家，其中，旅游区（点）质量等级标准等为我国首创的旅游标准。另有 18 项国家标准、4 项行业标准已经立项，正在起草中；因此，近两年内，我国旅游业国家标准和行业标准的数量将达到 40 个左右，为旅游业质量管理和经营打下了坚实的技术性基础。

在旅游景区的标准化管理方面，我国借鉴国际标准化组织的 ISO9000 系列和 ISO14000 系列标准，首创了《旅游区（点）质量等级的划分与评定》国家标准、导游服务质量标准以及游乐园安全及服务标准等。下面对旅游区（点）质量等级的划分与评定标准和游乐（园）场安全服务质量标准做简要的介绍。

### （一）旅游区（点）质量等级的划分与评定标准

#### 1. 标准的总体介绍

2003 年 2 月 14 日发布并于 2003 年 5 月 1 日正式实施的《旅游区（点）质量定级的划分与评定标准》（GB/T 17775 – 2003）代替了 1999 年制定实施的景区等级评定标准（GB/T 17775 – 1999）。该标准由国家旅游局规划发展与财务司负责起草，由全国旅游标准化技术委员会归口并负责解释，最终由国家旅游局提出。该标准的制定旨在加强对旅游区（点）的管理，提高旅游区（点）服务质量，维护旅游区（点）和旅游者的合法权益，促进我国旅游资源开发、利用和环境保护。在制定标准过程中，总结了国内旅游区（点）的管理经验，借鉴了国内外有关资料和技术规程，并直接引用了部分国家标准或标准条文。同时，根据 GB/T 17775 – 1999《旅游区（点）质量等级的划分与评定》国家标准自 1999 年至 2015 年近 3 年时间的实施情况，在原标准基础上对一些内容进行了修订，使其更加符合旅游区（点）的发展实际。

与原有的旅游景区质量等级划分和评定标准相比，2003 年版的新标准在原有的基础

上做出了如下 3 点修改：首先，在划分等级中增加了 5A 级旅游区（点）。新增的 5A 级景区主要从细节、景区的文化性和特色性方面作出了更高的要求；其次，对原有 4A ~ 1A 级旅游区（点）的划分条件进行了修订，强化以人为本的服务宗旨，4A 级旅游区（点）增加细节性、文化性和特色性要求；最后，细化了关于字眼吸引力和市场影响力方面的划分条件。

2. 标准涉及的内容

该标准的主要内容涉及景区质量等级的标识以及各等级景区应该具备的详细标准。景区（点）质量等级的标识、标牌、证书由国家旅游行政主管部门统一制定。为保证景区质量，该标准对景区设施和服务进行了较为细致的规定，涉及 12 项内容，具体是：

（1）旅游交通：包括旅游景区可进入性、交通设施状况、游览路线设计、交通工具等。

（2）游览设施和服务：包括游客中心设置、引导标识的设计、公众信息的发放、导游员及导游词的安排、公共信息图形的规范、公共休息设施设置等。

（3）旅游安全：包括旅游应该符合相关安全标准和规范、安全设施的完备性、紧急事故应对措施和设施等。

（4）景区卫生：包括景区环境、相关卫生标准、公共厕所的设计、垃圾箱的设置、食品卫生标准等。

（5）邮电服务：包括有无邮政服务、通信设施布置、通信信号强弱及边界性。

（6）景区购物：包括购物场所的设置和管理、旅游商品销售从业人员的素质、旅游商品丰富程度等。

（7）景区经营管理：包括管理体制的科学性、管理制度的完备性、管理人员的高层次、项目管理的合法性、服务管理的针对性等。

（8）景区资源与环境保护：包括空气环境、噪声环境、水环境、污物排放、景观保护、景区容量控制、设施的环保性能等。

（9）景区资源吸引力：包括观赏游憩价值、历史文化科学价值、资源的质与量、资源的保存完好程度等。

（10）景区市场吸引力：包括景区品牌知晓度、美誉度、辐射能力、品牌特征等。

（11）景区的国内外游客年接待规模。

（12）游客满意度的抽样调查结果。

在该标准的具体实施方面，国家旅游局还配套设计了旅游景区质量等级的评分细则，细则分为 3 个部分，即服务质量与环境质量评分细则、景观质量评分细则以及游客意见评分细则（详见附录 1）。这些详尽的评分细则有效推动了该标准的具体实施，是督促旅游景区实现质量优化的重要依据。

**（二）游乐园（场）安全及服务质量标准**

1. 标准的总体介绍

《游乐园（场）安全及服务质量标准》（GB/T16767－1997）的制定是为了保障游乐

园（场）游艺机和游乐设施的安全运营，预防安全事故的发生，为游客安全、方便、舒适、高效的服务。该标准规定了游乐园（场）的安全措施和服务质量的基本要求，适用于设有游艺机的游乐设施的各类游乐园（场）。该标准所提及的技术要素主要包括游乐园（场）安全与服务质量的要求必须依据可以观察到的和需经游客评价的特性加以明确规定；提供服务的过程必须依据游客不能经常观察到但又直接影响到安全和服务业绩的特性加以规定；安全和服务质量可以通过量化（可测量的）或者是定性的（可比较的），由游客进行评价。该标准的制定以游乐园（场）的工作程序、安全和服务操作规则为依据，并参考了国外相关资料。

2．标准涉及的内容

该标准涉及的内容主要包括以下几个方面：

（1）游乐园（场）安全和服务质量的基本要求：可概括为安全第一，服务优质，卫生整洁，秩序良好。

（2）服务设施相关标准：包括设施购置、接待设施的设置、问询服务设施、餐饮设施、购物设施、医疗急救设施、公用设施、信息指示设施等。

（3）安全制度与措施标准：包括园区安全制度的完善、园区设施的安全管理、员工和游客的安全管理、安全设施的配置、应急安全设施的配置。

（4）安全作业标准：包括游艺机和游乐设施日常运营基本要求、游艺机和游乐设施定期维修和保养要求。

（5）服务质量标准：包括基本要求、机台服务、售票服务、门岗服务、问询服务、广播服务、行李保管服务、餐饮服务、购物服务、文化娱乐服务、医疗急救服务等。

（6）卫生与环境要求：包括公共区域卫生情况、环境和谐状态、游乐设施卫生情况等。

（7）服务质量保证和监督标准：包括建立服务质量和安全保证体系、建立服务监督机制、投诉处理的管理机制、园区服务质量考核指标。

## 二、国外旅游景区质量体系划分与评定

### （一）绿色环球 21 系列质量体系

1．绿色环球 21 标准介绍

绿色环球 21（简称 GG21）是目前全球唯一的旅行旅游行业世界性认证体系，是公认的企业/景区可持续旅游的形象标志，它是由世界旅行旅游理事会（WTTC）创立，当今世界上唯一涵盖旅游全行业的全球性可持续发展标准体系，其目标是在全球范围内改善旅游行业的环境、社会和文化形象，增强旅游企业/景区对环境和社会的责任，以及让公众了解该企业/景区对环境与社会和谐发展的承诺。绿色环球 21 帮助旅游企业/景区的经济、社会和环境全面健康发展。截至 2012 年，绿色环球 21 已在全球五大洲包括中国在内的 58 个国家开展认证，并拥有全球知名的旅游企业会员单位。绿色环球 21 标准为旅行

旅游企业提供了一个工作框架，以实现关键实施领域的一个或多个指标的逐年改进。

2. 绿色环球 21 标准实施的目的

通过实施绿色环球 21，可以在以下方面得到改善与可持续发展：减少温室气体排放；节能与提高能效；节水与淡水资源管理；保护空气质量和控制噪声；减少垃圾排放和废物回收利用；改进废水处理；改善社区关系；尊重文化遗产；保护自然生态系统；保护野生动植物种类；强化土地规划和管理；妥善保存与慎用对环境有害物质。

3. 绿色环球 21 质量体系的涵盖范围

绿色环球 21 包括五大标准体系，即可持续旅游企业标准体系、可持续旅游社区标准体系、生态旅游标准体系、可持续设计建设标准体系和景区规划设计标准体系。这 5 大标准体系涵盖了旅游行业的所有对象，分别针对并适用于不同的旅游组织，没有规模大小和地域限制。绿色环球 21 特别研发的"地球评分"可持续达标评估指标体系，对不同行业的旅游组织评价其可持续发展的贡献率，提供一份全面客观的环境、社会、经济评估报告。通过量化评价，判断可持续发展的工作成效，并与发达国家同行业横向对比，使得管理绩效更加可信、更具说服力。迄今为止已通过绿色环球 21 认证的有机场、旅游交通、轮船码头、旅游综合服务中心、酒店、景区、政府等。通过绿色环球 21 认证的中国旅游景区有：九寨沟国家级风景名胜区、黄龙国家级风景名胜区、四川蜀南竹海国家级风景名胜区、四川三星堆遗址博物馆、四川九寨天堂国际会议度假中心、陕西太白山国家级森林公园、陕西长青国家级自然保护区、四川王朗国家级自然保护区、陕西楼观台国家级森林公园、西羌九黄山猿王洞景区、广西南岭生态旅游度假区、北京蟹岛绿色生态度假区等。

4. 绿色环球 21 认证对旅游景区管理产生的效益

（1）提升企业形象，扩大国际品牌知名度。绿色环球 21 把一套专门适用于旅游、交通运输、宾馆饭店等行业先进的可持续发展标准带给了广大企业。到目前为止，通过绿色环球 21 认证的交通运输行业的企业有新加坡航空公司、澳大利亚黄金海岸机场、悉尼机场、马来西亚吉隆坡国际机场等一批行业的领先者。通过引入先进的可持续发展管理方法，企业可借助绿色环球 21 的国际品牌，在全球市场宣传与推广，充分展示环境保护、社会责任和经济可持续发展的国际化企业形象。

（2）实现资源节约，创造最佳的经济效益。除了要以规范化、标准化的服务赢得客户的认可外，还要实施可持续发展的战略思想，以"环境友好、资源节约"的企业形象，积极承担相应的社会责任。绿色环球 21 标准提供具体改进措施和工作方法，如减少水资源的消耗、废弃物的减量排放、可再生资源的使用等方面，实现节能降耗、降低经营成本。

（3）绿色环球 21 认证将建立量化的监测体系，评价管理的实际成效。通过一年一度达标量化评估报告，检查自己的工作成效，通过直观的数据，可以与同行、与前任、与自己以前的工作业绩进行对比，总结各级管理者的管理绩效。也可以据此判断每项指标所处的水平，进而明确工作的努力方向和下一步的改进目标。

（4）绿色环球 21 认证可以为各种奖项评比提供可靠的环境资信证明，实现从优秀到卓越的飞跃。绿色环球 21 认证的企业意味着行业领先，代表行业最佳的环境表现，实现环境、社会与经济的全面可持续发展。许多通过绿色环球 21 认证的组织获得了国际、国内多项环境奖项，在赢得全社会认可的同时，也吸引到了更多的游客。绿色环球 21 与 ISO14000 环境管理体系国际标准有相似性，可以同时贯标，一次审核，同时获得两份证书。

### （二）国际认证联盟

国际认证联盟（Association—The International Certification Network，英文缩写 IQNet）成立于 1990 年，总部设在瑞士，当时称为欧洲质量体系审核认证网（EQNet），主要由欧洲的认证机构组成。从 1996 年开始，随着世界不同国家/地区知名认证机构的加入，组织结构日益壮大，1998 年正式更名为国际认证联盟。

#### 1. 宗旨及目标

"改善您的生活品质"是 IQNet 一贯的宗旨和目标。IQNet 致力于通过各种可行、适宜的措施推动、支持其成员机构推进质量管理，特别是对各个成员机构颁发的证书在所有成员范围内予以承认。

#### 2. 成员机构

IQNet 是世界一流认证机构的联盟组织，目前拥有 33 个国家和地区的 37 个正式成员和副成员，它们分别来自亚洲的中国、中国香港、马来西亚、日本、韩国、以色列，大洋洲的澳大利亚，欧洲的西班牙、法国、葡萄牙、比利时、意大利、捷克共和国、德国、丹麦、希腊、匈牙利、挪威、爱尔兰、奥地利、波兰、芬兰、斯洛文尼亚、瑞士、罗马尼亚、俄罗斯、克罗地亚、塞尔维亚和门的内格罗，美洲的加拿大、墨西哥、巴西、阿根廷、委内瑞拉、哥伦比亚。这些成员机构在世界范围内拥有 200 多家分支机构。

#### 3. 为多个国家及公司企业提供认证

作为认证机构的代表，IQNet 是许多国际组织的成员代表和观察员。这些组织包括 IAF、EA、ISO/CASCO、ISO/TC176、ISO/TC207、QuEST Forum、EFQM、CIES、GFSI 等。IQNet 积极参与这些组织开展的各项活动。IQNet 成员机构至少为 150 个国家的 20 万家公司/企业提供了认证；IQNet 共计拥有 1 万名审核员和 5000 名技术专家，审核使用语言达 30 种。与全球其他 600 多家认证机构相比，IQNet 占有 30% 的市场份额，在个别关键性认证领域的市场占有率高达 90%。

#### 4. 中国认证行业加入国际认证联盟

2001 年 9 月 27 日，中国质量认证中心（CQC）成为 IQNet 正式成员机构。CQC 积极参与 IQNet 的各项工作，参加 IQNet 历届全体成员大会、A6 会议，履行成员机构的各项义务和职责，并与各成员伙伴保持着紧密的联系，在各个领域深入开展合作，包括组织与成员机构的换证、开展联合审核、委托审核以及出具同等效力声明；与成员机构的信息沟通、经验交流、技术交流、培训教材的共享等。同时向国际认证同行宣传 CQC 和中国认证机构在各领域开展认证活动的现状、经验和方法，展示中国认证行业迅猛发展的实力。

**（三）ISO9000 系列标准**

1. ISO9000 系列标准的发展

ISO9000 标准是质量认证体系认证时依据的国际标准，该标准由国际标准化组织（ISO, International Organization for Standardization）于 1987 年首次发布，并于 1994 年进行修订，2000 年对 1994 年版标准进行再次修订，目前国际上使用的为 2000 版 ISO9000 标准。迄今为止，已有约 90 个国际标准化组织的成员国采用了 ISO9000 国际标准，其他的国家则可以自愿的方式采用这些标准。

2. ISO9000 系列标准的内容

2000 版 ISO9000 标准主要由两大部分构成，即核心标准和支持性标准。这里主要对核心标准的内容加以简单介绍。

（1）ISO9000 质量管理体系基础和术语。这是对该标准中出现的基本概念和术语的解释。

（2）ISO9001 质量管理体系要求。它取代了 1994 版 ISO9001、ISO9002 和 ISO9003 三个质量保证模式标准，成为用于审核和第三方认证的唯一标准。它可用于内部和外部（第二方或第三方）评价组织提供满足组织自身要求和顾客、法律法规要求的产品的能力。该标准主要供组织需要证实其具有稳定的提供顾客要求和适用法律法规要求产品的能力时应用。组织可通过该质量管理体系的有效应用，包括持续改进体系的过程及确保符合顾客与适用法规的要求，增强顾客满意。标准应用了以过程为基础的质量管理体系模式的结构，鼓励组织在建立、实施和改进质量管理体系及提高其有效性时，采用过程方法，通过满足顾客要求增强顾客满意。过程方法的优点是对质量管理体系中诸多单个过程之间的联系及过程的组合和相互作用进行连续的控制，以达到质量管理体系的持续改进。

（3）ISO9004 质量管理体系业绩改进指南。该标准不用于认证或合同的目的，也不是 ISO9001 的实施指南。其目的主要在于帮助企业用有效和高效的方式识别并满足顾客及其他相关方的需求和期望，实现、保持和改进组织的整体业绩，从而使组织获得成功。

（4）ISO19011 质量和（或）环境管理体系审核指南。该标准对于质量管理体系和环境管理体系的审核的基本原则、审核方案的管理、环境和质量管理体系审核的实施以及对环境和质量管理体系审核员的资格要求提供了指南。它适用于所有运行质量和（或）环境管理体系的组织，指导其内审和外审的管理工作。

由于 ISO9000 系列标准是针对生产型企业制定的质量标准，旅游景区作为服务型企业在进行质量管理时无法完全参照该标准的要求。但是，该标准中强调的全面质量管理、过程控制、持续改进等原则与方法还是值得旅游景区管理人员学习和借鉴的。

### （四）ISO14000 系列标准

#### 1. ISO14000 标准产生的背景

随着全球工业的不断发展，全球性环境问题越来越突出。20 世纪人类出现了八大公害事件，如比利时马斯河谷事件、美国多诺拉事件、美国洛杉矶光化学烟雾事件、英国伦敦烟雾事件、日本四日市哮喘事件等，这些公害事件使大批居民非正常死亡。因此，环境问题日益成为人们关注的焦点。随着可持续发展观念的提出，全球各领域，特别是工商业界逐渐认识到可持续发展和保护环境是自身应尽的义务。为此，1993 年 6 月 ISO 组织成立 ISO/TC207 环境管理技术委员会，并在 ISO9000 系列标准的基础上推出了一套环境管理标准，即 ISO14000 系列标准。目前，该标准已经成为世界上最全面和最系统的环境管理国际化标准。

#### 2. ISO14000 标准的内容构成

从内容上看，ISO14000 标准由环境管理体系（EMS）、环境行为评价（EPE）、生命周期评估（LCA）、环境管理（EM）、产品标准中的环境因素（EAPS）等 7 个部分组成。

从上述标准约束管理的对象看，又可以将其分为两大类，环境管理体系、环境绩效评价以及环境审核 3 个标准属于对组织与环境关系的评价；环境标志、生命周期评价以及产品标准中的环境因素等标准是对产品与环境间关系的评价。

旅游景区经营管理与环境之间存在相互依存的关系，因此，ISO14000 标准对于景区环境管理具有重要的指导意义。旅游景区应以该标准为依据，对运行过程进行严格旅游控制，并对自身进行持续改进，以保证景区与环境之间形成良性互动。值得强调的是，旅游景区环境管理不仅包括景区内部环境的管理，同时还包括景区与外部环境之间的协调与控制。只有内部和外部环境都得到优化，旅游景区质量才能得到本质上的提高，否则，以牺牲外部环境或内部环境来换得旅游景区的某些利益会对旅游景区的可持续发展产生深远影响。

 **思考与练习**

1. 旅游景区质量主要由哪些方面构成？
2. 旅游景区质量管理的原则有哪些？
3. 旅游景区质量管理的基本步骤有哪些？
4. 我国旅游景区质量标准化体系涉及的主要内容有哪些？

 **开放式案例** ................................................................

#### A 级景区"终身制"是旅游欺诈温床

分析提示：A 级景区的评审有严格的要求和评审过程，一些景点一旦取得 3A、4A、

5A 证书，就高枕无忧，万事大吉，放松了自身的服务标准和管理水平。只有打破 A 级景区"终身制"这个弊端，让景区管理者时刻保持高度警惕，才会不断加强管理，提高服务质量，树立落后就要面临摘牌的危机感，才有竞争活力，从而维护本地良好的旅游环境。

2015 年 11 月 25 日，湖北省旅游景区质量等级评定委员会发布公告，根据近期首次组织开展的对满 5 年期全省 4A 级景区评定性复核工作结果，除 43 家景区通过复核外，取消荆门市京山县京山国际温泉 4A 级旅游景区资质，给予武汉归元寺景区、黄陂区农耕年华景区、孝感天紫湖生态旅游度假区、浠水县三角山旅游度假区、咸宁楚天瑶池温泉等 5 家景区警告，限期 6 个月整改到位。这是湖北省首次对 A 级景区进行摘牌和警告。

2015 年，"青岛天价虾"就是景区欺诈消费的典型事例，必须动态管理景区以下各个方面：旅游交通（停车场、游步道）、游览（游客中心及功能、标识系统、讲解服务）、旅游安全（安全标识、制度）、卫生（厕所、垃圾箱、游览场地整洁度）、旅游购物（购物场所及商品管理）、综合管理（内部管理制度、旅游网站及游客投诉受理）、资源和环境保护（资源保护、区内建筑协调）。对那些存在游客投诉率高且长期问题未解决、有重大安全隐患、卫生条件差、内部管理混乱的景区实行"一票否决"，或者予以降级、摘牌处理。

（资料来源：长江网，2015 年 11 月 26 日）

------------------------------------------------------------

 **推荐阅读**

1. ［美］克里斯·瑞安（Chris Ryan）著，李枚珍、王琳译. 旅游科学研究方法：基于游客满意度的研究［M］. 北京：旅游教育出版社，2012.

2. ［美］摩根（Nigel Morgan），普里查德（Annette Pritchard），普瑞丁（Roger Pride）著，胡志毅，周春燕，张云耀译. 目的地品牌：管理地区声誉［M］. 北京：中国旅游出版社，2014.

3. ［美］李·科克雷尔著，靳婷婷译. 卖什么都是卖体验：互联网时代必学的 39 条客户体验法则［M］. 北京：中信出版社，2014

# 第十章 旅游景区设施设计与安全管理

【学习目标】

1. 了解旅游景区设施管理的意义、任务。
2. 掌握旅游景区设施管理的核心内容。
3. 理解各种设施在设计方面的一般要求和分期管理的基本内容。

【内容结构】

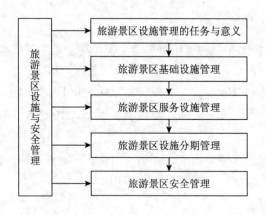

旅游景区设施与安全管理
- 旅游景区设施管理的任务与意义
- 旅游景区基础设施管理
- 旅游景区服务设施管理
- 旅游景区设施分期管理
- 旅游景区安全管理

【重要概念】

设施设备管理　基础设施　服务设施　设施分期管理　景区安全管理

## 重视旅游风险隐患的长效化治理

2015 年，我国相继发生的旅游安全事故包括：7 月 1 日，吉林集安发生旅游大巴事故造成 11 名游客死亡；8 月 3 日，云南勐海县一辆旅游大巴侧翻导致游客 3 重伤、17 轻伤；8 月 3 日，西安王莽街道小峪河村突发山洪导致游客 7 死 2 失踪；8 月 12 日，秦皇岛野生动物园发生老虎攻击事件致 1 名游客死亡；8 月 16 日，湖南宁乡发生高空单车断裂事件导致 1 名游客死亡。面对当前复杂的安全生产形势，旅游部门应高度重视安全生产工作，将其作为当前旅游生产和旅游行政治理工作的重中之重。

旅游重点风险隐患通常是指发生频率较高、可能导致游客死亡或规模性人员受伤，或可能造成较大财物损失的风险隐患类型。旅游生产领域中常见的重点风险隐患包括：第一，旅游交通风险。旅游交通事故在重特大旅游事故发生量中一直排在首位。第二，高风险项目的旅游风险。高空、高速、水上、潜水、探险等高风险旅游项目参与的游客人次规模越来越大，其事故发生量不容小觑，风险管控往往成为管理的难点。第三，涉旅自然灾害风险。我国地理环境复杂，落石、洪水、泥石流等涉旅自然灾害容易导致严重的伤亡事件。第四，旅游饮食卫生风险。当然，不同目的地和景区存在不同的重点风险类型，需要进行针对性的排查和管理。

旅游部门对重点风险隐患要建立长期治理思维，要将治理工作视为日常安全工作，要将治理措施作为系统工程进行全方位建设。旅游重点风险隐患的治理要避免侥幸心态，要杜绝突击式治理、应付式治理等短期行为，要从细处、实处开展工作。要全面加强旅游重点风险隐患所涉及项目的规划设计、审批预控、日常监管和专项整治。具体包括：第一，加强旅游安全规划与设计；第二，加强旅游安全审批与预控；第三，加强重点风险的日常监管；第四，加强重点风险的专项整治。

旅游安全治理是旅游发展中的一项基础工程，安全基础不牢、发展难以看好。旅游重点风险隐患是旅游行政部门和旅游企业单位要着重监管的风险类型，要推进旅游重点风险隐患治理工作的日常化、长效化和系统化，重视日常安全监管机制的建立，强化各层级风险控制机制的有序衔接。

（资料来源：中国旅游报，2015 年 8 月 19 日）

# 第一节　旅游景区设施设备管理的内容

## 一、旅游景区设施管理的意义

旅游景区设施设备管理是指以最佳服务质量和经济效益为最终目标，以最经济的设施设备寿命周期费用和最高设施设备综合效能为直接目标，应用现代科技和管理方法，通过计划、组织、指挥、协调、控制等环节，对设施设备系统进行综合管理的行为。

做好旅游景区设施设备管理工作具有重要意义，主要表现为以下几方面：

（1）有助于提高旅游景区产品质量。旅游景区产品的质量离不开高质量的设施设备。通过对设施设备管理，能够使设施和设备得到合理的配置，并通过及时的更新改造、维修保养，保持设施设备的正常运行，使客人能够在愉快舒适的环境中顺利地游览观光，获得高质量的旅游体验。

（2）有助于降低旅游景区运营成本。在旅游景区成本构成中，设施设备占有较大的比重。加强设施设备管理，根据设施的特点，采用科学的使用方法，制定设施设备的保养计划、维修制度，可以起到减轻设备磨损、促进资产保值、降低成本的作用，对景区获得长期、良好的经济效益具有十分重要的意义。

（3）有助于保证游客安全。在影响旅游景区的安全因素中，设施设备是重要组成部分。设备设施始终处于良好的状态，才能确保客人在旅游景区内生命财产的安全，这对维护旅游景区的信誉、树立良好的企业形象等具有重要意义。

## 二、旅游景区设施的分类

旅游景区的设施是指构成景区固定资产的各种有形物品，其类型多样。根据旅游景区设施的用途，可分为基础设施、服务设施、游乐设施三大类，每个大类还可以划分为不同的亚类，见表 10 - 1。

表 10 - 1　旅游景区设施分类表

| 类别 | 构成 | | |
| --- | --- | --- | --- |
| 基础设施 | 道路交通设施<br>绿化环卫设施 | 电力设施<br>建筑设施 | 给排水设施<br>安全设施 |
| 服务设施 | 接待服务设施：餐饮设施、住宿设施、商业服务设施<br>导游服务设施：各种导引标识、解说设施 | | |
| 游乐设施 | 散布于景区内的游乐设施：索道、过山车、漂流设施等<br>附属于接待设施的游乐设施：健身房、保龄球馆、游泳池等 | | |

### （一）基础设施

旅游景区的基础设施主要由道路交通设施、给排水及排污设施、电力及通信设施、绿化设施等构成。

（1）道路交通设施。道路交通是旅游景区重要的组成部分，它将各具特色的旅游景点连接起来，引导游客游览。安全、快捷的交通工具是游客在旅游景区观光过程中普遍关注的一个问题，包括车行、水运、缆车、索道、乘车、游览列车（单轨列车）等。

（2）给排水及排污设施。在旅游景区内必须有足够的水源或蓄水、提水等工程设施，有完善的供排水干管系统设施。同时，为保证将对环境的影响降至最低，还必须有污水处理设施及污物处理排放的工程设施。

（3）电力、通信设施。在旅游景区内，要有一个安全可靠的供电、输电网络，以及方便、快捷的通信设施，才能保证整个旅游景区正常地为游客提供服务。

（4）绿化设施。旅游景区内绿化设施不仅具有功能效应，还兼有风景效应。这些既可以观赏也可以遮掩有碍景观的建筑，还能够服务于风景区的绿化，如道路两旁的绿化、景区内的草坪、花坛，以及亭、台、楼、棚架上攀延植物等。

（5）建筑设施。建筑设施主要是指旅游景区内一些公用、服务建筑设施，以及观赏建筑设施，如宾馆饭店、游客中心、商业服务中心、公共厕所、停车场、园林建筑、民俗建筑等。

（6）安全防范设施。主要包括闭路监控设备、消防监控设备、消防器材等。

**（二）接待服务设施**

（1）住宿设施，包括各种宾馆饭店、休疗养院、野营地、度假村、民俗等一类设施。

（2）商业服务设施，在一个旅游景区内除分散的一些饮食服务和购买食品及旅游商品的网点外，一般还应有一个商业服务设施较为集中、完善及标准较高的商业服务中心，以满足游客的需要。

（3）娱乐、游憩设施，包括水上娱乐、游憩设施，诸如浴场、游泳池、游船、游艇、垂钓、水上游乐园等设施；陆上娱乐、游憩设施，诸如植物园、博物馆、展览馆、娱乐中心、游览车、高尔夫球场、滑雪场、展望台、索道、儿童乐园等设施。

## 三、旅游景区设施管理的任务

（1）保证所有设备正常运转。设施设备管理的重要内容之一，就是要通过建立科学的管理体系，聘用技术过硬的人才，保证所有设备在营业时间内能正常运转，对出现的故障要及时清除，因为任何的设备故障或运转不正常都会直接引起营业收入的减少和旅游景区形象的损坏。

（2）制订科学的设备保养计划和维修制度。维修和保养关系到设施设备的使用寿命，设施设备管理人员必须了解所有设施设备的性能和使用要求，制订科学的设备使用方法、操作规程、各级保养计划和及时维修制度，尽量延长设施设备的使用寿命，从而降低企业的经营成本，提高经营效益。

（3）对设施设备进行更新改造。为了保证对目标市场的吸引力，旅游景区必须追求设施设备的先进性，因此，应根据市场竞争状况以及自身的情况，对原有设施设备不断进行更新改造，以提高旅游景区的竞争力。

（4）对设施设备进行安全管理，保障游客生命财产安全。良好的设施设备运转情况是游客生命财产安全的重要前提。景区经营者必须高度重视安全生产状况，时刻注意旅游景区设施设备的使用、维修状况，确保旅游景区设备良好的运行条件，保证设施设备运转正常，确保安全生产。

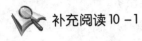 补充阅读10-1

## 荔波美嘉配合小七孔景区观光车"五一"专项检查获成效

在2015年"五一"国际劳动节来临之际，为确保假日期间小七孔景区游客乘车观光的安全，承担小七孔景区内游客交通运送工作的荔波美嘉环球旅游开发有限公司，坚持积极主动配合荔波县有关部门根据国家质检总局《关于加强大型游乐设施及客运索道安全保障工作的通知》精神，对小七孔景区观光车多次开展全面安全大检查工作。

据悉，在荔波县相关部门检查人员几次到达小七孔景区对交通工具进行全面"体检"前，荔波美嘉环球旅游开发有限公司都会提前将用于运送游客的大巴车、中巴车、电瓶车等，能集中待命的就集中，正在运营当中、不能集中待命的，就随时随地接受检查，把所有交通工具尽可能毫无保留地提供给检查组人员，并随叫随到，密切配合检查。对检查中发现的问题和提出的建议，立即进行排查整改，做到该换的换、该补的补，不留死角。

据美嘉公司相关工作人员介绍，县联合检查组在小七孔景区实地抽查了美嘉公司的多辆旅游观光车司机的持证上岗情况、合格标志的张贴情况、安全警示标志设置、车辆照明系统、行车驻车制动系统、倒车镜、设备日常运行维护保养记录等。还检查了美嘉公司的安全自查报告、设备台账、持证作业人员安全管理培训、设备日常维护保养、安全规章及操作规程制度的建立等旅游观光车的安全管理资料。另外，检查组还对旅游景区观光车经营单位——荔波美嘉环球旅游开发有限公司落实安全措施的情况进行了检查，切实保证旅游景区观光车的安全运行。与此同时，荔波美嘉环球旅游开发有限公司还按照县有关部门的联合检查要求，加强做好公司责任区域的安全管理工作，加强设施设备的检查排查，做到防患于未然，从源头上消除安全隐患，为游客观光营造一个安全、放心、可靠、舒适的环境。

在开展上述扎实工作的基础上，2015年"五一"小长假，以

**图10-1　景区观光车**

小七孔为主要景区的荔波县旅游接待工作取得了良好的效果，全县接待游客量达 28.90 万人次，同比增长 36.26%，实现旅游综合收入 2.76 亿元，同比增长 37.50%。

（资料来源：中国经济网，http：//city.ce.cn，2015 年 5 月 6 日）

## 四、旅游景区设施管理的核心内容

### （一）安全管理

设施安全运行是旅游景区设施管理的基本要求，其要点包括：

（1）对各种不同的设施设备制定相应的操作规程，并要求相关操作人员认真学习、熟练操作。

（2）建立旅游景区设施设备的维护、保养、检测制度。制度中包括每天的日常检查内容以及检测参数，还有每月检查和年度检查等内容。有些设备设施的检查，如锅炉、电梯、大型游乐设备等，每年都需要经过专门的技术监督部门检测，得到合格证后方可运行。

（3）设施设备的作业人员需要持证上岗。特种设备如客运索道、大型游乐设施的作业人员，应当按照国家规定，经地级市以上特种设备安全监督管理部门考核合格，取得相应的特种设备作业人员证书后，方可上岗作业或者从事管理工作。

（4）建立健全设备安全管理体系。旅游景区的基础设施和景观设备等都是不直接产生效益的设施设备，而且运行成本大，维护费用高，安全问题很容易被忽视。旅游景区必须设立自上而下的设备安全管理体系，明确分工，责任到人，并直接与员工的绩效考核挂钩，做到"安全无盲区，责任有人担"，确保旅游景区设施设备的安全运行。

### （二）人员管理

（1）人员的角色管理。在基础设施、景观设施、表演设备上的人员设置要求定岗配备，操作人员与维修人员是双重岗位，既是设施设备的操作人员，也是旅游景区的服务人员，必须使其认识到角色定位。

（2）人员的技能培训。针对具体不同的设施设备，需要对操作人员进行技能培训，让操作人员熟悉设备的性能、运行规程和操作规程，确保设施设备的正常运行。

（3）人员的人性化管理。操作人员的日常工作比较枯燥乏味，具有机械重复性，容易滋生厌倦情绪，麻痹大意，成为安全隐患的源头，因此，景区要特别注重培养员工的敬业精神和安全责任意识，充分利用各种激励机制，有针对性地开展人性化管理，激发员工的工作积极性，使之以饱满的精神状态投入工作之中。

### （三）档案管理

旅游景区内的各种设施设备必须进行详尽的档案管理，其要点包括：在设备安装调试正常投入使用后，要建立规范的设备档案；设施设备的各种技术资料，包括设备的说明书、图纸，以及设备维护、检修的周期、内容和要求等都要存档保管，以备日后维修时查阅；对于设备运行中的维护、检修、技改内容等也要详细记录，作为设备管理的基础性技术资料。

**（四）应急管理**

旅游景区设备设施要做好应急管理。任何设施设备都有可能出现故障，危及游客安全。在设施设备运行正常的情况下，一定不要忘记危机会随时出现，应做好事先预防，不要等紧急情况出现后才亡羊补牢。由于旅游景区服务的特殊性，为了不影响正常运营，许多设备要求故障停机时间尽量缩短，这样就需要准备充足的备品备件，以备维修时更换，确保设施设备得到及时、有效的维修。同时，旅游景区要制定完善的应急预案，在突发事件发生时能第一时间启动应急方案，应对突发事件所带来的影响。

# 第二节　旅游景区基础设施设计与管理

旅游景区基础设施主要包括道路交通设施、电力设施、供排水设施、邮政和信息服务设施等。旅游景区基础设施的完备程度、质量高低、运行好坏直接影响到旅游景区产品质量，也是保证旅游景区正常运营的基本保障，必须加强管理。

## 一、旅游景区道路交通设施

道路和交通设施是旅游景区基本的构成要素之一，除了基本的交通功能外，还具有集散和疏导游客、引导游客、划分景观层次等功能。旅游景区道路主要包括车行道、步行道、停车场以及特殊交通设施等。

**（一）车行道**

车行道指供旅游景区内机动车以及非机动车辆行驶的道路，按其等级分为主要车行道和次级车行道。基本要求包括：

（1）主要车行道以车辆行驶为主，并且为车辆的快行道，因此要实现人车分流，以免发生危险。

（2）次级车道由于车辆较少且车速较慢，可以采用人车共用车道的形式进行规划和设计。

（3）车行道要求路面平整、无尘土，符合安全行车要求。

（4）要求配备的设施，主要包括：各旅游景点供游客上下车的站牌、根据道路交通情况设立的交通标识等。

（5）注重环保，旅游景区内要尽可能使用电瓶车、液化汽车等利于环保的交通工具。

**（二）停车场**

停车场一般位于旅游景区出入口的外围。对旅游景区停车场一般有如下要求：

（1）停车场的大小应根据游客日流量、游客到旅游景区所乘坐交通工具的方式、旅游旺季的停车位需求，按照"比平季略高，旺季可调剂"的原则，综合考虑停车场建设。

（2）停车场的建筑须与景区景观相协调。如：人文景区停车场的设施和建筑一般应仿造旅游景区的建筑风格及特点建设，与景区景观融为一体。

（3）停车场需设立停车线、回车线，大型的停车场应进行分区，一般分为大车区和小车区，分别设立出口和入口。

（4）停车场一般应配备汽车维修、清洗保养、消防等设施。

（5）停车场必须有专人管理，指挥车辆出入，保证车辆安全。

（6）地面应平整、坚实，根据旅游景区的具体情况，停车场的地面可分别建设生态化地面、沙砾地面、泥土地面等。

（7）注重环保。国内不少旅游景区建成了生态停车场，生态停车场是指有绿化停车线、绿化停车面、绿化隔离线的停车场。

**（三）步行道**

步行道是供旅游者游览的主要道路，车辆不能进入。步行道按照等级分为主要步行道、次级步行道以及小径等；按照步行道的坡度可以分为水平步行道和阶梯状步行道；按照步行道的地表状态可以分为人工步行道和自然步行道。步行道对游客的体验程度具有重要影响，其设计一般有如下要求：

（1）便于观赏。步行道必须经过主景观的最佳观赏点，把主景观最美的特质展现给游客，在主景观的不同观赏角度和距离，设计不同的观景点，让游客从不同角度重复观赏，强化感受。尽量为环形，尽量不让游客走回头路，始终有新奇感。

（2）形式多样。步行道可以有曲有直、有宽有窄、有平有险。应根据景观的自然特点和地形特点，保持自然风貌，使游人在游览线路上有登山、有越涧、有穿林、有涉水，不断变幻空间，变幻视线，丰富体验。具体线路可有多条，有险、有平、有索道线、有步行线等，以供不同年龄、旅游不同兴趣的游人选择。

（3）就地取材。路面材质根据景区的实际情况，可采用青石板、大理石、石条、青砖、鹅卵石、水泥、木板、竹板等，一般应就地取材，选用生态环保材料。例如，黄龙景区在绝美的钙华景观上，铺设色彩相近、错落有致的木板游道；香格里拉的碧塔海过去曾主要采用弹石马帮道；我国大多数的山岳型景区在山体上开凿石板游道，在小溪上架设石拱桥；而大多数的古城、古村落景区选择青砖游道。

（4）便于休息。根据游览线路的长度和攀登的高度，适时设立休息点，使游客随处可见，灵活行止。休息点要设立观景的亭、台、廊，配备供游客休息的椅子、凳子等设施。

（5）设施齐全。步行游览道要求配备相应的设施：与景观协调的垃圾箱、公厕、指示标牌等，以及距离适宜的饮料、小吃供应点。

（6）便于管理。步行道的管理主要是日常保洁、路面维护、配套设备更新等，其设计应注意管理的便利性。

### （四）特殊交通道

特殊交通道是指旅游景区中特殊交通工具使用的交通道路类型。根据旅游景区不同的地理位置和地形状况，旅游景区内常见的特殊交通工具主要有索道、缆车、踏步电梯、水面交通、空中交通，如水城威尼斯的小船刚朵拉、峨眉山的轿子、玉龙雪山的马帮、杭州雷峰塔的踏步电梯都是富有特色的交通工具，增强了旅游景区的吸引力。

在旅游景区内部交通道路设计时，如果适当配置具有特色的交通工具，则能够增加旅游的趣味性，强化旅游体验。特殊交通道的管理一般涉及环境管理、游客行为管理、设备设施维护、安全保障等多方面。

## 二、旅游景区电力与通信设施

电力设施是旅游景区其他设施的动力源泉和夜间照明的光源，其管理目标是保证旅游景区供电的正常、可靠、安全和经济。

一般而言，旅游景区的电力通常都是由区域发电厂直接输出，或者由国家电网、地方电网接入，然后通过变电站或变电设备向旅游景区内输送。旅游景区电力负荷分为照明和动力两部分，旅游景区相关部门必须根据景区用电负荷需求设计供电能力，维护供电设施，保证旅游景区供电安全、可靠。由于旅游景区是国内外游客游览、参观、娱乐、住宿、会议的重要活动场所，对供电的可靠性有较高要求，要保证供电的持续性，任何时间不能中断。一旦线路发生故障，可立即采取应急措施，保证旅游景区用电安全。此外，为保证旅游景区景观的完整性、美观性，也有利于对线路的保护，旅游景区的供电网线应尽量埋设在地下管道中。

通信设施是旅游景区基础设施的重要组成部分，在信息密集的今天，确保通信便捷是人们的基本要求。为确保游客与外界联系方便快捷，在信息交换方面为游客创造良好条件，同时保证旅游景区内部运行的信息传递，旅游景区必须有必备的通信设施，旅游景区的主要通信设施包括邮政设施和电信设施。

旅游景区的邮政设施要能为游客提供电报、邮寄、包裹、特快专递等服务。等级较高的旅游景区应开放国内报话业务以及国际电报业务，安装载波电话终端和载波电报等设备。如果旅游景区规模较小，则应在可能的情况下设立邮电支局、营业处等。

旅游景区电信设施要能为游客提供国际国内直拨电话服务、移动电话信号覆盖、宽带信息网络服务等。为此，旅游景区内要建设专门的电信线路、光缆光纤，以及移动信号基站，并设立国内国际电话服务点。另外，旅游景区还应该建立包括内部电话交换机、公共广播系统等内部电信管理系统，以方便各部门之间的及时沟通以及向游客传递各种信息。

旅游景区的主要信息服务内容包括外联电信服务、外联邮政服务和内部管理系统。

### 三、旅游景区给排水与绿化环卫设施

旅游景区的给水设施主要有水净化处理设施、上下水管道、提水、蓄水设施。排水设施主要有排水管道、污水处理设施。给排水设施要能满足旅游景区供水和排水的需要。在无法获得自来水的情况下，旅游景区要设立水处理净化站。水净化处理站要尽量靠近用水地，距离太远将降低水压。污水处理站应设置于远离游客集中的地方，并设置500米左右的隔离地带，以防对环境和景观的损害。经污水处理设施处理过的水要能达到国家要求的排放标准。

绿化设施主要就是各种绿化花木，绿化设施具有多种功能，除了观赏外，也可用于旅游景区设计之中，同时还起着平衡生态和改善旅游景区环境质量的作用。绿化工作是旅游景区日常工作的重要组成部分，旅游景区在选择花木绿化时，应以本地树种为主，因为本地树种易存活、成长快，与旅游景区特色相符。在绿化时要考虑季节的变化，合理搭配种植花木，使旅游景区四季有景、四季景异。

旅游景区的环卫设施主要包括厕所、垃圾箱和垃圾处理站等，具有保持旅游景区环境整洁、卫生的作用。旅游景区厕所要建在隐蔽，但易于寻找、方便到达，并适于通风排污的地方，厕所的外观、色彩、造型应与景观的环境相协调。另外可用水冲式厕所或使用免冲洗的生态厕所。旅游景区的垃圾箱（桶）应造型美观，与环境相协调，并随时保洁。垃圾处理设施的日处理垃圾能力应不低于旅游景区垃圾产生量。

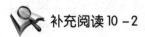 补充阅读 10－2

#### 新疆：老龄旅游设施需要"热"处理

国外发达国家很多景区对老年游客的特殊需求充分体现人性化关怀，主要表现在旅游景区设施设备上，都配套设置了相应的老龄旅游设施。国际上普遍的老龄旅游配套设施，主要有老人专用通道、缓坡扶梯、老人拐杖、代步电梯、靠背座椅、扶手坐便器、区间车上车台阶以及相应的老人娱乐设施等。

在对新疆各景区走访后发现，大多数景区没有针对老年人开发专门的旅游产品，各大景区没有针对老年人开设的配套设施，许多景区的医务室也相当简陋，难以应对老年人突发疑难急症。国家5A级景区天山天池北岸的游客服务中心虽按标准修建、配备了相关设施，但没有准备老年人使用的拐杖、代步车，仅有区间车。乌鲁木齐市红山公园在核心位置的寺庙周围修建了老龄旅游的长条板凳，林间修建了靠背木椅等，部分区域配备了凉亭，但其他的老龄配套设施仍显不足，主要还是缺乏老人专用通道、缓坡扶梯、老人拐杖、代步电梯。阿克苏市将多浪公园与多浪河沿河景观带建成一条开放性的公益性旅游景观带，凉亭、休息点设立较多，但是沿途旅游厕所屈指可数，中部景观带

一处厕所属于蹲式厕所。当地老年人反映，这里上厕所极不方便，平时只能忍一忍回家去上卫生间。

据了解，目前针对老年配套的服务设施，新疆各游园景区景点以考虑正常需求为主，没有具体分老龄人使用或者年轻人使用，采取的是统一的建设标准。正在争创国家5A级景区的世界魔鬼城、喀拉峻草原、巴音布鲁克景区得知，由于没有专门分类老龄旅游配套设施，目前三大景区仍遵守统一的国家5A级景区标准，重点加大游客服务中心、景区标识标符、旅游厕所建设，为残疾人等特殊人群设立了轮椅通道、绿色通道、游客中心及旅游厕所安置婴儿床等。

2015年年初国家旅游局提出的"515"旅游发展战略，进一步强化了人性化关怀理念，针对老龄旅游设施也当"热"处理。

（资料来源：中国旅游报，2015年4月27日）

## 第三节　旅游景区服务设施设计与管理

### 一、旅游景区住宿接待设施

旅游景区住宿服务为旅游者在旅游景区内的旅游活动提供了最基本的条件，使他们的基本需求得到满足和保障，并获得心理上的安全感。设施齐全、高质量或者特色化的旅游景区住宿接待设施同样可以为游客带来美好的体验，延长游客在旅游景区的停留时间，提高游客的满意度和重游率。按照旅游景区住宿接待设施的档次和运作模式，旅游景区住宿接待设施一般分为星级酒店类、自助或小型旅馆类、特色小屋类以及露营式。

#### （一）星级酒店

星级酒店是旅游景区住宿接待系统中档次最高的类型，应按照国家星级酒店标准进行建设和管理。一般而言，只有在规模较大的旅游景区和高级商务度假旅游区，星级酒店才能拥有市场。星级酒店具有较大的体量，并且对周围环境影响较为明显，因此，在旅游景区内设立该类住宿接待设施，应格外注意可能造成的对旅游景区生态环境和视线环境的破坏。

1. 选址要求

一般要满足以下几个条件：

（1）交通。星级酒店要有良好的外部连通性。一般来说，要允许汽车直接开到酒店，旅游者应该能够较为便捷地前往旅游景区中的核心区域。另外，作为旅游者住宿休息的场所，酒店周围要保持相对安静的环境，不宜过于靠近交通要道。

（2）景观。酒店要求有良好的景观环境，特别是位于度假型旅游景区中的酒店，其对景观环境质量的要求就更高。景区中酒店的周边景观环境要与酒店的建筑风格相一致，并为旅游者提供休闲娱乐的场所。另外，酒店的建设也不要影响旅游景区中的景观视线。

（3）能源。酒店接待设施的布局应该考虑到能源供应的问题。由于酒店能耗较大，为了保证旅游者享受到最佳服务，酒店的选址应远离景区的能源消耗高峰区域。

（4）生态。酒店的经营活动通常会产生大量废弃物，所以，酒店型接待设施不应设置于生态环境较为脆弱的地段，应做好废弃物的处理工作。

2. 外观及体量要求

一般要满足以下几个条件：

（1）特色化。特色化是指酒店的外观和体量与本景区以及本地的特色相一致，在建筑形式上通常采用本地特有的建筑样式，可以获得较为理想的效果。

（2）生态化。生态化是指尽可能利用本地材料或本地的建设工艺来建造，做到与周边的生态环境协调。如通过利用当地已有的建筑来充当酒店的载体，以减少旅游景区内建设新建筑而带来的生态冲击。

（3）景观化。酒店型接待设施同样是景区景观中的有机组成部分，因此，在酒店的外观设计上要具有可观赏性，并保证不会对旅游景区景观的和谐性造成破坏。一般而言，目前旅游景区中的酒店日益倾向于中低层，以免过高的建筑破坏景观，通常认为旅游景区中的酒店不应高于10层。

3. 内部设施

酒店型景区接待设施在内部设施的安排上应从数量规模、质量等级两个方面考虑。

（1）数量规模。酒店规模设计应在市场预测的基础上，综合考虑各种因素，控制好数量规模。

（2）质量等级。质量等级应满足目标市场游客需求特点。

**（二）自助或小型旅馆**

自助或小型旅馆是指旅游景区在设施和环境上较星级酒店要求低的住宿和餐饮设施，其基本要求涉及以下几方面：

1. 区位及选址

（1）交通。自助型旅馆同其他接待设施一样，需要有良好的内外连通能力，便于旅游者进入。这里的连通能力一方面是指与旅游景区之间要具有交通通道，另一方面则是指与旅游景区依托的城市交通枢纽站之间应具有较为畅通的连通。由于该类旅馆接待的大多是散客，不可能如团队一样有专门的通勤车辆送达酒店，因此，交通便捷性对于这类旅游接待设施而言更为重要。从实际情况来看，该类旅游接待设施一般不会被设置于旅游景区内部，而通常位于旅游景区周边地区的主要交通干道沿线。

（2）成本。自助或小型旅馆的特点之一就是价格便宜，主要为旅游者提供住宿服务，因此，对于接待设施的档次和住宿的环境要求不高，干净、卫生、整洁即可。所以，该类旅游接待设施在选址时往往会趋向于地租价格相对较低的地段。

### 2. 外观及体量

对于该类旅游接待设施而言，外观和体量相对来说不太重要。如果其位于旅游景区内，则在建筑形式上与景区风格一致即可。特别对于家庭旅馆型接待设施而言，其依托的空间是当地居民的住宅，因此，在外观和体量上不能破坏旅游景区景观，并且要与周边居民建筑融合。

### 3. 内部设施

对于青年旅馆和家庭旅馆之类的小型自助式旅游景区接待设施而言，由于其提供的服务较为单一，因此，旅游者在服务设施上的要求也较为简单。

（1）基本要求：至少有 2 个以上房间，4 个以上提供客人住宿的床位，人均居住面积不小于 4 平方米；根据当地气候，有采暖、降温设备，通风良好；客房要经过一定的装修；供旅客住宿的房间配有床、桌、椅等配套设施，有必要的电源插座，照明充足；必须能够供应饮用水；有供旅客用餐的餐位，可以根据需要，提供餐饮服务；有卫生间，并配有较为齐全的卫生设施，必要时有热水供应；应有 24 小时能够提供服务的人员，旅客所在房间能提供单独的钥匙；能用普通话作为服务语言。

（2）安全性要求：能够保障旅游者生命、健康及财产安全的要求，这就要求房屋建筑安全、牢固，底层、临街靠巷房屋和容易攀爬的阳台及窗要有防护栏；厨房中应有消毒设施；有防蟑螂、老鼠、蚊子、苍蝇的措施；客房和卫生间每日全面清理一次，保持清洁、整齐；床单、枕套、被套等卧具应一客一换；供旅客使用的餐具、茶具、公共用具必须清洗消毒；空气质量、湿度、噪声、水质必须符合国家卫生标准；对旅客的财产有妥善保管办法；有应急照明灯或应急照明电筒；有灭火器等必要的消防设备及防火措施。

### （三）特色小屋

特色小屋是根据旅游景区自然和人文环境设计出的具有当地特色的住宿设施。在为旅游者提供住宿服务的同时，让旅游者感受旅游景区内特有的自然和文化氛围，为旅游者提供具有乡土气息或与大自然十分接近的静谧生活体验。与其他类型的住宿设施相比，特色小屋更加注重旅游者的私密性，但设施往往较为简陋，服务内容也较为有限。如利用我国民族特色设计的吊脚楼、小竹屋、小木屋甚至小石屋、小陶屋等都是该类接待设施的代表。

### 1. 分类

按照配置情况和目标市场群体，可以分为家庭型小屋和蜜月型小屋。蜜月型小屋是指在一个单层的小屋内只提供一个住宿单位，因此具有高度的私密性和住宿空间的完整性，不会受到外来人员的干扰。家庭型的小屋则在一个单层或双层的小屋内，提供 2 ~ 3

间卧室，1个起居室、1个厨房以及1~2个卫生间，供2~6个人住宿。

2. 区位及选址

（1）周边环境要求。景色优美，具有视野良好的观景点；地质稳定、坚固，避免在有断层或土质疏松容易塌陷的地区建小屋；充足的采光、良好的通风和排水；气候温和，白天温差大、过热、过冷或者常有大风、暴雨的地区不适宜作为建设选址；必须有较为广阔的腹地，以便为日后的扩充发展提供潜力空间；具有良好的可进入性，交通方便；环境的自然性强，受人为破坏少；具有充足的水源供应；在中近程距离内，为旅游者提供休闲活动。

（2）细部环境要求。小屋建设处地形要平坦，坡度最好不大于30%；小屋的朝向以南向朝阳的坡地为佳；以逆向坡的地质为最佳，可以避免施工时土石松塌滑落；位于景观线上，四周可以眺望优美的景观；具有大型乔木遮阴、避风，以及需要灌木丛隔绝噪声并建立私密性。

3. 外观及体量

（1）外观设计。外观设计主要考虑建筑材料、外观样式、外部颜色。应根据旅游景区的自然环境选择适宜的建筑材料，如在山林地区，应以木头、石片、石块、竹子、茅草等材料与环境配合，在滨海区域则可以选用石灰岩等各种自然石材或石块、石片、人工石材、火头砖、红砖、木材、白水泥粉刷、白灰粉刷等，切忌使用玻璃幕墙、马赛克贴面、卷帘门窗以及简易铁皮棚屋。可以根据景区所在地区民族特色选择小屋的建筑样式。颜色设计同样应与旅游景区的环境相协调，如在山林地区最好不要选择绿色，因为人工合成的绿色漆较自然界的绿色鲜艳，无法与自然的绿色相搭配。

（2）体量设计。小屋的体量设计以不影响观景点观赏景区景观为基本原则。通常情况下，在小屋占地面积上，蜜月型的独栋式小屋不得小于50平方米，家庭型的独栋式小屋则不得小于80平方米。

4. 主要设施

特色小屋由于强调旅游者的个人空间，小屋之间间隔较大，分布较为分散，因此，在特色小屋居住区通常要设立一个服务中心，统筹管理小屋居住区内的公共事务。

（1）外部设施。包括：服务管理中心、停车场、车道或步行道、照明设施、休憩设施、标志牌。

（2）内部设施。包括：简便的家具、卫生设施、基本寝具、水电系统、照明设施、其他电气设备。

**（四）露营地**

1. 露营地的分类

（1）临时营地：通常需要较少的设施，旅游者停留时间一般不超过48个小时。

（2）日间营地：在某些游憩型旅游景区设立，仅限于旅游者白天使用或特殊情况下可以滞留一夜的露营地。

（3）周末营地：一般分布于城市周边地区的旅游景区内，允许旅游者进行户外活动，提供运动设施。通常还为儿童提供游戏场地以及其他一些设施和环境。

（4）居住营地：是一种比周末营地更为长久的营地类型，主要为旅游活动房、可移动车房或临时平房建筑所用。露营点（平房点最小面积 200 平方米）以年度作为租赁的基本时间单位，或者以完全产权销售或产权租赁的方式转让使用权。

（5）假日营地：一般位于靠近质量较高旅游资源（海滨、湖滨、森林）以及交通便利的地区。在滑雪旅游度假区也可以开发拖车营地（居住时间为整个冬季）。该类露营地的选址应考虑有便于除雪的停车场，配有烘干房、儿童游戏房以及其他室内服务设施。

（6）森林营地：该类营地是美国家庭度假的典型代表，通常配合森林游憩同步开发。该类露营地属于中低密度的开发类型，每个营地最多 25 个单元，两个单元之间最少留有 35 米的间隔，并配有全套的服务设施。

（7）旅游营地：是指按照较高标准建设的假日营地，通常位于旅游度假区内部。

2. 区位及选址

（1）区位条件。在选址方面主要考虑可进入性和水电供给状况。一般而言，不同的露营类型对于可进入性的要求各异。如团体型露营和家庭式露营对于可进入性的要求更多，因为他们的主要目的是要放松身心，享受野外生活的乐趣。而相比之下原野式露营对于可进入性的要求没有那么高，通常要经过步行到达露营地。水电条件是影响露营地开发规划的主要因素之一。露营作为人们追求野外生活乐趣的方式，如果缺少了充足的水源和电力供应，人们的生存就会受到威胁。因此，一般来说，露营地都要靠近水源供应地，以供野营中饮用和沐浴。

（2）环境条件。环境条件主要包括地表坡度、日照时间、植被状况、地面土壤以及危险物等。露营地最好位于缓坡地上，坡度以 5°~10°最为适宜，最陡处不能超过 15°，同时还要考虑该地块的排水能力；日照时间对于露营者来说是较为重要的环境指标之一，日照时间长则能使营地比较温暖、干燥、清洁，便于露营者晾晒衣物、物品和装备；对于植被的要求主要是需要一定面积的绿荫和草坪。一般要求露营区域有 40%~60%的乔木树荫，其下有 20%~40%的植物覆盖率；选择露营场所时应尽量避免潮湿的沼泽地以及排水性恶劣的腐殖土层、黏土层、洪水平原、地下水位太高之处或经常有水位高涨、易淹没之处；露营中的危险物是指那些对露营者会造成直接或间接危害的要素，对于这类环境要素一定要远离并设法阻隔于露营区域之外。除了上述各项环境要素之外，还应从雨季长短、风向、风速、气温、温差、湿度等方面来综合考虑选址。

（3）内部设施。一般来说，露营地应该配备如下设施：卫浴设施、供水设施、污物处理设施、电力设施、交通设施、保全设施、营火场和停车场。如果为大型露营场所或露营者以移动房车为主要工具，还需要在营区内设立营火场和停车场。

## 二、旅游景区商品购物设施

### （一）布局和选址

旅游购物设施的布局和选址主要应考虑旅游者在旅游景区内活动的生理和心理习惯。通常来说，旅游购物网点的空间布局和选址有两种模式：一是设置于旅游过程的结束阶段，如旅游景区出入口处；二是分散设置于旅游过程当中，如各分区的接待服务处。从旅游者的行为方式来看，其购物的行为并非只发生于旅游过程的最后阶段，在旅游过程当中，如果有具有吸引力的旅游商品，旅游者同样会乐于选购。将旅游购物网点设置于旅游过程当中就必须将购物网点和旅游景区中的游憩、休闲设施紧密结合，即把握旅游者在旅途过程中适当休闲、游憩的需求，让其在游憩过程中参与旅游商品的选购。例如桂林阳朔游览过程中的购物街，将休闲娱乐与购物有机地结合在一起，令旅游者流连忘返。

### （二）购物环境设计

（1）外部环境。不能破坏旅游景区内主要景观；不能阻碍旅游者的游览；不能与旅游者抢占道路和观景空间；购物场所的建筑造型、色彩、材质等与景观环境相协调；最好不要设置外来的广告标志，以免影响旅游景区的景观。

（2）内部环境。购物场所应有集中的管理，环境整洁、秩序良好；无围追兜售、强买强卖现象；陈列方式合理；购物商店装饰色调适宜；室内照明均匀、光线柔和、亮度适宜；室内空气新鲜、流动充分，温度和湿度宜人；有供旅游者休息游憩的场所。

## 三、旅游景区解说与导引设施

### （一）多媒体解说设施

#### 1. 多媒体解说设施分类

多媒体解说系统是依托现代信息和多媒体技术构造的旅游景区解说导游系统。按照多媒体解说系统的设备可以将其分为：语音解说、触摸屏互动式解说以及影视动画解说等。

（1）语音解说。是将旅游景点的解说预先录制好，存储在语音解说设备中，定期或按照旅游者要求为其提供讲解的设备。按照语音解说设备的使用方式可分为便携式和定点式。便携式语音解说设备又被称为电子导游机 E - tour guide，按照其播放的方式可分为循环播放式和选择播放式。

（2）触摸屏互动式解说。是以电脑及其外设作为平台开发的旅游者自助查询导游系统。通常是为旅游景区开发一个外观优美、界面友好的人机交互软件平台，利用 GIS、多媒体、网络传输等技术，为旅游者提供景点介绍、景区或区域线路查询并打印、收发电子信件甚至制作个性电子贺卡等功能。如上海的众多旅游景点以及大型商厦都设立了这种多媒体触摸屏的互动讲解系统，为旅游者带来了诸多的便利。

（3）影视动画解说。是一种更为生动的讲解表现手法，是在旅游者密集或休息的场所，通过专门录制的有关旅游景区过去历史、当代景观等视频向旅游者展示旅游景区的主要景点及其特色的方式。

2. 旅游景区对多媒体讲解系统的要求

多媒体技术目前已经较为成熟，构建成本也逐渐降低，旅游景区普及多媒体讲解系统成为可能。但是就单个旅游景区而言，多媒体讲解系统是否配置以及如何配置需要与其经营管理的定位结合起来。一般来说，为了获得较为理想的导游讲解效果，旅游景区应配置多媒体讲解系统。同时该讲解系统在高等级旅游景区评定中也占有一定的分值，对于旅游景区的发展有重要意义。

（二）图文解说设施

1. 图文解说设施的类型

图文解说系统是较为传统的旅游景区解说系统，是通过文字或图片来向旅游者传达有关景区景点的信息。按照其表现形式可以分为文字型解说系统和图片型解说系统。此外，还可以按照解说的对象不同来对图文解说系统进行分类。

图文解说牌造价便宜、位置固定、易于维护和管理；不足之处是它属于单向传播，由于无声而缺乏生动性，属于被动服务设施，容易受到环境的侵害，设置不当会破坏景观的完整性。

2. 图文解说设施的设置要求

（1）设置地点选择。第一，不破坏原有的整体景观。图文解说牌一方面要使旅游者容易看到，另一方面应与周边环境相协调。解释性较强的解说牌应设置于景观焦点的辅助部位，否则会喧宾夺主。第二，易于吸引旅游者注意。虽然图文解说系统不宜喧宾夺主，但是仍然要吸引旅游者的注意，否则其存在就没有意义。因此，这里应综合权衡图文解说系统的位置。如在不阻碍旅游者景观视线的前提下，将图文解说系统设置于步行道一侧，可以便于旅游者使用。第三，不能破坏自然资源。解说牌最好不要钉在树木上，而是应将解说牌依附于其他人造设施上，或设置于景观附近。

（2）内容信息表达。图文讲解系统的信息表达十分关键，是与旅游者沟通的核心。从信息表达方式上看，可以为图片式、文字式以及图文并用式。通常来说，旅游景区中采用文字作为讲解表达方式的情形较为多见，有时也辅以一定的图片，但是纯粹图片形式的讲解系统较为少见，因为它往往无法表达较为复杂的意思。

①在文字内容的表达上：整体内容力求简洁、易读，最好使用日常生活用语；在语句的长度上，最好是用 10 ~ 15 个字的短句，全文阅读不宜超过 1 分钟；一般需要有中英文对照；可以使用耳熟能详的诗句或故事帮助说明，以增加趣味性。

②在字体的选择上：避免使用较为复杂的字体，一般字体不要超过两种；内容文字一

般为1.3厘米见方；标题字号应该大于内容文字；横写时一律按照从左往右的顺序；不要使用不规范的简化字和繁体字。此外，还应注意不能出现错别字以及外语注释必须与中文相符。

③色彩色调选择。色彩色调的选择比较复杂，一方面要考虑与周边环境的协调，另一方面还应考虑色彩对旅游者的影响。一般而言，色彩对于人的情绪有一定影响，就单独颜色而言，最容易刺激人的视觉的颜色为红色或者橘红色，其次为黄、绿，以蓝色为最弱。在旅游景区的图文讲解系统中单色使用较少，在不同色彩配合使用时，字色与底色之间应考虑明亮程度和对比关系，避免使用超过3种颜色的混合。

④外观材质设计。讲解牌的适宜度与其高度、视距以及字体的大小有关系，过高或过低的时候，讲解牌应有一定的俯仰角。通常，讲解牌的高度应与旅游者的平均视高相等。就我国而言，18岁以上平均视高约为160厘米。讲解牌的横幅大小同样也要根据视距、高度和字体大小而定，总体原则是让旅游者阅读起来舒适。在材质的选择上可以考虑选用当地较为特色的材质，以强化区域特色。对于暂时性的讲解牌可以采用轻巧的材料，固定的讲解牌则采取牢固可靠的材料。环境较为恶劣的地区，讲解牌的质量应坚固，应选用较为粗重的木料。同一讲解牌上所用材质种类不宜过多。此外，所选材质应便于更换或易于维护。

# 第四节　旅游景区安全管理

所谓旅游景区安全管理，就是对旅游景区内存在的各种不安全因素进行有效的管理，以降低旅游景区安全事故的发生，为游客提供一个安全的旅游景区环境。

安全管理是旅游景区管理的重要组成。从旅游景区运行的流程和旅游活动特点看，安全管理贯穿于旅游活动的各个环节，而随着旅游市场的发展，许多旅游景区出现了一系列安全事故，不仅给旅游者带来伤害，还给旅游地、旅游企业带来损失，严重影响旅游景区的形象。因此，加强安全管理，减少各种事故的发生，在旅游景区管理中占有重要的地位，不容忽视。

## 一、旅游景区安全问题的成因与对策

### （一）旅游景区安全事故发生的原因

（1）旅游者方面的原因。旅游者对安全缺乏足够的认识。旅游本质决定了旅游者要追求精神愉悦与放松，甚至冒险，因此，旅游者流连于山水之间时往往放松了安全防范，导致安全问题发生。一些旅游者不顾自身条件，去参加对安全需求较高的参与型、探险型特殊旅游项目，如探险、漂流、空中滑翔、热气球观光等，很容易导致安全问题的发生。

（2）旅游景区方面的原因。一是旅游景区设施。为满足游客需求，旅游景区修建了大量的游乐设施，而由于这些设施本身的原因，如施工不当、使用不当、缺乏维修、超载运行等，容易导致安全事故的发生。二是旅游景区管理不力。许多旅游景区对安全管理不够重视，疏于安全管理，会导致各种安全事故，如犯罪、火灾、食物中毒等。

（3）第三方原因。由于旅游活动的特点，给犯罪分子带来可乘之机，造成游客财产与人身安全损失，这种犯罪具有一定的规律。性犯罪、赌博等也是旅游过程中常见的犯罪类型。此外，其他意外安全事故，如泥石流、台风等各种自然灾害，也会给旅游景区带来安全方面的问题。

**（二）旅游景区安全管理的主要对策**

（1）建立社会联动系统。安全涉及旅游景区各部门和社会各环节，需要联合整个社会力量，协作努力，保障游客的安全。因此，建立由旅游行政管理部门牵头，由旅游地居民、旅游从业人员、旅游管理、治安管理、社区医院、消防、保险、交通等多部门、多人员参与的社会联动系统，形成共享资源、社会关注旅游安全的局面。只有这样，才能够有效地抑制旅游安全问题的发生，另一方面又能够动员全社会力量共同解决安全问题，把安全问题造成的破坏和损失降低到最低程度。

（2）加强旅游景区旅游安全统计并及时通报。旅游景区应做好旅游安全统计，一方面可建立专门的旅游安全统计资料库；另一方面可以与公安部门、交通部门、医院、保险部门联合，建立安全信息网络。统计资料既是作进一步研究的基础性资料，又是寻找症结、解决问题从而加强安全管理的先导。同时，旅游安全统计还应向社会公开，以有利于引起旅游者注意、提高旅游者安全意识、防患于未然；引起管理部门的重视以加强安全管理．尽可能控制安全问题的发生；教育和督促发生安全问题的部门（企业），避免类似问题的再次发生。

（3）加强旅游安全宣传与教育。确保旅游景区安全的最有效途径之一是公众教育与宣传，提高安全意识。许多旅游安全问题很大程度是由旅游者、旅游从业人员的疏忽而引发的，因此，旅游安全宣传和教育显得尤为必要。宣传教育既要面向旅游者又要面向旅游地社区和旅游从业人员。对前者可通过旅途中的各种告示和旅游从业人员的安全建议等进行宣传；旅游从业人员安全宣传和教育包括两部分，一为旅游安全问题的危害性及其与旅游业的关系，二为旅游安全事故的处理；社区宣传与教育则可通过各种招贴告示、新闻媒体乃至学校等渠道进行。

（4）旅游景区要设立专门的旅游安全管理部门。旅游景区应设立专门的旅游安全管理机构，由专人负责，才能保证各项安全管理工作的贯彻实施，有效控制安全问题。同时，提高安全保卫人员的素质和技能，与公安联防部门之间密切协作，保证游客的安全。

（5）完善旅游保险制度。完善的旅游保险制度是顺应旅游发展需要、做好安全事故善后工作、保障旅游者合法权益的基本保证。目前我国旅游保险尚不甚完善，仍存在诸多问题。因此，改革旅游保险制度、制定便于各种旅游者投保的险种是旅游保险的发展方向之一。

（6）完善安全管理的制度和法规建设。国家有关部门要建立完善的旅游景区安全管理法规，对新型的旅游活动项目制定安全的技术标准。旅游景区要加强景区内部管理体制建设。旅游景区内的规划建设要符合安全技术标准，配备必要的安全设施，设立醒目的安全警示标志，有效减少各种安全事故。

（7）提高旅游景区安全监测的技术水平。建立旅游景区安全监测网络，提高旅游景区安全监测的技术含量，例如在森林旅游景区和山岳景区运用全球定位技术进行安全监测等。

## 二、旅游景区安全事故与应急管理

### （一）旅游景区安全事故表现形态

（1）犯罪。犯罪是旅游景区中最常见的安全事件之一。各种形式的犯罪会给旅游景区带来严重的伤害，并且会造成很坏的社会影响。从犯罪形式上看，主要有偷盗、抢劫、嫖娼、卖淫、赌博等。这些犯罪可分为侵犯公私财产类犯罪，危害人身安全犯罪，性犯罪及与毒品、赌博、淫秽有关的犯罪3大类。由于游客对旅游景区不熟悉，在游览过程中又往往缺乏防备心理，所以很容易成为被伤害对象，旅游景区中存在的犯罪行为，也一般具有特定的规律和特点。

（2）火灾与爆炸。旅游景区一般是人群密集地区，尤其在旅游旺季，一旦发生火灾或爆炸，往往会造成严重的后果，如人员伤亡、基础设施遭到破坏、财产遭受损失等，甚至造成整个旅游景区设施系统的紊乱，影响旅游景区的正常秩序。

（3）游乐设施安全。旅游景区一般都建有大量的游乐设施，其中有一些设施容易发生事故，如机械游乐设施安全事故、航空热气球事故、水难事故、景区交通事故（缆车等）。

（4）旅游活动安全。旅游景区中的一些活动项目，如攀岩、漂流、探险等，既深受游客欢迎，又带有一定的风险性，容易发生事故。此外，游客走散走失也经常发生。

（5）疾病（或中毒）。由于游客对旅游景区的气候、饮食等不熟悉，加上旅途劳累，很容易诱发各种疾病，如因水土不服和食品卫生等问题而诱发的各种疾病是比较常见的。

（6）其他意外安全事故。游览过程中也可能发生一些很难预料到的安全事故，如地震、海啸、泥石流等。

### （二）旅游景区常见安全事故的处理

（1）重大盗窃事故处理。旅游景区安保人员应查明事故发生的经过，设置现场警戒区，对失窃现场的作案痕迹要妥善保护好。向警方报案，说明事故发生的时间、地点及经过等，提供作案者、受害者的详细特征及信息。将游客转移到安全的地点，稳定游客的情绪，稳定旅游景区正常的游览秩序和接待秩序。后续根据受害人的反映及要求，作出一定的补偿措施。

（2）人身安全事故处理。因抢劫、绑架、凶杀等暴力造成人身伤害的案件发生后，旅游景区人员应急速赶到现场，一是组织人员对伤员进行抢救护理；二是应立即抓捕尚未逃走的犯罪嫌疑人，同时警惕带有凶器或爆炸物品的嫌疑人拒捕；三是保护现场，注意收集整理遗留物和可疑物品，保管好受伤害者的财物；四是组织力量协助警方破案。

（3）火灾爆炸事故处理。此类事故主要采取4个处理步骤：第一是组织灭火，迅速查明起火的准确部位及原因，采取有效的灭火措施。同时报告当地公安消防部门，拉响警铃，报警中心要指示总机播放录音，告知火势情况，稳定游客情绪，指挥游客撤离现场。第二是保护事故现场，在火灾或爆炸扑火过程中或火源全部灭火之后，未经公安部门允许不能擅自清理事故现场。第三是调查火灾原因，采用调查访问、现场勘查和技术鉴定等方法核实原因。第四是善后措施，对事故人员伤亡、财产损失进行统计，安抚受害游客及家属并作出相应的补偿措施。严肃处理有关责任人，追究其法律责任，对广大员工进行防火安全再教育。

（4）食物中毒事故处理。赶赴现场，核实确认事件，上报当地卫生医疗与防疫部门，协同医疗单位组织开展紧急抢救工作，把严重的中毒者送往附近医院进行救治。收集物证，查明毒源，收集与食物中毒有关的食物、餐具等，并由卫生防疫部门化验取证，同时做好消毒、扑杀等工作。待事故原因查明后，要追究饮食经营单位的责任并责令停业整改，经卫生防疫部门验收合格后才能恢复经营。安抚中毒游客，采取相应的补偿措施。

## 三、旅游景区设施设备的安全管理

旅游景区设施管理按照时间序列可以分为前期管理、服务期管理和更新改造3个阶段。

### （一）前期管理

旅游景区设施的前期管理包括调查研究、项目规划、购买与安装和调试3个环节。做好设施的前期管理工作可为今后设施、设备的运行、维护、维修、更新等管理工作奠定良好的基础。

（1）调查研究。旅游景区设施的类型、设置的地点及其规模大小等都应先进行调查研究，再根据旅游景区的性质、类型和基本特色提出所需设施。调查研究的主要内容包括：现有水、电供应能力，通信设施现状；道路交通状况，是否有路通往各景点；林木花卉绿化的需求；现有的接待服务设施。娱乐设施是否能满足游客需求；设施安装建设的环境条件；设施建设和制造方面的技术水平、规格和技术性能、生产厂家及信誉情况，建设价格、安装费、经营成本、折旧费等。在调查的基础上，应进行游客需求预测，通过游人抵达数、游人停留时间、人均消费开支状况等的预测来确定各种设施的数量、档次和建设规模等。规模预测在旅游景区的设施规划中是一个极为关键的工作，如果规划期游人量估计失误或误差太大，则关于用水、用电、接待、商业服务设施等建设规划将变得没有意义，总体布局也将失去依据。

（2）项目规划。根据调查结果和实际需要，提出所需投资的旅游景区设施，可根据环境容量和游客规模来确定：蓄水、提水设施的规模，供排水管道的走向，以及污水、污物处理工程设施规模；旅游景区各种电压等级的输电线路的走向；对内、对外通信设施及通信线路架设方式与走向；绿化的重点地段及树种花卉的选择；旅游景区游览道路以及交通设施的选择；旅游服务设施的规模与分布；娱乐、游憩设施的规模与分布。制定可行性报告，呈报和审批设施投资项目的，最后做出投资决策。

（3）选购、安装调试。购置设施设备要考虑适用性、经济性、可靠性、安全性、环保性、特色性等要素。旅游景区设施设备的施工与安装的质量保证是影响设施今后服务效果的一个重要环节，所以必须由旅游景区派工程技术人员监理完成。

**（二）服务期管理**

从启用开始，设施也就投入了服务期。服务期的设施管理工作主要是维护和保养。设施服务期如果管理不善，不但会给旅游景区带来经济上的损失，而且还会严重影响景区的声誉。

1. 管理要求

（1）合理安排设施的负荷率。各种设施的性能、使用范围和生产能力等都有一定的技术规定。使用设施设备时，应严格按各种设施的技术性能和负荷限度来安排运营，超负荷运转不但会损坏设施，而且还会留下安全隐患。要杜绝设施超负荷运转，许多安全事故的发生都与设施超负荷工作有关。

（2）配备专职的操作和管理人员。设施设备操作和管理人员的技术水平和操作熟练程度、敬业精神决定着他们能否正确地使用设施设备。应根据设施设备的重要性、技术要求和复杂程度，选择和配备专职的操作和管理人员。应对操作者进行技术培训，必须持证上岗，做到"三好"（用好、管好、保养好）、"四会"（会使用、会保养、会检查、会排除故障）。

（3）建立健全使用、维护、保养的规章制度。各种设施的使用、维护、保养的规章制度是指导设施使用人员操作、维护、保养和检修设备的技术规范，必须建立起来。要认真贯彻执行设施使用责任制和单位核算制，这对于促进操作人员严格遵守操作规程、爱护设施设备、经济合理地使用设施设备有着重要的作用。

（4）创造良好的设施工作环境。良好的工作条件是保证设施设备正常运转、延长设施设备使用寿命、保证安全服务的前提，不同的设施设备要求有不同的工作条件，主要的要求有：保持设施设备工作环境的整洁和正常的生产秩序，安装必要的防护、保安、防潮、防腐、保暖、降温等装置。

（5）维护设施的完好。旅游景区的设施管理应注意设施的保护和利用，可通过完好率和利用率两个指标来考核评价。

2. 管理内容

（1）日常维护保养。日常维护保养是保证设施设备正常运转，延长设施设备使用寿命的有效手段。旅游景区的各种设施性能、结构和使用方法不同，日常维护保养也不完全一样，一般有清洁、润滑、防腐、防虫、浇水、施肥、修剪整形等。旅游景区设施保养通常分为日常维护保养、一级保养、二级保养。日常维护是维护工作的基础，具有经常化、制度化的特点。日常维护保养包括班前、班后和运行中维护保养，其主要内容包括：搞好清洁卫生；定期给设备加油；紧固松动的螺丝和零部件；检查设备是否有漏油、漏气、漏电等情况；检查设施是否有虫害、腐蚀等现象。一级保养是使设备达到整齐、清洁、润滑和安全的要求，减少设备的磨损，消除设备的隐患，排除小故障，使设备处于正常状态，其内容主要包括：对一些零件、部件进行拆卸、清洗；除去设备表面的油污；检查、调整润滑油路，保持畅通不漏。二级保养是为延长设施的使用年限，使设施达到完好标准，保持设备的完好率，其内容主要包括：根据设备使用情况进行部分或全部解体检查或清洁；检修设备的各个部件和线路；修复和更换损坏部件。

（2）点检。点检是一种先进的设施设备维护管理方法，是对影响设备正常运行的一些关键部分进行经常性检查和重点控制的方法。设备点检分为日常点检、定期点检和专项点检3种。日常点检：每日通过当班的员工对设备运行中的关键部位的声音、振动、温度、油压等进行检查，并将检查结果记录在点检卡中。定期点检：按一定的时间间隔，用专用检测仪表工具对设备的性能状况进行检查。专项点检：有针对性地对设备特定项目的检测，使用专用仪器工具，对设备进行检查。

（3）修理。修理是对于那些造成设备无法正常工作的损坏进行的修复。修理不同于维护保养，其主要任务是修复和更换已磨损的零部件，使设备恢复功能。设施修理可按各自适用的维修方式进行分类，编制不同的维修计划。旅游景区设施的类型不同，维修方式也有差异，按维修内容和工作量大小可分为：大修、中修、小修、项修（项目修理）、计划外修理。按照维修确定的标准和性质不同，分为定期维修、状态监测维修、更换维修和事后维修。定期维修是一种以时间周期为基础的预防性维修方式。定期维修一般适用于与季节性相关的设施设备，如滑冰、滑雪设施及一些水上娱乐设施。状态监测维修是一种以设备技术状况监测和诊断信息为基础的预防性维修方式。这一方式的特点是及时掌握时机、使维修工作安排在故障可能发生又未发生的时期。这种方式适用于利用率高的一些设施的重要设备。如空调、电视、缆车、电梯、水上电动游船等。更换维修是在掌握了设备故障发生周期的条件下，用具有同种功能的部件更换下旧部件，进行检查维修，这种维修方式的特点是现场操作时间短，能避免部件在运行时发生故障，适用于电气设备等。事后维修也称为故障维修，是设施出现故障后的非计划性维修，事后维修可以同更换维修结合起来，事后维修比较适用于简单低值和利用率低的设备的维修。

旅游景区应根据自身的特点，正确制定设施设备维修策略。具体可以选择的策略是：采用维护保养——检查监测——日常小修、项修——技术改造的设施管理技术路径。对于一些小设备可放弃项修和改修。设施设备的大修项目可通过专业维修公司或设备厂家来承担。同时，旅游景区要培养全能维修队伍，提高设施设备管理和维修的效率与质量。从发展角度看，状态监测维修是设备维修的发展方向。从旅游景区的特点来看，根据季节规律，特别是旺季来临前安排定期维修。

### （三）更新改造

旅游景区设施更新是指用经济效果好、技术先进、可靠的新设备替换原来经济效果差和技术落后的老设备。旅游景区设施的改造是指通过采用先进的技术对现有落后的设施设备进行技术改造，使其提高节能效果，改善安全和环保特性。

（1）更新改造分类。根据设施更新改造项目的规模大小，可分为全面改造和更新、系统更新改造、单机改造和更新等。全面更新改造一般是在基本保留原有的项目基础上，对一些已陈旧或已不能满足需要的主要大型设备进行改造或更新。系统更新改造是针对某一设施内具有特定功能的配套系统设备性能下降、效率低或者能耗高、环保特性差等具体问题所采取的改造和更新。单机设备改造和更新是对设施内某一单机设备所采取的技术措施。

（2）设施更新决策。有时，旅游由于景区设施在服务期出现磨损，使得使用成本逐渐增加，服务效果日益降低，或者由于出现了性能更先进完善、外形更美观的设施设备，旅游景区出自对更高的经济目标和服务效果的追求，可能会在旧设施设备还能使用的情况下考虑购进新一代的设施设备。有时，在考虑购进新一代设施设备时，要考虑是购买原值高，但使用和维修等成本费用低的新设施设备，还是既购进新设施设备又保留旧设施设备，或者是其他方案。类似的更新方案往往需要进行设备更新决策。设施设备，特别是大型设施设备的更新，往往需要投入大量的资金，属于旅游景区的重大决策，甚至是战略性的决策，一般要进行全面的决策分析，综合考虑设施设备可利用现状、市场潜力、竞争对手状况、投入回收的各种方案比较等。

（3）更新改造应注意的问题。制定旅游景区设施更新规划时，应有计划、有重点、有步骤地进行；注意把设施更新和设施现代化改装结合起来；做好更新过程中旧设施设备的利用工作，对替换下来的旧设施设备，尽量采取改装使用、降级使用、有偿转让或拆卸、利用主要零部件等方法，以充分发挥老旧设施设备的剩余潜力；要根据设施的使用频率及磨损程度、维修保养状况、设计标准的高低等因素合理确定景区设施的使用期限；在进行设施设备更新方案的比较时应注意：原设施设备的价值必须按现值来计算，不能以当初的原值计算。

总之，在进行设施技术改造和更新时，要突出重点，把有限的人力、财力和物力优先用于关键设施和重点项目，少花钱多办事。要注意计划性和资金的投入产出等技术、经济分析。旅游景区要根据发展目标，制定 3~5 年的设备添置和技术改造、更新计划。对设备的处理，要及时在财务账和固定资产账上具体反映出来。

 **思考与练习**

1. 旅游景区设施管理的任务有哪些？核心内容有哪些？
2. 旅游景区住宿设施有哪些类型？在设计上各自要考虑哪些因素？
3. 如何才能做好旅游景区设施的日常维护工作？
4. 旅游景区安全管理的主要对策有哪些？

 开放式案例 ┈┈┈┈┈┈┈┈┈┈┈┈┈┈┈┈┈┈┈┈┈┈┈┈┈┈┈┈┈┈┈┈┈┈┈┈┈┈┈┈┈┈

### 一游客玩高空自行车项目坠亡

分析提示：湖南宁乡龙泉大峡谷发生一起高空单车行进中故障事件，致杨某等两游客一死一伤。故障发生时，游客并未立即坠落，而是悬挂在空中等待救援。约 20 分钟后设备断裂，杨某才连人带椅坠入深谷。在这个以惊险刺激为卖点的户外基地，陷入危险的游客却等不到救援，只能一点点被死亡吞噬。

2015 年 8 月 16 日，湖南宁乡县黄材镇龙泉大峡谷户外运动公司基地两名正在参加高空自行车运动的游客突发意外事故，其中，游客杨某重伤被送往医院后抢救无效死亡，另一名游客被安全员解救脱险，仅有刮伤。

龙泉大峡谷户外运动基地于 2015 年 2 月取得宁乡县文体局颁发的体育运动项目经营许可，于 5 月开始营业。其中，涉事的高空自行车项目由 4 根连接悬崖的钢索固定，落差约 280 米。使用时，游客 2 人一组，一人制动附于钢索上的自行车，另一人搭乘在自行车下的座椅上，其间以连杆相接。事故发生时，杨某正与同伴操作高空单车行进至峡谷中间，突遇连杆断裂，以致杨某所搭乘的座椅从高空坠下，杨某被紧急送往当地黄材医院；另一游客因设备失衡而倒悬在空中，经安全员解救尚无大碍，仅有刮伤。

据了解，发生事故的设备由河南新乡三鑫体育器材公司生产。目前事发的户外运动基地已关闭，负责经营的公司主要负责人及操作人员已被当地警方控制并接受调查。当地政府及相关部门已开展善后工作，事故的具体原因仍在调查之中。

（资料来源：新浪新闻，http://news.sina.com.cn，2015 年 8 月 18 日）

**推荐阅读**

1. 葛全胜，宁志中，刘浩龙．旅游景区设施设计与管理［M］．北京：中国旅游出版社，2009.

2. 国家旅游局综合协调司．旅游景区安全管理实务［M］．北京：中国旅游出版社，2012.

3. 佟瑞鹏．旅游景区事故应急管理与预案编制［M］．北京：中国劳动社会保障出版社，2015.

4. 佟瑞鹏，孙超．旅游景区事故应急工作手册——生产安全事故应急工作指导丛书［M］．北京：中国劳动社会保障出版社，2008.

# 第十一章 旅游景区的信息管理与数字化建设

【学习目标】

1. 了解旅游景区信息技术、数字技术的特点及作用。
2. 熟悉我国景区信息化、数字化管理的现状及发展趋势。
3. 熟悉旅游景区的信息资源系统。
4. 熟悉旅游景区数字化建设管理。

【内容结构】

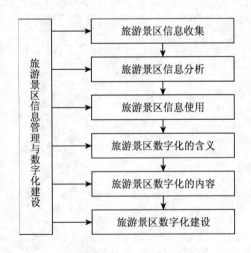

【重要概念】

信息技术　信息化　信息系统　信息资源　数字化建设

**导入案例**

## 云台山借电商推广　数字化景区竞争力全面提升

作为国家住建部公布的首批 18 家数字化景区试点单位，云台山景区早在 2001 年起就先后投入 1.5 亿元，全面实施了数字化建设工程。截至 2015 年 8 月，景区基础网络、保护管理类应用系统、旅游服务类应用系统已建设完备，基本形成了以基础网络和数据中心为核心，集规划、办公、应急指挥、信息采集、网络通信、旅游服务于一体的景区管理系统。

持续深入的数字化信息建设让云台山景区在智慧旅游中走在了全国的前列，2012 年，云台山景区被国家旅游局确定为智慧旅游的示范景区。2013 年 12 月 31 日，由云台山景区编制的《旅游景区数字化应用规范》被国家标准委确定为国家标准，云台山景区数字化应用规范成了全国性的行业标杆。

目前，云台山景区"爱游云台"智慧旅游示范工程正在如火如荼的建设过程中，项目包含景区停车场管理系统升级改造、无线 Wi-Fi 全覆盖、旅游气象服务系统、三维地理信息系统和虚拟导览系统等，力求实现智慧旅游由内部管理向大众参与的转变。

从 2013 年 7 月起，云台山启动了 b2c 模式，与同程网、携程网、驴妈妈网、去哪儿网、途牛网等旅游电商合作，发展网络分销渠道。2014 年网络预订门票共 30015 张，售票金额 208.5 万元。同时，云台山景区积极与电商网站开展战略合作，开展了一系列线上线下相结合的营销活动，极大地提高了景区知名度和吸引力。据游客意见调查分析显示，前来云台山的游客中，通过网络知晓云台山景区的比率达到 15%。

2015 年年初，云台山景区先后与携程网、同程网、马蜂窝网签订了战略合作协议，积极发展网络分销渠道。同时，借助旅游电商推广景区的知名度，开展线上线下相结合的营销活动，提高产品吸引力。其中的旅游达人游记、攻略对游客尤其是对年轻游客产生了较大的吸引力。

据悉，云台山景区下一步将对微博微信进行升级，开发微信订票、一键导航、在线客服等服务软件，并利用微商城、天猫店等网络直销平台整合景区旅游、食宿、交通资源，真正实现"一站式"服务。

（资料来源：光明网，2015 年 8 月 21 日）

## 第一节　旅游景区信息管理

### 一、旅游景区信息管理的目标

旅游景区信息管理立足于旅游景区经营管理要求，从旅游景区总体目标出发，把旅游景区信息管理作为景区战略发展一部分，具有实用性、可靠性、先进性、经济性、方便性的特点。

旅游景区信息管理的具体目标主要有3点：第一点是旅游信息发布方面，主要是面向旅游爱好者的旅游及其相关信息的介绍；第二点是旅游管理方面，主要是把旅游目的地的各种管理，包括设施、人员、旅游接待情况、统计报表生成向旅游单位及上级主管部门上报并用于其后台的网站信息发布和更新等；第三点是商务活动的平台方面，主要是提供商务信息、旅游景点信息的发布、交易、邀约功能。

## 二、旅游景区信息管理的内容

### （一）旅游景区信息收集

旅游景区是游客游览、观光的地方，其在经营中要做的事情就是根据游客定位，去寻找客源地，然后有目的地推广和促销，不断提升景区的文化品位。在这个过程中，需要通过各种途径发布大量信息，这就需要旅游景区根据自己的环境，不断收集游客感兴趣的知识信息，主要表现在以下几方面：

（1）旅游景区的基本情况。包括地理位置、交通、食宿、购物、价格、服务等基本信息。

（2）旅游景区的营销促销。包括文字、图片、图像等信息。

（3）旅游景区的生态环境。包括动植物生态、水、空气生态、建筑物生态等信息。

（4）旅游景区的合作伙伴。包括旅行社、旅游公司、宾馆酒店等信息。

（5）客源地信息。包括客源地的经济、文化以及居民等信息。

（6）旅游景区的人文知识。包括当地的经济、资源、人文历史等信息。

以上信息收集整合后，可以通过信息技术或信息系统让经营管理人员和旅游消费者轻松、便利地获取这些信息。

 补充阅读 11-1

### 旅游景区旅游资源信息采集表

| | 名称及代码 | | |
|---|---|---|---|
| | 区位 | | |
| | 隶属行政区 | | |
| 简要信息 | 范围与面积 | | |
| | 景区主体属性 | | 1. 自然景观，2. 人文景观，3. 综合景观 |
| | 主体旅游类别 | 类别1 | 1. 地文水域景观，2. 生物景观，3. 古迹与建筑类景观，4. 消闲类，5. 其他 |
| | | 类别2 | |
| | 旅游资源级别 | | 1. 国家级，2. 省（直辖市）级，3. 其他 |
| 背景概述（含自然环境、历史文化、区域经济） | | | |

续表

| 背景特征数据 | 地文数据 | 地域类型 | 1. 山地，2. 丘陵，3. 台地，4. 平原，5. 谷地，6. 沙地，7. 水面，8. 林地，9. 草地 | | |
| --- | --- | --- | --- | --- | --- |
| | | 平均海拔 | 米 | 最高点海拔 | 米 | 最低点海拔 | 米 |
| | | 河网密度 | 千米/平方千米 | 河流长度 | 米 | 地面特征坡度 | 度 |
| | 气候数据 | 局地气候类型 | | | |
| | | 年平均气温 | 度 | 1 月平均气温 | 度 | 7 月平均气温 | 度 |
| | | 年降水 | 毫米 | 1 月平均降水 | 毫米 | 7 月平均降水 | 毫米 |
| | | 年日照 | 小时 | 年平均湿度 | % | 年平均风速 | 米/秒 |
| | 水文数据 | 水资源总量 | 立方米 | 地表水资源量 | 立方米 | | |
| | | 局地主要河流 | 长度 | 米 | 平均流量 | 立方米/秒 |
| | | 年最大流量 | 立方米/秒 | 年最小流量 | 立方米/秒 | 最大流速 | 立方米/秒 |
| | 环境质量数据 | 主要固体污染物 | | 环境噪声 | 分贝 | | |
| | | 主要水体污染物 | | 水质等级 | | | |
| | | 主要空气污染物 | | 空气质量等级 | | | |
| | 人文数据 | 跨自然村个数 | | 人口 | | | |
| | | 少数民族人口数 | | 城镇与农村人口比例 | | | |
| | | 国民生产总值 | | 产业结构比例 | | | |
| | | 城镇居民人均收入 | | 农村居民人均收入 | | | |

| 景区旅游资源主体类型与性质 | 主体属性 | 1. 自然景观 2. 人文景观 3. 综合景观 | |
| --- | --- | --- | --- |
| | 主体旅游类别 | 类别 1 | 1. 地文水域景观 2. 生物景观 3. 古迹与建筑类景观 4. 休闲类 5. 其他 |
| | | 类别 2 | |
| | 建筑类别 | 1. 古代遗址 2. 古建筑 3. 现代建筑 4. 仿古建筑 5. 其他 | |
| | 组合形式 | 1. 单一型 2. 复合型 | |
| | 资源级别 | 1. 国家级 2. 省（直辖市）级 3. 其他 | |
| | 开发现状 | 1. 全部开发 2. 部分开发 3. 待开发 | |

| 交通通信设施特征数据 | 景区所依托的地区交通枢纽与所在市区之间的交通 | 距离 | 千米 | 有无旅游专线 | |
| --- | --- | --- | --- | --- | --- |
| | | 主要方式 | | 1. 飞机 2. 火车 3. 汽车 4. 客运船 5. 其他 | |
| | 铁路交通 | 经过景区里程 | 千米 | 停靠站等级 | |
| | | 经过景区的列车数 | 趟/天 | 一般停站时间 | 分钟 |
| | | 有否旅游列车经过 | | 停靠站与主要景点距离 | 千米 |
| | 公路交通 | 与地区交通枢纽距离 | | 公路等级 | 1. 高等 2. 次高 3. 普通 4. 等外 |
| | | | 千米 | | |
| | | 客运汽车数 | 辆 | 客运汽车客位总数 | |
| | | 专线旅游车数量 | 辆 | 专线旅游车客位总数 | |
| | 区内交通 | 区内旅游车线路 | 条 | 区内旅游车总里程 | 千米 |
| | | 运营出租车数量 | 辆 | 区内步行道路长度 | 千米 |
| | 邮电通信 | 邮电局（所）数量 | 处 | 公共电话数量 | 部 |
| | | 有无移动通信条件 | | 其他通信条件 | |

续表

| 景区服务娱乐设施特征数据 | 餐饮设施 | 餐厅总数 | | 高档餐厅 | | 个 | 食品店 |
|---|---|---|---|---|---|---|---|
| | | 个 | | 地方特色餐厅 | | 个 | 个 |
| | 住宿设施 | 普通旅馆数 | 个 | 星级宾馆数 | 个 | 特色住宿点 | 处 |
| | | 普通旅馆床位总数 | 个 | 星级宾馆床位总数 | 个 | 床位总数 | 个 |
| | 购物设施 | 综合性商场、购物中心 | | 座 | 综合性商场、购物中心营业面积 | | 平方米 |
| | | 一般商铺 | 座 | 特色、著名店铺 | 座 | 市场 | 处 |
| | 医疗设施 | 急救中心 | | 处 | 诊所 | | 处 |
| | | 综合性医院 | | 所 | 药店 | | 个 |
| | 娱乐设施 | 影剧院 | 个 | 康乐中心 | 处 | 狩猎场 | 处 |
| | | 俱乐部 | 处 | 歌舞厅 | 所 | 其他 | |
| 旅游客源市场特征数据 | 旅游者数量 | 外国游客所占比例 | | 外地游客所占比例 | | 本土游客所占比例 | |
| | | 最大日客流量 | | | 最小日客流量 | | |
| | | 最大月客流量 | | | 最小月客流量 | | |
| | | 最大季客流量 | | | 最小季客流量 | | |
| | | 最大年客流量 | | | 最小年客流量 | | |
| | | 游客滞留时间 | | | 过夜人数 | | |
| | 旅游收入 | 旅游者人均天消费 | | | 最高与最低消费比例 | | |
| | | 日旅游收入 | | | 月旅游收入 | | |
| | | 季旅游收入 | | | 年旅游收入 | | |
| | | 海外游客创汇收入 | | | 国内游客创汇收入 | | |
| | | 旅游收入在当地国民经济中的比重 | | | | | |
| | 旅游动机 | 1. 休闲娱乐，2. 健康运动，3. 文化求知，4. 探亲访友，5. 体现个人成就，6. 获得地位和声望，7. 其他 | | | | | |

（资料来源：编者根据相关资料整理）

### （二）旅游景区信息分析

旅游景区需要不断地处理海量信息，才能恰当地把自己推广到有效果的客源地，而且信息处理要及时，变更要及时，咨询回复要及时。这就要求信息处理必须借助于信息技术和网络，构建信息系统来解决信息服务问题。

### （三）旅游景区信息使用

准确、及时的信息是旅游景区经营管理的制胜法宝。旅游景区作为旅游目的地的主要接待企业，其接待的服务质量、文化和环境氛围都会影响游客重游的概率。高水平的旅游景区离不开高水平的管理，高水平的管理离不开信息技术系统的支持。因此，旅游景区利用信息技术建设一个高效、稳定、安全的计算机网络系统，可使旅游消费者通过该系统得到完美的信息服务；可使旅游景区管理者通过网络信息系统及时、准确、完整地采集各景点和服务机构的原始数据，进行汇总、统计和科学分析，实现网络互联、信息共享，也可以利用信息系统对全区实施监控，如对车辆实施准确定位和有序调动；可使旅游景区管理决策层和相关职能部门全面、及时、准确地掌握整个景区的状况，便于合理调度和分配资源，及时发现并处理各种突发事件。

# 第二节　旅游景区数字化建设

旅游景区的数字化建设实质突破和超越了传统管理理念和方式，是中国旅游景区管理模式的一次重大创新和变革，其效率和成效是促使旅游景区升级和换代的主要动因。

## 一、旅游景区数字化的含义

旅游景区数字化也就是通常说的数字化景区，即借助于计算机硬件设备，综合运用信息技术，如网络宽带技术、"3S"技术（地理信息系统 GIS 遥感 RS 和全球定位系统 GPS）、"3G"技术（第三代移动通信技术 3rd – generation）、多元数据库技术、电子商务、虚拟现实技术、无线网络技术、全光网络技术、搜索引擎技术、互联网数据中心（IDC）和网格服务等技术，实现对旅游景区的基础设施、旅游资源、旅游环境、游客活动和旅游管理的自动采集和动态监测，并通过整合这些信息为游客提供便捷服务，为景区的规划建设和管理提供决策。

数字化景区是以人为本、以信息科技为辅助，对旅游景区的"保护、科研、开发"，建立"管理精细化、功能模块化、信息网络化"的综合应用与基础平台。景区数字化的基础在于全旅游景区的信息化，其核心是重视信息技术和信息产业的发展。通过旅游景区的数字化完善旅游景区服务的功能，提高旅游景区服务、游客游览和旅游景区环境的质量。

## 二、旅游景区数字化功能结构

旅游景区构建属于自身特色的数字化景区，从功能结构上可以划分为基础层和应用层，如图 11 - 1 所示。

（1）基础层。这是各个应用系统采集数据的根本保障，对于各个景区来说具有很强的一致性。其包括：基础设施（无线通信、有线通信、广域网、局域网）、数据中心、安全中心、3S 平台（GIS 地理信息系统、GPS 全球定位系统、RS 遥感卫星）。

（2）应用层。应用层是根据旅游景区的实际应用需求而建立的，因此会基于旅游景区的差异性而不同。一般划分为：环境保护智能化、资源科研及时化、产业开发网络化、运营管理精细化。

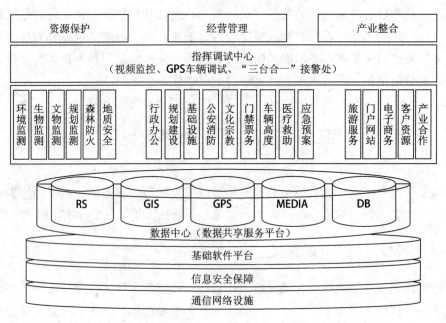

**图 11 - 1　旅游景区数字化功能结构图**

## 三、旅游景区数字化的内容

基于旅游景区数字化功能结构图，旅游景区数字化建设主要包括以下内容：

（1）资源保护系统。为更有效地科学研究生态环境，利用地理信息系统集中该环境的各种要素，包括它们的空间位置、形状及分布特征和与之有关的社会环境等信息，并对空间数据进行获取、组织、存储、检索等处理和分析，以实现大气、水、森林、地质等实时信息的收集、分析、传播为目标，掌握自然资源的动态变化。主要包括环境监测系统、地理信息系统和卫星遥感系统。以卫星遥感系统为例，通过卫星遥感影像结合地理信息系统的分析，管理部门能准确地掌握水循环体系、动植物分布及土地资源利用等各种自然资源信息。通过针对大气、水质、地质、森林等方面的其他在线监测手段，收集相关数据，建立并完善资源数据库。确立以人工保护为主、信息技术为辅的保护方针，建立灾害监测系统，包括森林火灾、地震、泥石流、病虫害等综合监测信息，结合智能监控系统，对数据进行评价分析，为景区的"保护、科研、开发"提供决策依据。

（2）经营管理系统。数字化景区如能达到"运营管理精细化"的目标，将实现管理水平的提升、管理效率的提高、管理成本的控制。该系统包括电子商务系统、门禁票务系统、办公自动化、GPS 车辆调度系统、智能监控系统、景区规划管理系统、多媒体展示系统、LED 信息发布系统、网上游系统、景区 CRM（客户关系管理）、景区 ERP（资源规划）。如电子商务平台，通过网上预售门票，把过去粗放静态的人工票务管理变成了精细动态的数字管理。旅游景区管理部门每天都能准确地把握次日游客总量，提前做好景区餐饮、观光车等相关服务资源的配置，不仅大大方便了游客，而且减少了管理的盲目性，降低了管理成本，使管理更精细化、决策更科学化。此外，智能化监控系统通过对旅游景区内主要景点、服务区、道路险要路段、停车场、售票中心和检票口等点位安装电子探头，获得的图像通过光纤传输到智能监控中心，在智能监控中心的电视屏幕墙上和有关部门负责人的办公电脑屏幕上，能对旅游景区内每一个核心景点的人流量、车流量，以及售票中心和检票口的秩序情况一目了然。如果哪个景点游人过多，就加快车辆调动和游客疏导，以平衡各景点的游客分布，从而使整个旅游景区的秩序始终处于合理、有序状态。这不仅保护了旅游景区生态环境，而且使游客玩得更为舒适、更为轻松。以局域网建设为基础，以 OA 办公自动化系统为部门应用平台，消除了信息的滞后，增加了旅游景区和游客之间的动态信息交互。

（3）产业整合系统。该系统主要以旅游景区旅游电子商务系统为基础，实现对景区、酒店、购物、娱乐、餐饮等旅游资源和各旅行社的网络化整合。通过网络整合营销，能够降低景区、酒店等旅游资源的销售成本，提高管理效率，实现规模化、全球化的宣传和销售。更为重要的是，通过线路组合，形成产品联合，捆绑各方利益，将分散的资源进行整合，促进共同发展。资源整合的网络平台，能够充分满足游客对相关旅游信息的查询、对旅游线路的选择以及购买，为游客提供一站式服务。网络整合营销不仅扩大旅游景区的销售规模，还为旅游景区筹集了更多的资金用于资源保护和管理，提升旅游景区的品牌形象，从而吸引更多的游客，推动产业的进一步发展。同时，景区保护与产业发展之间会形成相互造血、相互输血的良性互动机制。

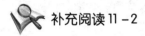 **补充阅读 11 - 2**

### 青海移动全力支撑青海湖打造数字化景区

青海湖，青海省知名度最高的王牌旅游名片。每年旅游季，它的美丽与神秘都吸引了来自世界各地的各路游客。为有效助力该景区的旅游发展，青海移动在环青海湖的二郎剑、鸟岛、仙女湾、沙岛景区以及地处西宁的青海湖旅游集团公司总部和青海湖景区管理局建设了一套数字化景区管理系统，全方位支撑了该景区的旅游发展及景区管理。

2015 年 1 月 26 日，记者来到管理严格的景区监控中心，景区负责人官左晓东指着监控屏幕说：“青海移动建设的数字化景区管理系统上线后，实现了我们对景区各景点、酒店、道路 24 小时的实时监控，我们可以在第一时间内全方位掌握到景区内的各种情况，确保各场所安全性，大幅提高了景区管理的规范与效率，为打造安全、绿色的青海湖景区提供了有力支撑。目前，景区共安装了 90 个高清摄像头，监控探头可实现 360 度旋转，最远能监控到 300 公里以外的鸬鹚岛。”

据了解，数字化景区管理系统已完成一期工程建设并投入了使用，一期工程建设共投入建设资金1000万元，从项目勘察、启动施工至完成施工历时6个月时间。它实现了景区视频监控、组建覆盖全景区的免费 Wi-Fi 网络及景区智能集团电话会议3大功能，同时青海移动还在景区内建设了完善的光纤传输网络，为后期的信息化建设打下了完备的网络基础。

目前，青海移动已协同青海湖旅游集团启动二期工程的设计和施工准备，并争取在旅游淡季施工，2015年5月旅游旺季到来前投入使用。二期工程建设内容，涵盖了景区电子票务系统、车辆识别系统、公共广播系统及门户网站系统的搭建。

青海移动海南分公司总经理刘垚说，青海湖数字化景区的建设，不仅做大做强了"大美青海"的旅游品牌，而且提升了青海湖旅游服务的水平。这套数字化的信息系统，可以提高旅游产业的竞争力，提升旅游形象和促进形象整合，增加景点对游客的吸引力，从而带动旅游经济的发展，整合资源，带来更多旅游以及相关产业的收入。同时，改善景区各管理部门的管理工作效率，提高景区的综合管理能力。

（资料来源：西海都市报，2015年1月28日）

## 四、旅游景区数字化建设

数字化是旅游景区未来发展的必然趋势，也是目前我国在5A级景区建设过程中对于景区管理模式的具体要求。旅游景区数字化要以信息技术为基础对旅游景区的管理实施全面系统改造，因此在旅游景区规划中，进行数字化建设的时候要有统一的规划进而分步骤实施。一般将景区数字化建设按照其先后顺序分为以下7大步骤：

（1）组建旅游景区数字化建设工作办公室。

（2）制定旅游景区数字化建设发展规划。

（3）逐步实现景区办公化和数字化（硬件及统一的管理软件）。

（4）构建旅游景区电子商务体系。

（5）基础数据、信息格式及其采集方式的数字化。

（6）内部数据信息的联网，构建景区信息化监管中心等数字化终端系统。

（7）实现与外部信息网络的对接，实施全面的数字化。

在上述工作中，第一步至第二步属于数字化准备阶段，第三步至第六步属于景区初步数字化，第七步为全面数字化阶段。由于景区数字化工程投入较大，投资期较长，因此，一般都采取分期逐步投入的方法。对大多数旅游景区而言，数字化准备阶段和初步数字化阶段中的某些步骤可以较为轻松地完成，例如景区数字化办公机构的组建、景区办公自动化、景区电子商务系统的构建等。

因此，对于参与5A级景区评选的主体而言，完成景区的初步数字化是最为基础的要求。

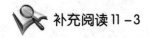

补充阅读 11 - 3

## 数字化建设为龙虎山景区保驾护航

为方便游客出行，推动景区平安旅游建设，龙虎山景区打造了一个便捷的旅游信息化服务管理机制，将数字化治安防控视频监控建设纳入了智慧景区建设体系。

早在 2010 年，景区就打造了一个全省最大最早的数字化平台，将门禁票务、多媒体展示、GPS 车辆调度、智能化监控、环境监测和电子商务等多系统融于一体。在景区内安装了视频探头 256 个，建立了高标准的监控中心，设置监视屏 19 个（其中大屏 1 个），整套系统将景区各出入口、重要地段、停车场、景区门岗、主要景点及游客中心各场馆纳入了监控范围，对景区的旅游秩序、社会治安、道路交通、森林防火等进行实时动态视频监控，并可以现场进行调度。

龙虎山数字化治安防控视频监控体系，实现了景区重要景点、场所、路段视频监控全覆盖，智慧建设成果有力维护了景区安全。数字化治安防控视频监控体系对景区的旅游秩序、社会治安、道路交通、森林防火等进行实时动态视频监控，维护了景区一方平安，提高了游客和群众安全感。自监控体系建立以来，未出现一起游客车辆被撬、财物被盗现象，保证了游客特别是自驾游游客的财产安全；提高了社会治安控制力和案（事）件处置率，各类违法犯罪活动逐年下降，增强了景区人民群众安全感，有力地震慑了违法犯罪活动；提高了景区重大旅游活动、重要旅游接待、重大节庆日安保能力，圆满完成了 60 余起重大活动的安保维稳任务，未出现一起影响稳定的事件。

通过视频监控系统，龙虎山景区不断提升涉游综合治理水平，在票务、景区游览、漂流、购物等方面提供了直接可视视频，使旅游管理更加有序，使调处化解涉游纠纷更加高效；动态监测旅游环境，使旅游环境专项整治更有针对性，有力地打击了黄牛私自带客行为；依据清晰的监控网络，在旅游高峰期，制定高效的游客分流工作预案，确保了旅游接待有条不紊，避免了核心景区出现游客过度拥挤的现象。这些智慧景区建设成果，均有力维护了龙虎山景区旅游秩序，不断提升着游客体验满意度和安全感。

（资料来源：鹰潭日报，2015 年 6 月 3 日）

**思考与练习**

1. 我国旅游景区信息化发展现状如何？
2. 如何实现景区信息资源管理的功能？
3. GIS 技术在景区信息系统管理中能够发挥哪些作用？
4. 旅游景区数字化建设包括哪些方面？

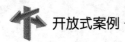

开放式案例 ------------------------------------------------------------

### 济宁"旅游+数字信息"展孔孟文化

分析提示：孔子、孟子是文化的王牌，但是在现代化的背景下，没有很好地表现出来。建立孔孟文化数字信息系统符合时代要求，传统文化的传承、保护需要现代化的传播手段，只有这样才能保持传统文化的活力和生命力。

近日，360全息投影、幻影成像、数字拼接屏、虚拟翻书、3D漫游、签名拍照等高科技设施在山东孔子研究院、曲阜孔府孔庙和邹城孟府亮相。作为世界银行贷款投资建设的孔孟文化数字信息系统，正式通过第一阶段验收，整体系统调试使用，为孔孟之乡旅游注入了"旅游+"的鲜活元素。

据了解，该系统由孔孟文化门户网站及4处数字化多媒体展厅组成。数字化多媒体展厅选址位于孔子研究院、曲阜孔府孔庙和邹城孟府内，通过360全息投影、幻影成像、数字拼接屏、虚拟翻书等多媒体技术和设备，全方位展示孔子、孟子思想及其生平事迹，展示孔孟儒家文化研究成果，为创新宣传和弘扬优秀传统文化带来新的突破。通过3D漫游、签名拍照、电子纪念门票等多种方式，孔孟文化与游客亲密互动，为游客带来全新体验。

第一阶段验收工作中，专家组依据合同和有关标准对硬件设备、安装工艺和施工情况等进行了逐项对照检查和签字验收，并就设备的调试、布局、效果等方面提出了改进建议。

（资料来源：中国旅游报，2015年10月28日）

------------------------------------------------------------

 **推荐阅读**

1. 柴伟莉，孙义. 旅游管理信息系统［M］. 北京：电子工业出版社，2009.

2. ［美］卡斯泰尔著，崔保国等译. 信息化城市——汉译大众精品文库新世纪版［M］. 南京：江苏人民出版社，2001.

3. 李云鹏，晁夕，沈华玉. 智慧旅游：从旅游信息化到旅游智慧化［M］. 北京：中国旅游出版社，2013.

4. 吴凯. 旅游接待业信息管理与应用［M］. 北京：中国旅游出版社，2009.

# 第十二章 旅游景区环境管理

【学习目标】

    1. 掌握旅游景区主要的环境问题及其表现。

    2. 了解旅游景区环境绿化与环境卫生管理。

    3. 掌握旅游景区环境管理方法。

【内容结构】

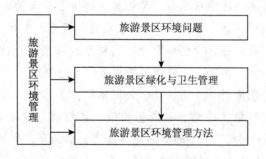

【重要概念】

    景区环境　景区环境系统管理　景区容量

**导入案例**

## 景区环境卫生问题突出或被警告或摘牌处理

2015 年 9 月 10 日，国家旅游局在北京召开新闻发布会，宣布在全国开展为期 1 个月的旅游景区环境卫生专项整治行动。专项整治行动结束前后，国家旅游局将组织检查组对各地旅游景区环境卫生状况进行抽查。对整治工作不到位，景区环境卫生问题依旧突出的景区，国家旅游局将进行通报批评，情节严重的将予以警告或摘牌处理。

旅游需求的快速增长对我国旅游环境建设提出了新的挑战，一些旅游景区和线路的环境卫生管理严重滞后，引起了社会广泛关注和国务院领导同志高度重视。为给广大旅游者创造一个干净、卫生、安全、舒适的旅游环境，国家旅游局决定在全国开展为期 1 个月的景区环境卫生专项整治行动。

此次行动将以全国 3A 级以上景区和乡村旅游点为重点整治对象，围绕旅游景区和重点线路的垃圾、污水、旅游厕所的卫生状况和文明旅游建设引导等主要问题展开，对景区环卫保洁、垃圾箱和厕所的卫生状况都提出了具体要求。

整治工作将重点抓好景区环境卫生综合治理。要全面提升景区内游览、餐饮、住宿、娱乐、购物、停车场所的卫生水平。要完善景区环境卫生管理制度，健全部门、岗位工作职责，健全员工行为规范和服务检查规范等规章制度。倡导精细化管理，细化各个岗位的操作流程和管理制度规范，完善制度促进落实，实现由被动管理到主动服务的转变。

整治工作要扎实推进景区厕所革命。要把景区环境卫生整治与厕所建设管理紧密结合起来，进一步完善厕所设置，确保 3A 级以上旅游景区节日期间游客等候不超过 10 分钟。要杜绝景区厕所简陋脏臭，做到地面净、门窗净、墙面净、设施净。针对厕所的特殊性，要加强管理服务人员培训，加强对厕所服务的监督管理。

此外，整治工作要积极引导文明旅游。做好景区内游客行为规范指引，重点整治乱刻乱画、乱丢乱吐、在禁烟区吸烟、在禁止拍照区域拍照、破坏生态环境和公共设施、大声喧哗、不排队等不文明行为。通过开展旅游志愿公益活动，发挥旅行社、导游对旅游文明的引导教育作用，发挥社会媒体监管作用，提高游客文明旅游、文明消费的自觉性。

（资料来源：中国网，http：//news. 163. com，2015 年 9 月 10 日）

## 第一节　旅游景区环境问题

### 一、旅游景区环境的构成

#### （一）旅游景区环境的概念

旅游景区环境有广义和狭义之分，广义的旅游景区环境是景区得以存在的一切物质基础和外部条件，包括自然、社会、经济、文化等方面，狭义的旅游景区环境仅指景区的自然环境。从旅游景区环境管理的角度，本节将旅游景区环境定义为旅游景区的周围空间及其周围空间中存在的事物和条件的总和，主要包括自然生态环境、社会人文环境、景区旅游资源和景区卫生环境等方面的构成要素。

**（二）旅游景区环境的构成要素**

（1）自然生态环境。自然生态环境是指构成旅游景区自然生态系统的各种要素的集合，是由大气、水体、土壤、生物及地质、地貌等组成的自然地域综合体。旅游景区的自然环境是各种自然要素相互作用、相互影响的产物，也是旅游景区得以存在的基础，其质量高低直接影响到旅游体验的质量。

（2）社会人文环境。旅游景区的社会人文环境是指对游客体验产生影响的社会因素，主要包括旅游景区的社会治安情况、当地居民对游客的态度以及配套的各项服务。社会治安情况是指当地社区的社会风气好坏、犯罪率高低等；当地居民对游客的态度是指当地居民对待游客是采取友好的、无所谓的或敌视的态度和行动；配套的各项服务主要是指那些为游客提供的各种非营利性质的服务，包括旅游信息中心、旅游咨询电话等。

（3）景区旅游资源。景区旅游资源指景区内存在的对游客具有吸引力的自然要素和文化遗存，通常分为自然旅游资源和人文旅游资源两部分。显然，不论是自然旅游资源，还是人文旅游资源，它们都是旅游景区整体环境的组成部分，只不过由于它们对游客产生了足够的吸引力，是吸引旅游者前来旅游的主动力，因而将其从景区环境中划分出来，目的是做好资源管理工作。从一般意义上说，旅游环境本身就构成旅游者的吸引力因素，旅游资源和旅游景区环境互为依托，但各自的侧重点和针对对象不同。旅游资源是相对于旅游者而言，旅游景区环境则是相对于旅游活动而言。

（4）景区卫生环境。景区卫生环境主要指旅游景区的卫生条件状况，如垃圾处理、干净整洁程度，此外还包括社区居民的健康状况，如地方病、传染病、流行病的情况等。在我国《旅游区（点）质量等级的划分与评定》等国家标准中，卫生环境是重要组成部分。而且旅游景区卫生环境是游客最直接的环境感受部分，卫生环境管理是旅游景区日常环境管理中的主要工作。

（5）旅游氛围环境。旅游氛围环境主要指对游客在旅游景区所感受到的旅游氛围具有较大影响的因素。旅游氛围环境通常分为两个层面：一是游客对周围"物"，即自然生态环境和社会人文环境的感受；二是游客对周围"人"，包括对旅游景区社区居民、旅游经营者，以及同行的其他游客的感受。旅游氛围环境与自然生态环境、社会人文环境和旅游资源有着紧密联系，并且以它们为基础。旅游氛围环境不仅涉及当地居民和旅游经营者的态度及旅游服务质量对游客的心理影响，更与环境容量给游客造成的心理影响有很大关系。

## 二、旅游景区环境问题的表现

高质量的旅游体验离不开高质量的旅游景区环境。为保证高质量旅游体验，实现旅游景区的可持续发展，旅游景区必须有效解决相关的环境问题。旅游景区的环境问题主要包括以下几方面：

**（一）旅游景区旅游资源破坏**

根据国家标准《旅游区（点）质量等级的划分与评定》，景区旅游资源（tourism landscape resource）定义为"自然界和人类社会中凡能对旅游者产生吸引力，可以为旅游业开发利用，并可产生经济效益、社会效益和环境效益的各种事物和因素"。旅游景区资源破坏是指对旅游景区内的旅游资源的破坏，其原因有自然和社会两个方面，其中不合理的开发利用是主要原因。

**（二）旅游景区环境污染**

所谓旅游景区环境污染，就是指由于旅游活动以及旅游景区周边地区人类的生产、生活活动，将大量的有害物质排入自然环境中，破坏了旅游景区生态系统平衡和环境的机能，超过了环境自净能力，造成污染和公害。旅游景区环境污染主要分为大气污染、水污染、固体废弃物污染和噪声污染。

（1）大气污染。旅游活动离不开交通工具。随着大量机动车辆的涌入和旅游设施的兴建，燃煤锅炉、汽车尾气等都会导致空气中的二氧化硫、二氧化碳等有害气体增加，很大程度上降低了旅游景区大气质量。

（2）水体污染。旅游景区内的生产生活用水没有经过处理，或仅经过初级处理，就被排放到水环境中，同时把病原体带入水中，污水排入使水体的富氧化加速。以湖泊、水库、池塘等水体为基础的旅游景区，受到的影响更为突出。

（3）固体废弃物污染。由于旅游景区配套设施不完备及旅游者本身素质较低等各方面原因，致使与旅游有关的服务性行业产生大量固体废弃物，许多固体废弃物不加处理或处理不当便弃于旅游景区内，严重污染了旅游景区环境。如峨眉山风景区每年产生固体废弃物 4800 多吨，其中 96% 以上未加处理排入旅游景区的溪流中。

（4）噪声污染。噪声是指在工业生产、建筑施工、交通运输和社会生活中所产生的干扰周围生活环境的声音。对人的影响和危害跟噪声的强弱程度有直接关系。噪声污染是指所产生的环境噪声超过国家规定的环境噪声排放标准，并干扰他人正常生活、工作和学习的现象，具体分为工业生产噪声、建筑施工噪声、交通运输噪声和社会生活噪声。在旅游景区中，噪声污染主要表现为交通运输噪声和社会生活噪声。

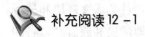 补充阅读 12 –1

**杭州西溪湿地国家公园存在的环境问题**

随着杭州西溪湿地国家公园的名气骤增，西溪湿地屡次迎来旅游高峰期，数量巨大的旅游人群，无疑给西溪湿地的环境造成了新的压力，虽然相关部门已经实施了相应的保护措施,但保护性破坏正在成为西溪湿地面临的新问题。

一、人口增多,水体污染加重

首先,自西溪景区开放以来,西溪湿地的接待量与日俱增,平均日接待量过万。为了接待庞大的旅游人群,西溪景区内及周围近年来建造了大量的餐饮、住宿设施,庞大的旅游人口所带来的食、住用水和排水对景区内的水环境造成了一定程度的影响。其次,打着"西溪"品牌的房地产业近年来发展得如火如荼,吸引着越来越多的投资者和居住者前来置业和生活,西溪景区内外及其周边聚集的越来越多的人口,使得各项排水增加,其中以生活污水排放为主,这些排水中还有大量的氮和磷,进入西溪的水体环境中,对西溪的水质产生了严重的影响。根据综合营养状态指数法对西溪湿地水体富营养化程度进行评价,结果表明,2011~2014年,西溪湿地水体总体都处于富营养化状态。

二、湿地减少,野生动物栖息地遭破坏

杭州是宜居住的旅游城市,随着"旅游西进"脚步加快,再加上西溪湿地保护区生态效益的催化,城西已成为继西湖之后住宅开发的又一热点,这些楼盘最大的卖点是"紧邻西湖风景区,景观生态条件优越",很多楼盘甚至伸入西溪湿地的中央区域,基础设施和公共服务设施的开发建设不仅占用了大量仅存的宝贵湿地资源,还改变了西溪湿地的生态景观特色,对风景资源、生态环境以及历史保护造成严重影响,破坏了众多野生动物的栖息地,带来的损失是不可弥补的。

三、旅游密度不断增大,景区生态承受能力受到严峻考验

杭州西溪湿地作为国内唯一一个集城市湿地、农耕湿地、文化湿地于一体的国家湿地公园,必然受到游客的青睐。加之近年来的不断宣传推广,西溪湿地的名气骤增,迎来了一个又一个旅游高峰。2015年,平均日接待量2万人以上。旅游客流量的增长直接导致了西溪湿地内游客密度和旅游空间密度的增加以及人均旅游生态足迹的减少,尤其旺季客流量往往超过了景区的环境承载力。随着大量旅游者的到来,西溪湿地内清幽静谧的氛围被破坏,动物的栖息和繁殖受到了人类活动的打扰,湿地生态系统的稳定性受到了威胁。

(资料来源:城市旅游规划,2015年3月下半月刊)

### (三)旅游景区环境破坏

旅游景区环境污染是指因人为的活动向环境排入了超过环境自净能力的物质或能量,导致环境危害人类生存和发展。景区环境破坏则是指由于人类不适当地开发利用环境,致使环境功能受到破坏或降低,从而危及人类的生存和发展。旅游景区环境破坏主要表现为:

(1)土壤破坏。由于旅游资源的不当开发,使地貌和植被遭受破坏,加剧旅游区的水土流失。尤其是旅游景区道路两侧、湖泊水库两侧、宾馆和房屋等建筑物所在地更为突出。此外,游客为休息、取景拍照、寻找"野趣",或因为拥挤而走捷径,自行开辟道路,增加了旅游景区土壤受践踏的范围和程度,造成游径变宽。同时旅游景区内特殊

的交通形式，也会增加植被遭受破坏和土壤踩踏的范围，使游道两旁的土壤板结或松散，增加地表径流，容易造成水土流失，地表土壤的有机质、水分和营养元素的含量降低，水体的时空分布被改变，径流的含沙量增加。

（2）植被破坏。植物受到人为机械损伤、砍伐、践踏等干扰，会导致植被覆盖减少，群落的种类组成改变并且趋于简单化，生物多样性降低。践踏会使游道两旁的植物树种更新困难，这将改变植物群落的年龄结构。游客有意无意地采集花朵、枝叶、菌类或带入外来物种，会改变物种的组成或结构。游客的践踏使路面上出现植物根部裸露，会威胁到植被生长。旅游活动中用火不当，不仅会引起火灾，甚至会引发稀有植物物种的消失。

### （四）旅游景区环境退化

旅游景区环境退化是指由于对景区及周边的自然资源过度和不合理利用而造成的生态系统结构破坏、功能衰退、生物多样性减少、生物生产力下降以及土地生产潜力衰退、土地资源丧失等一系列生态环境恶化现象。旅游景区环境退化主要表现为：

（1）旅游景区生态系统功能衰退。随着全球生态环境问题的发展，生态系统功能衰退已经成为普遍性的现象，旅游景区生态系统也不例外。例如，近年来圆明园人工湿地就经历了常年积水→季节性积水→土壤季节性过湿→干旱的退化过程，致使人工湿地生态系统功能不断衰退，其主要原因是由于大环境造成天然水文形势的改变以及人为破坏和干扰。

（2）生物多样性较少。土地利用以及人的活动会使野生动物的生境不断缩小和破碎化。如旅游景区内的大项旅游设施严重地影响了动物的重要生境和活动通道；动物对旅游者的活动非常敏感，旅游活动会影响其正常取食和繁殖，使一些易受惊吓的动物远离旅游景区。旅游者乱丢吃剩的食物，会改变某些动物的食物结构。森林公园内动物的种群数量及种类组成常因森林旅游基础设施的建设及森林旅游活动的开展而发生显著变化。

## 三、旅游景区环境问题的成因

旅游景区环境问题的产生原因众多，可分为两大类：自然原因和人为原因，其中人为原因是主要原因。

### （一）自然原因

旅游景区旅游资源和环境，无论自然形成的还是人工创造的，都是大自然的一部分。大自然的发展、变化都会对其产生影响，或者使之受到破坏。一种情况是突变，例如，1997 年 8 月 12 日，夏威夷岛上最古老的瓦吼拉神庙，被基拉威火山喷出的熔岩全部淹没，一座 700 年悠久历史的名胜古迹在瞬间毁于一旦。另一种情况是渐变，例如埃及的基奥斯普大金字塔，由于寒暑变化、风吹雨淋等原因，近 1000 多年来风化产生的碎屑达 5 万立方米，即整个金字塔表层每年损耗约 3 毫米。我国的云冈、龙门、敦煌 3 大石窟无一例外地受到了这样的破坏。由于自然原因导致的旅游景区环境问题，只能通过一些科技手段去延缓或补救。

**（二）人为原因**

旅游景区环境问题大多数是由人为破坏引发的。按其破坏的根源可以分为建设性破坏和管理性破坏。

1. 建设性破坏

建设性破坏是指工农业生产、市镇建设、落后的生产方式和旅游资源开发建设中规划不当导致旅游景区资源遭到破坏。其破坏方式主要有以下几种：

（1）工农业生产。工农业生产带来的"三废"污染对旅游景区的影响往往十分严重。在旅游景区及周边地区如果发展带污染性的工业，将会对旅游景区造成空气和水体的污染。空气污染导致酸雨的产生，不仅会损害旅游景区的环境质量，而且还会腐蚀破坏旅游资源。水体的污染同样是旅游景区环境衰退的突出问题。

（2）市镇建设。市镇规划不合理以及建设不当是旅游景区资源和环境破坏的重要原因。例如，吴江市平望镇本来是一个河网密布的水乡古镇，但近10年来为了市镇建设填平了镇上的大部分河流。如今，昔日"小桥流水人家"的景象已不复存在。而吴江市的同里镇则因为完好地保护了古镇面貌而得以发展旅游业。

（3）落后的农业生产方式。在许多地区，由于生产方式的落后，导致无计划的过度伐木、采石、取水，对旅游景区景观的破坏不仅严重，而且造成的后果常常不可逆转。在一些旅游景点，如云南路南石林，成批的农民到旅游景区采石，全然不顾对本地旅游资源的破坏，以致路面石林伤痕累累，不复往日风采。"水作青罗带，山如碧玉簪"的桂林漓江，也由于上游森林过度砍伐，蓄水功能下降，出现了86公里游览河段竟然仅能通航6公里的现象。

（4）旅游资源开发规划不当造成的破坏。在旅游资源开发中，规划不当也会造成资源特色及景观的破坏。例如，云南大理在旅游开发过程中一度由于片面考虑古城石板地面不利于旅游车行驶，将石板路改为柏油路，与古城风貌格格不入，破坏了古城的特色。

2. 管理性破坏

旅游景区是为游客服务的，若管理不善，也会对旅游资源造成破坏，具体表现在下述几个方面。

（1）旅游活动加速石刻、雕塑、壁画古迹的损坏。古代丰富多彩的石刻、雕塑、壁画是我国重要的旅游资源，尽管在自然条件下也要经历风化作用产生衰竭，但其风化较为缓慢。旅游开发后，随着旅游活动的开展，大量游客不断拥入，加速了自然风化的速度，导致古迹的损坏。我国的3大石窟在自然风化与人为原因（游客拥入，改变石窟小气候）的双重作用下，受到的损坏已极为严重。为此，我们必须通过控制来访游客数量以及对古迹作适当仿古重修，来维护旅游景区的旅游资源。

（2）游客踩踏带来的破坏。旅游业逐渐发展带来游客增多，游客的踩踏使地面因磨损而失去原有的特色。故宫许多大殿前和内部的路面、地面，因游客密度较大而严重磨损。要发展旅游业，这种破坏是很难避免的，补救措施只能通过定期的补修才能实现。颐和园蜿蜒 700 多米的长廊路面的砖，因踩踏每隔几年要更换一次。

（3）游客素质低，直接破坏旅游资源。由于游客层次不一，其中不乏素质低下的人，这部分人对景物随意刻画、涂抹，任意毁坏旅游资源。最典型的莫过于有些人在景点上刻上"某某到此一游"的刻痕，曾有相声演员创作过一个段子专门讽刺这种现象。此外，有些游客乱扔果皮纸屑，也给旅游景区的环境造成了一定的污染。对此，我们必须采取扩大旅游环保宣传范围和强度、制定旅游景区旅游资源保护条例，以及加强旅游管理等手段对旅游资源进行全方位的保护。

（4）旅游活动对旅游景区生态环境的污染。在旅游城市和旅游景区，游客的进入、旅游活动的开展和满足游客基本生活需求，都会给旅游生态环境带来影响。如游客出游需要的交通设施所排出的废气、废油污染了大气和水体，满足游客生活必需的食宿条件会产生大量的生活污水和生活垃圾排入环境。这些废气、废水、垃圾物若不采取措施，将会导致严重的环境污染。

# 第二节　旅游景区绿化与卫生

旅游景区作为一个以观赏、游乐、休闲为主的场所，优美的绿化环境是吸引旅游者的重要因素之一。成功的绿化能使设施和当地环境结合得更加紧密，平衡人造设施和自然景观之间的敏感关系，能够营造出一个令人向往的环境，因而旅游景区绿化是旅游景区环境管理的重要组成部分。

## 一、旅游景区绿化的作用与原则

### （一）旅游景区绿化的作用

（1）净化空气、水体和土壤。旅游景区园林绿化能净化空气、水体和土壤。绿色植物不仅是二氧化碳的消耗者和氧气的天然加工厂，而且也能有效地吸附多种有害气体。据测定，每平方米生长良好的草坪，每小时可吸收二氧化碳 1.5 克；一公顷阔叶林每天可消耗 1000 公斤二氧化碳，释放 730 公斤氧气；植物净化水体的机制主要是吸收、阻挡有害成分，分泌杀菌素杀死细菌。据测定，当水体通过 30~40 米宽的林带后，一升水中细菌的数量会减少一半；植物强大的根系具有较强的吸收地下有害物质的能力，有根系的土壤中的好气性细菌比无根系土壤要多几千倍。

（2）改善旅游景区小气候。旅游景区园林绿化能够调节气温、调节相对湿度、降低噪声等。

（3）美化景区环境。旅游景区园林绿化工作能够使旅游景区环境得到美化，不仅满足游客的审美需要，也能增加旅游景区吸引力。

**（二）旅游景区环境绿化的基本原则**

旅游景区的绿化不同于城市园林绿化，更不同于林业造林，它是以多种类型的风景林为绿化的基本形式，使其生物学特性、艺术性和功能性相结合。旅游景区绿化的基本原则是：

（1）因地制宜原则。旅游景区绿化要因地制宜，主要以恢复地带性植被类型为目的，采用多种树、多林种、乔灌草木相结合的方法。

（2）美学原则。旅游景区绿化要力争为游客塑造一个美感空间，要科学地选择植被，并使植物景观与人文、大自然景观相协调。

（3）经济原则。不影响景观效果的前提下，应考虑结合生产，大力营造经济与观赏相结合的经济风景林，为经济发展和旅游服务。

## 二、旅游景区的植物观赏配置

植物配置是旅游景区绿化体系的一部分，也是旅游景区建设中的重要内容。它是景点绿化的精品，起着生态平衡和改善环境质量的作用。

**（一）观赏植物在旅游景区绿化中的作用**

（1）观赏植物既是风景素材，也是风景的主题之一。

（2）观赏植物丰富景点构图，打破景区生硬的轮廓，柔化了游览环境，丰富了色调。

（3）观赏植物赋予景区时空变化和生气，形成了春夏秋冬不同的景象。

（4）观赏植物能分割空间和隐蔽建筑，美化环境。

**（二）观赏植物的分类**

根据观赏植物的习性，通常将其分为观赏树木、草本花卉、草坪与地被植物3类。

1. 观赏树木类

（1）观赏乔木类。通常6米至数十米高，有明显的主干。根据在一年中落叶与否可分为常绿乔木和落叶乔木两类。根据大小高度分为3类：即大乔木类，树高20米以上；中乔木类，树高11～20米；小乔木类，树高6～10米。

（2）观赏灌木类。树体矮小。主干6米以下。干茎多从地面而发。有明显主干。

（3）观赏藤木类。能缠绕或攀附他物向上生长的木本植物。

（4）铺地类。干枝等均铺地生长，与地面接触部分可生出不定根而扩大占地面积，如铺地柏等。

2. 草本花卉类

（1）露地花卉：在自然条件下，完成全部生长过程，不需要保护地如温床、温室栽培。露地花卉根据生活史可分为3类。

①一年生花卉：在一个生长周期内完成其生活史的全过程，从播种到开花、结实和枯死均在一个生长季节内完成，故一年生花卉又称为春播花卉，如波斯菊、万寿菊、百日草等。

②两年生花卉：在两个生长季节内完成生活史的花卉。当年只生长营养器官，越年后开花、结实、死亡。一般在秋天播种次年春夏开花，故称为秋播花卉，如须苞石竹、紫罗兰、桂竹香、羽衣甘蓝等。

③多年生花卉：个体寿命超过两年，能多次开花结果，又因其地下部分的形态有变化而分为4类：宿根花卉，地下部分的形态正常，不发生变态，如：芍药、萱草、玉簪等；球根花卉，地下部分变态肥大者，如水仙、唐菖蒲、美人蕉、大丽花等；水生花卉，在水中生长或沼泽地中生长的花卉，如荷花和睡莲等；岩生花卉，指耐旱性强，适合在岩石园中栽培的花卉。

（2）温室花卉。原产热带、亚热带及南方温暖地区的花卉，在北方寒冷地区必须在温室内栽培或冬季需要在温室内保护越冬。

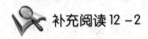 补充阅读12－2

## 温室花卉的类型

（1）一、两年生花卉：如瓜叶菊、蒲包花等。

（2）宿根花卉：如万年青、非洲菊、君子兰等。

（3）球根花卉：仙客来、朱顶红、马蹄莲等。

（4）兰科植物：依其生态习性不同，又可分为地生兰类，如春兰、箭兰、蕙兰、墨兰等；附生兰类，如万带兰、兜兰等。

（5）多浆植物：指茎叶具有发达的储水组织，呈现肥厚的多汁变态的植物，包括景天科植物、大戟科植物、凤梨科植物、龙舌兰科植物等。

（6）蕨类植物：如波士顿蕨、铁线蕨等。

（7）食虫植物：如猪笼草、瓶子草等。

（8）凤梨科植物：如水塔花、筒凤梨等。

（9）棕榈科植物：如蒲葵、棕竹、椰子等。

（10）花木类：如一品红、变叶木等。

（11）水生花卉类：如王莲、荷花、热带睡莲等。

（资料来源：编者根据相关资料整理）

3. 草坪与地被植物

（1）草坪植物：如狗牙根、结缕草等。

（2）地被植物：如三叶草、车轴草等。

#### （三）观赏植物的配置方式

（1）孤植。孤植树表现了树木的个体美，常作为园林空间的主景。对孤植植物的要求是：体形巨大，树冠伸展，给人以雄伟、浑厚的艺术感染；姿态优美，色彩鲜明，芳香馥郁，寿命长而有特色。周围配置其他树木，应保持合适的观赏距离。在珍贵的古树名木周围，不可栽植其他乔木和灌木，以保持它独特的风姿。用于庇护的孤植树木，要求树冠宽大，枝叶浓密，叶片大，病虫害少，以圆球形、伞形树冠为好。

（2）对植。即对称种植大致相等数量、相互呼应的树木，多应用于园门、建筑物入口、广场或桥头的两旁。对植的方式有对称栽植和非对称栽植，在自然式种植中，则不要求绝对对称，对称时也应保持形态的均衡。

（3）列植。也称带植，是成行成带栽植树木，多应用于街道、公路的两旁，或规则式广场的周围。如用作园林景物的背景或隔离措施，一般宜密植，形成树屏。

（4）丛植。组成树丛的树木，通常为 2 ~ 15 株，若配以灌木，总数可达 20 株。丛植所欣赏的是植物的群体美，其中 3 株以上不同树种的组合，是园林中普遍应用的方式。可以做主景或配景，也可用作背景或隔离措施。配置宜自然，符合艺术构图规律，力求既能表现植物的群体美，也能看出树种的个体美。

（5）群植。由 20 株以上的乔木、灌木组成的植物群体，以表现群体美为主，具有"成林"之趣。观赏植物的选择应注意地方特色和四时的变化，旅游景点在配置花木时，应多选择当地乡土树种，因为土生土长的植物存活率高，成长快，而且能突出当地的特色。

在栽植观赏植物时，要考虑时令变化，使旅游景区的园林景色风花雪月、四季常新，力求做到细竹迎春、柳嫩桃红、榆烟杏雨、玉兰飘香、丁香开花、梨树添白、牡丹阶前、芍药怒放、荷莲一片、芙蓉满地、榴开碎锦、菊花烂漫、芦白江湖、枫红山林、蜡梅迎雪、松柏常青。

#### （四）常见观赏植物

（1）观花植物。暖温带及亚热带的树种多集中于春季开花，因此，夏、秋、冬季及四季开花的树种极为珍贵。如合欢、栾树、木槿（夏季开花）、紫薇、凌霄、美国凌霄、夹竹桃、石榴、栀子、广玉兰、醉鱼草、糯米条、海州常山、红花羊蹄甲、扶桑、蜡梅、梅花、金缕梅、云南山茶、冬樱花、月季等。一些花形奇特的种类很吸引人。如鹤望兰、兜兰、飘带兰、旅人蕉等。赏花时更喜闻香，所以如木香、月季、菊花、桂花、梅花、白兰花、含笑、叶合、米兰、九里香、木本夜来香、暴马丁香、茉莉、鹰爪花、柑橘类备受欢迎。不同花色组成的绚丽色块、色斑、色带及图案在配置中极为重要，有色有香则更是佳品。根据上述特点，在景观设计时，可配植成色彩园、芳香园、季节园等。

（2）观叶植物。很多植物的叶片富于特色。巨大的叶片可达 6 米，宽 4 米，非常壮观，如董棕、鱼尾葵、巴西棕、高山蒲葵、油棕等都具有巨叶。浮在水面巨大的王莲叶犹如一大圆盘，可承载幼童，吸引众多游客。奇特的叶片如轴榈、山杨、羊蹄甲、马褂木、蜂腰洒金榕、旅人蕉、含羞草等。彩叶树种更是不计其数，如紫叶李、红叶桃、变叶榕、红桑、红背桂、浓红朱蕉、菲白竹、红枫、新疆杨、银白杨等。此外，还有众多的彩叶园艺栽培变种。

（3）观果植物。园林植物的果实也极富观赏价值，奇特的如像耳豆、眼睛豆、秤锤树、腊肠树、神秘果等。巨大的果实如木菠萝、柚、番木瓜等，很多果实色彩鲜艳，紫色的紫珠、葡萄；红色的天目琼花、欧洲英援、平枝枸子、小果冬青、南天竺等；蓝色的白檀、十大功劳等；白色的珠兰、红端木、玉果南天竹、雪里果等。

### 三、旅游景区绿化管理的主要措施

（1）科学规划，提升地位。鼓励特色的景区园林景观，好的绿化可以提升旅游景区档次，从而吸引更多的游客。做好旅游景区绿化整体规划，对适应空间、季节的树种合理配置，做到一年四季永保绿意。充分利用地方树种，引进适合当地栽种的国外典型树种，突出特色，尽可能在有效空间内营造出更加丰富合理的绿化空间。

（2）理顺机制，保障绿化。旅游景区在实施绿化过程中，应打破各自为政的局面，建立垂直的领导和协调运作机制，理顺各部门间的关系，重视园林绿化，尽可能地发挥园林工程师的作用。

（3）充分借景，适度造景。旅游景区在建设岩石类和水景类园林景点时，应充分借鉴中国园林艺术中的一些造园手法，借助自然环境适当加以人工的点缀，如在池塘、喷泉、广场、道路等处栽种树木、建造草坪、种植花卉等，在人工修剪中保持自然的花卉、株形、树姿、草姿等，做到景中有绿、绿中有景、景与绿相间，绚丽多彩。

（4）加强养护，加大宣传。绿化养护工作是园林建设中一个长期的、重复性的工作，是园林绿化成果得以保护完好的关键，是对旅游景区园林绿化成果及景观效果的一种保持，所以园林绿化及养护对旅游景区绿化建设有着极其重要的意义，贯穿于园林绿化建设的整个过程当中，是园林工作的重中之重。要坚持长期做好绿篱的肥水管理、绿篱的病虫防治修剪及对春秋嫩枝萌发后进行的修剪整形等工作，同时大力开展有关绿化规章制度的宣传教育，提高旅游者、旅游景区管理人员的绿化意识。

### 四、旅游景区的卫生管理

旅游景区卫生状况的好坏直接影响到游客的兴致和体验，也是旅游景区环境质量最重要的外在表现。卫生管理虽然简单，但却是旅游景区环境管理中最基础性的管理工作，其质量直接体现了旅游景区管理水平，必须高度重视。

**（一）旅游景区卫生管理的特点**

（1）全面性。卫生管理涉及旅游景区的方方面面，必须进行全方位管理，做到上下结合、统一布置、统一规划、统一行动。

（2）连续性。卫生管理是一个环环相扣、彼此紧密相连的过程，其中任何一个环节出了问题，都会影响到整体。旅游景区各部门、各环节、各工种都要把好卫生质量关，做好相互协作，使卫生管理具有连续性。

（3）多样性。旅游景区的卫生管理工作不同于其他的企事业单位。在时间上既有长期性任务又有短期性的工作；在人员上既有游客的卫生管理，又有较强服务人员的卫生管理；在范围上既有游步道、游客中心、游客设施、客房、餐厅等一线业务单位的管理，又有库房、办公室、公共环境卫生等的管理。

（4）季节性。旅游业是季节性很强的行业。不同的旅游季节，卫生管理的特点及侧重点也不一样。淡季要突出"全"，即全面保持常规卫生；平季要突出"精"，即卫生工作要做细；旺季则突出"勤"，即根据游客多、流动性大、周转快等特点，要勤于搞好卫生。

（5）及时性。旅游景区的卫生清扫工作要掌握游客的活动规律，在不打扰和影响游客游览体验的情况下，及时搞好环境卫生。例如，在旅游景区内游客量较为集中的节点、观察点等重点部位，要安排专人适时、及时地进行清扫，保持周围良好的卫生状况，为游客提供惬意的旅游体验环境。

**（二）旅游景区卫生管理的主要内容**

（1）旅游景区游览卫生管理。主要包括游客乘坐的交通工具（游览车、游船、索道、缆车、休息座椅等）、游步道、景点等部位的卫生管理。

（2）旅游景区公共卫生管理。主要包括旅游景区的大门、广场、游客中心、卫生间、厅堂、商场等各种服务场所周围环境的卫生管理。

（3）旅游景区住宿卫生管理。主要指提供住宿服务的旅游景区，以为客人提供清洁、舒适的住宿条件为重点，具体内容包括客房卫生、卫生间卫生、客用的各种消耗用品卫生等管理。

（4）旅游景区食品卫生管理。以食品卫生法为中心，以预防食物中毒和疾病传染为重点。具体内容包括食品原材料采购、储藏、加工制作、产品销售、食物化验、消毒等各个环节的卫生管理。

（5）旅游景区员工个人卫生管理。主要是指旅游景区的一线从业人员，包括导游、售票员、保安以及各级管理人员的身体健康状况、仪容仪表、着装以及个人卫生等各个方面的卫生管理。

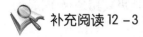 补充阅读 12 –3

### 口香糖槟榔水污染景区 多部门联手除南山"顽疾"

2015 年 8 月 17 日上午，南山文化旅游区启动"文明旅游，洁净南山——向口香糖、槟榔水、垃圾顽疾宣战"的环境卫生整治行动，崖州区政府工作人员、景区管理方、游客和青年志愿者一大早就来到景区，用小铲子、夹子清理景区内的垃圾。副市长李柏青现场检查指导。

据了解，此次活动是为落实三亚市领导 2015 年 8 月 9 日对南山文化旅游区环境卫生管理工作的指示精神，切实提高景区广大从业人员及游客的环境卫生意识和文明素质，彻底清除景区口香糖、槟榔水等垃圾顽疾，为市民、游客提供优美、舒适、洁净的旅游观光环境。

在景区游客到访中心，记者看到志愿者们正拿着小铲子用力清除地面上的黑色斑块，有的要耗费几分钟才能铲掉，有的即使清除但还留有痕迹。据了解，这些都是游客排队时嚼口香糖并随意乱吐留下来的。在景区入口的 225 国道路段，崖州区也组织区机关及南山村委会近百人进行清理，或铲除杂草，或搬除废弃广告牌。

在整治行动现场，李柏青详细询问景区环境卫生情况，并前往南山海上观音附近的天然沙滩等处，实地查看沙滩垃圾的清洁及景区日常保洁工作。他表示，南山文化旅游区一直是海南旅游业的标杆，对比起其他景区，南山文化旅游区更要提高标准，继续在业内树立良好的标杆形象。景区要建立健全管理机制，将环境卫生纳入常态化管理，努力为市民和游客创造一个优美、舒适、洁净的旅游观光环境。

对此，海南南山文化旅游开发有限公司负责人表示，针对游客到访中心地面残留口香糖问题，将进行重新改造，选用不易粘黏口香糖、槟榔水的材质，预计 10 月完成改造，并加强卫生清洁工作；在园区内按区域划分责任片区，做好相关保洁工作；同时也将在景区内悬挂相关标语、横幅，倡导游客养成文明旅游的好习惯，营造良好的旅游环境。

（资料来源：三亚日报，2015 年 8 月 18 日）

### （三）旅游景区卫生管理的基本要求

1. 旅游景区卫生基本要求

《风景旅游区服务质量标准与操作规范》对旅游景区卫生有以下要求：

（1）每日在游览开放时间前必须做到旅游景区内的地面、设施已清扫完毕，必要时要洒水防尘。

（2）在游览时段内，卫生清洁员随时监控各自负责的卫生区域，及时清除地面的污渍、果皮、纸屑等脏物。

（3）旅游景区内的垃圾箱表面应每日擦洗，保持外表清洁；垃圾要用垃圾车清除，不可出现外溢现象。

（4）栏杆每日应擦净，并定期重新上漆。

（5）草地绿篱应修剪规整，无灰尘、纸屑等脏物。

（6）餐饮点环境整洁，采取消除苍蝇、老鼠、蟑螂等有害物滋生条件的措施；禁止出售腐败变质、不洁、受有毒有害物污染及超出保存期限的食品。

#### 2. 旅游景区厕所卫生要求

厕所是旅游景区卫生管理的重点区域。《风景旅游区服务质量标准与操作规范》《旅游厕所质量等级划分与评定》国家标准中对厕所卫生有以下规定：

（1）所有厕所在开门接待之前必须打扫干净，做到地面无污物、尘土、积水，便池无污物、不堵塞，墙壁门窗无蛛网、无乱涂乱画现象，无积土，无明显异味，纸篓倒净。

（2）游览时间内，厕所清扫人员要随时定时清扫。

（3）在每一位清扫工下班之前，其负责的厕所必须达到卫生标准。

（4）收费厕所有专人全日服务，视厕所等级提供卫生纸、洗手间、烘手器、肥皂、擦手纸等。

（5）按以下顺序进行厕所保洁工作：墙壁、天花板和门窗、厕位和厕池、纸篓、地面。

#### （四）旅游景区卫生管理的主要措施

（1）建立卫生管理责任制。责任到人，奖罚分明，使卫生管理权、责、利均落到实处。

（2）坚持统一管理与分散管理相结合的原则。管理制度、卫生标准、奖惩标准、监督检查由旅游景区统一制定和进行。同时将具体任务和指标落实到旅游景区内的各个企业、摊点和部门，人人明确责任，齐抓共管。

（3）加强制度建设。使卫生管理成为制度化、经常性的工作，成为日常工作的重要组成部分，而不是"卫生运动"或"突击活动"。

（4）严格按照规范要求进行操作。

# 第三节 旅游景区环境管理方法

## 一、法律方法

法律方法是通过各种法律法规来管理旅游景区环境。法律法规具有强制执行、权威性、规范性的特征。旅游景区环境管理需要有相关的法律法规作为支持，使管理工作建立在法制化的基础上，才能大大提高旅游景区环境管理的效率。旅游景区环境保护法制化建设就是加强旅游景区环境保护的法律建设，通过设立并利用各种涉及旅游开发、景区运营管理以及景区环境保护的法律、法规来约束旅游开发者、旅游景区管理者以及旅游者的行为，目的是实现对旅游景区环境的有效管理。法律方法主要涉及以下几方面：

### （一）各级法律法规

法律法规是由国家及各级地方政府制定，并强制实施的制度性安排。与环境保护和管理相关的法律法规可以分为如下层次：

（1）综合性环境保护基本法。综合性环境保护基本法是对环境保护和管理的目的、范围、原则、方针、措施以及组织等内容的总体原则性规定。综合性环境保护基本法通常构成国家进行环境管理的法律基础,其他各类环境相关法律法规都要以此为依据。我国环境保护的综合基本法是1989年颁布的《中华人民共和国环境保护法》。

(2)环境保护单行法。环境保护单行法是针对特定的环境保护对象的专门性法律法规,这些法律法规适合于某些特定的环境。我国常见的与旅游景区旅游环境保护相关的单行法包括:《海洋环境保护法》《水法》《森林法》《草原法》《渔业法》《防洪法》《防震减灾法》《矿产资源法》《土地管理法》《水土保持法》《水污染防治法》《大气污染防治法》《野生动物保护法》《环境噪声污染防治法》《固体废物污染环境防治法》《风景名胜区管理暂行条例》《中华人民共和国文物保护法》。

此外,还有其他各级政府制定的实施细则。如为了保护千岛湖生态环境,淳安县就提出了"生态立县、旅游兴县、依法治理"的方针,先后出台了《千岛湖水环境管理办法》《淳安县渔业资源保护管理办法》《淳安县水土保持方案审批办法》等一系列保护千岛湖水源、水质的可操作性文件,为保护千岛湖提供了政策依据。

### (二)环境质量标准

环境质量标准是由行政管理机构根据立法机关的授权而制定和颁布,旨在控制环境污染、维护生态平衡和环境质量的各种法律性技术指标和规范的总称。与旅游景区环境管理相关的质量标准有:

国家标准:《旅游区(点)质量等级的划分与评定》(修订)(GB/T 17775 – 2003)、《旅游规划通则》(GB/T 18971 – 2003)、《旅游资源分类、调查与评价》(GB/T 18972 – 2003)、《旅游厕所质量等级的划分与评定》(GB/T 18973 – 2003)、《导游服务质量》。

行业标准:《旅游汽车服务质量》《内河旅游船星级评定规则(试行)》《星级饭店客房客用品质量与配备要求》。

### (三)旅游景区管理章程

旅游景区管理章程是由旅游景区管理部门制定,旨在对旅游景区内服务流程、管理手段、员工及游客行为进行控制,以提升旅游景区环境质量的规定。

为了更好地对旅游景区环境实施控制和管理,旅游景区应在国家和地方政府的环境保护法律框架下,制定针对旅游景区的环境质量控制与管理条例,并严格付诸实施。

## 二、经济方法

经济方法是指通过经济杠杆来调节旅游景区和旅游者行为,提升环境质量,减少环境问题的管理方法。经济方法通常具有较强的激励效应,对于调节对象而言具有良好的效果。常用的经济调节手段包括税收调节、环境费用征收、经济奖励与处罚等。

### (一)税收

税收是国家或地方政府对于组织或个人无偿征收货币的经济活动,是国家和地方财政收入的重要来源，同时也会对国家和区域经济的发展起到一定的调节作用。在旅游景区环境质量监控和管理过程中，政府可以通过税收的手段来引导旅游景区和旅游者自觉遵守旅游景区环境保护的要求。

### （二）环保费用征收

环保费用征收是指对于产生环境污染或导致旅游景区环境质量下降的组织征收排污费的方法。环保费用的征收同样能够直接影响到旅游景区的经营效益，因此，能够从根本上激励其产生环境保护的意识。旅游景区环境是公共物品，容易产生外部效应，从而导致污染和破坏。较为有效的解决途径是运用经济手段，通过环保费征收，将外部负面效应内部化。环保费用的征收主要包括排污收费、超标排污收费、环境保护保证金的预先征收、非环保产品收费等。

通常有两种具体方法：一种方法是旅游景区管理机构核定排污量，向旅游景区内的企业、单位收取排污费，景区管理机构统一新建设施，统一处理。另一种方法就是将环境资源产业化，建立旅游景区内统一的废水废物处理企业。

一般而言，在旅游景区内让每家企业都添置废水废物处理设备是不现实的，也是不经济的。因此，可以估算出该旅游景区可能产生的废水废物，建立统一的废水净化厂、垃圾处理厂等，保证旅游景区内产生的废物都能得到有效处理。企业可以通过收费的方式维持生产，获得效益。旅游景区还可设立植被种养企业，培养一支专业的园林园艺队伍，可以通过向旅游企业提供有偿服务获得收益。

实践中，排污费排污罚款等常常达不到控制环境质量的目的，且成本高，税收容易流失。另一种行之有效的方法就是排污权交易。大型旅游景区的管理机构或当地环境管理部门，可以根据旅游景区自然界的自净能力等其他因素制定出旅游景区总排污量的上限，按照上限发放排污许可指标，排污许可指标可以在驻景单位和企业中买卖，鼓励企业通过自身努力，采用新技术、新工艺，加强内部管理，减少自身排污量，将多余指标转让给其他企业，从而带动整个旅游行业环境保护水平的提高。另外，管理部门也可以根据所监测到的环境质量状况，及时参与排污权的交易，达到有效控制环境质量的目的。这种方法在许多国家已广为采用，我国旅游景区也可积极推广。

### （三）经济奖励与处罚

经济奖励与处罚是对为旅游景区环境优化做出贡献的组织和个人予以奖励，对破坏旅游景区环境的组织和个人处以经济处罚的行为。如河南太白山国家森林公园推出环保旅游新措施，游客下山时可以凭随身携带的一包垃圾去抽"幸运游客奖"，凡个人携带废弃物超过2公斤、车辆携带废弃物超过25公斤者均可以抽奖。通过赏罚分明的经济激励措施，旅游者的行为和旅游景区企业的经营管理行为能够得到进一步的优化。

## 三、教育方法

教育方法是指通过各种媒介向公众传达保护环境的相关知识，从而达到提高公众的环境保护意识，促进旅游景区旅游环境质量提升的目的。旅游景区环境质量控制的教育对象主要包括旅游者、旅游景区工作人员以及旅游景区所在地的居民。

（1）旅游者教育。对于旅游者而言，旅游景区环境质量教育主要是为了促进旅游者的消费行为文明化，将旅游者行为对旅游景区环境造成的负面影响减少到最小。如教育旅游者尊重旅游景区的文化和风俗，对旅游景区内资源采取欣赏但不占有的态度，将自身的行为对照公共道德及旅游景区规则加以规范等。关于教育旅游者行为的具体方法可参见游客管理相关章节。

（2）旅游景区工作人员教育。对旅游景区工作人员的教育主要是增强其环境保护的意识、知识与技能，即通过环境保护教育达到提升其参与环境保护能力的目的。如对于生态型旅游景区的经营管理及服务人员而言，旅游景区应提供生态学、生物学、地理学、气象学、环保学、园林学等相关专业知识的培训，让其在日常工作中能够按照科学理论的指导为旅游者提供服务。

（3）社区居民教育。居民在旅游景区环境保护方面的作用是不容忽视的，具有强烈环保意识的社会环境能够对旅游者起到极大的约束作用，能推动旅游者在旅游活动中自觉遵守相关的规章和条款。因此，对旅游景区所在地居民的教育则应立足于普遍增强居民的环保意识，鼓励其广泛参与到旅游景区环保中来。

## 四、行政方法

所谓行政方法是指各级政府及旅游主管部门根据国家和地方政府制定的政策和法规，依靠行政组织和行政力量来管理旅游景区环境质量的方法。在我国，行政手段往往容易得到组织和个人的重视，执行起来更加具有效率，因此，依靠行政手段管理旅游景区环境能够起到较为理想的效果。通常采用的行政管理手段有行政通告、政府行政倡议以及政府的专项和综合整治等。

（1）行政通告。行政通告是指政府和旅游主管部门针对某项内容制定规则并公开颁布实施的方式。如 1995 年国家旅游局和环保总局会同建设部、林业部以及国家文物局等单位联合下发《关于加强旅游区环境保护工作的通知》就属于政府行政通告的形式。行政通告对相关责任人能够起到较强的约束作用，规则内容的执行同样具有一定的强制性。

（2）行政倡议。政府行政倡议是为了推动某个环保行为或环保理念而由政府及相关管理部门发起的运动。

（3）专项和综合整治。专项和综合整治是指政府职能部门对于严重影响旅游景区环境质量的问题进行专项治理或对旅游景区环境问题进行全方位治理的行为。政府牵头推行的整治工作往往能够在短期内达到理想的效果，但是由于整治工作具有短期性和针对性的特点，在环境整治之后，原来存在的问题可能会继续出现。

## 五、技术方法

技术方法通过引入先进的科学技术和思想方法来加强对旅游景区环境监测、污染处理等工作。例如将地理信息系统、全球定位技术、遥感等俗称的"3S"技术引入环境系统监测能够大大提高环境监测的精度和连续性。此外，各种物理、化学、生物、环境工程等方法也应大力引入到旅游景区环境监控与管理中来。

### （一）旅游景区环境监测与预测技术

旅游景区环境监测是指运用各种监测手段，对旅游景区的大气、水体、土壤和生物等进行跟踪检测，以判断旅游景区环境质量是否符合国家规定的各类景区的环境质量标准，出具环境质量报告书，为旅游景区环境预警和措施采用提供基础数据。旅游景区环境预测是环境监测的延伸，指根据已经掌握的情报资料和监测数据，对未来的环境发展趋势进行估计和推测，为提出防止环境进一步恶化和改善环境的对策提供依据。

旅游景区环境监测和预测的一般程序，主要有以下5个步骤：

（1）现场调查。现场调查的主要内容包括：主要污染物的类型、来源、性质及排放规律；污染受体的性质和污染受体与污染源的方位及距离；各种水文、地理、气象等条件，必要时要调查其有关历史情况。全面、客观的调查。是保证后续监测工作取得预测成果的基础，忽视环境调查会给整个监测工作带来盲目性和片面性。

（2）布点采样。根据现场调查资料确定测定的范围和项目，进行合理布点，确定采样点的数量和具体位置，然后确定采样的时间和频率。可以根据各自的实际情况，进行间断的定时采样或者长时间的不间断连续采样。

（3）分析和处理。按照国家规定进行样品分析、检验，测出污染物的性质和浓度，并对取得的数据做出客观分析和合理解释，然后将经过科学分析的数据记录入档。

（4）提出环境质量报告。根据监测数据评价环境质量的现状，判断环境质量是否符合标准，指出主要环境问题的原因、污染过程发生的危害程度，预测环境质量变化的趋势。环境质量报告是旅游景区环境监测全过程的总结，既反映了环境保护和环境管理的状况，又为下一步的管理决策提供了科学依据。

（5）进行环境预测。环境预测首先必须根据预测目标，尽可能详尽准确地收集相关数据和资料，选用适当的预测技术，建立反映旅游景区内外各种可变因素与环境预测项之间关系的数学模型，将收集到的相关资料代入，求出初步预测结果，对初步结果进行分析、验证或修正以后，输出最终结果，提交决策部门，制定环境管理方案。

### （二）旅游景区环境监控对象

旅游景区环境质量的监控是环境质量控制和管理的重要手段及必经环节，只有通过对旅游景区环境的实时监控，旅游景区管理者才能掌握环境质量的变化情况，并针对其变化特征采取有效措施，保证旅游景区环境质量向更好的方向发展。对旅游景区环境质量的实时监控包括3个部分的内容，即旅游景区环境污染监控、旅游景区生态环境监控以及旅游景区旅游资源监控。

#### 1. 景区环境污染监控

旅游景区环境污染监控是指对旅游景区环境中污染物的浓度实施间断或连续测定，

以分析和研究其变化对环境影响的过程，如对旅游景区内水质、大气、土壤等的测定。由于旅游景区内污染源具有来源广泛、影响机理较为复杂、产生效应时期不确定的特点，对于旅游景区环境污染的监控应采取网状连续检测的方式，即在一定范围内设置多个环境污染监测点。例如，为了促进四川九寨黄龙景区的水资源保护和旅游可持续发展，当地水资源勘测局投资 200 余万元，分 3 年在九寨黄龙景区流域内逐步完成 8 个"九寨黄龙国家级生态水文站"和 6 个雨量观测站点的建设，全面对旅游景区的扎如沟、则查洼沟、树正沟、日则沟、涪源沟等水资源进行实时监测，以形成水资源和水环境监测网络。

实施旅游景区环境污染检测的主要任务有五点：第一，将检测结果与国家相关的标准和法规进行对照，看是否与这些标准的要求相符，并将环境质量报告定期上报给旅游景区管理者。第二，在发生旅游景区环境污染的情况下，判断污染源造成的污染影响，为环境保护措施的实施提供数据依据，并对环境保护措施的效果进行评价。第三，确定污染物的浓度、分布状况以及发展趋势，为旅游景区环境污染的防治提供对策建议。第四，通过收集大量的数据，分析各种污染源造成环境污染的动力机制和发展模式，为旅游景区环境保护部门提供预防环境污染的理论支持。第五，为旅游景区管理者制定适合本旅游景区的环保制度和规章提供依据。

2. 旅游景区生态环境监控

旅游景区生态环境监控是指对旅游景区内生态环境的现状特征、演化趋势以及存在的问题等内容进行调查研究的行为，其目的在于为旅游景区的生态环境管理提供支撑。由于我国生态环境监测工作起步较晚，旅游景区的生态环境监测还没有系统开展，因此，迅速建立专业化的生态环境监测队伍，对旅游景区内不同类型的生态环境进行监控是目前国内旅游景区应尽快完成的工作。

生态环境监测的主要方法是根据不同类型的生态环境选择相应的关键指标，然后通过对关键性指标的持续监控和考察来分析生态环境质量的变化趋势。

3. 旅游景区旅游资源监控

旅游资源是旅游景区得以存在的基础，也是旅游景区环境质量的重要组成部分，对其实施监控与保护的迫切性和必要性是显而易见的。旅游资源监控的主要内容在于考察旅游资源的单体完整性、空间分布特征、质量变化趋势等。

其方法主要是，首先应建立完整的旅游景区旅游资源信息库，对旅游景区内所有旅游资源的基本特征信息予以记录备案。然后，通过仪器监控或工作人员轮询的方式来获取旅游资源的实时状态数据，并将上述数据与其原始数据进行对比，从而及时发现旅游资源保护中出现的问题，保障旅游景区的持续发展。

（三）旅游景区环境影响评价技术

1. 旅游景区环境影响评价的概念

旅游景区环境影响评价是指对旅游景区旅游活动产生的环境影响的评估系统，它通过设置一套完整的评价指标体系来实现对旅游景区环境的全面监控和评估。

　　环境影响评价对于旅游景区经营管理者和旅游景区所在地的行政管理部门都具有重要的实践意义。首先，对于旅游景区经营管理者而言，旅游景区环境影响评价是对其经营管理业绩的衡量方式之一。其次，对于旅游景区所在地区的旅游主管部门而言，旅游景区环境影响评价又是其管理决策的重要依据。当旅游景区经营活动对所在区域环境产生负面影响时，主管部门可以根据环境影响评价传递的信息，制定针对性的措施。当旅游景区申报新的项目时，主管部门也可以根据项目的环境影响评价预测来判断该项目通过审批的可能性。

　　2. 旅游景区环境影响评价的方法

　　旅游景区环境影响评估主要采取定性和定量相结合的方法。就评价的程序而言，首先应构建一个环境影响评价的框架体系，通过科学合理的评价指标选取来实现对旅游景区环境影响的全面评估。评价指标应涵盖旅游景区自然环境、旅游氛围以及社会经济环境等构成要素。

　　与旅游景区自然环境相关的要素通常有：空气污染；地表水污染，包括河、溪、湖、池塘和近海水域；地下水污染；内部供水污染；固体垃圾堆放问题；排水和供水问题；动植物破坏情况；生态影响和破坏，包括土地和水域、湿地及总体动植物生长栖息地；项目区土地使用和交通问题；重要的、有吸引力的自然环境景观的破坏；土地松动和滑坡等问题；自然灾害环境，如地震、火山爆发和飓风等对项目可能造成的破坏等。

　　与旅游景区旅游氛围环境相关的要素包括：噪声污染，包括平均水平和高峰水平；平时和高峰期的行人和车辆拥堵情况；景观美化问题，如建筑设计、绿化和标牌等；环境健康问题，如各种疾病等；历史、考古及其他文化遗迹的破坏。

　　与旅游景区社会经济相关的因素包括：对区域内生产总值的贡献率；对区域就业的影响；旅游景区旅游发展的乘数效应；区域旅游产业的投入产出；对区域社会风气的影响；对区域社会稳定程度的影响；旅游景区所在区域社区设施和公共基础设施的状况；居民对旅游者的态度。

　　旅游活动对旅游景区环境的影响评价指标并非如上固定不变，其可以根据旅游景区特点实行自主调节，在评价项目上有所增减。针对不同的指标可以采用定性或定量的方式来加以测量和评价，如对于地表水的污染可以用水质的测量数据来加以定量分析，而居民对旅游者的态度则更大程度上需要依靠定性分析的方法。

　　在评价时，通常使用旅游景区环境影响评估矩阵表，该工具是将环境影响评价指标列表，并与评价结果组合而成的矩阵表。

　　**（四）分区管理技术**

　　自然保护区应根据自然资源和文化资源的价值，特别是它们的脆弱性和容量来划分管理区域。在不同的区域，实施有差别的管理措施。一般来说，保护区可分为：严格保护不允许游人进入的核心区；严格限制使用，可允许游人进入，但只能是步行入内，开展对环境影响小的旅游活动的缓冲区；中度开发利用，建有配套的、数量有限的且负面影响小的服务设施的试验区；为游客提供住宿和餐饮的旅游服务景区，如九寨沟的沟外食宿区。

对另外一些保护级别较低的风景名胜区和森林公园等，可根据游客可欣赏利用的重要资源类型分为内景区和外景区两部分。在内景区，旅游开发利用要适度，可允许建造一些必不可少的基础设施，如道路、天然小径、简朴的营地，也可允许一些参与人数较少的小规模娱乐活动；在外景区，可设置一些基础设施，提供较全面的旅游服务，例如停车设施、铺设良好的道路、游客中心、商店，较正式的宿营地和过夜住宿。

分区管理对于保护重要的旅游资源，以及生态脆弱、容量较小的区域具有重要作用。例如澳大利亚的海洋生物博物馆大堡礁被分成若干地区，进行不同方式和层次的管理与利用。有的地区受到十分严格的保护，不允许在大堡礁上行走、采集和垂钓等活动，有 1/3 的旅游景区禁止捕鱼，禁渔区总面积达到 1100 万公顷。大大改善了大堡礁整体的生存环境，有力保护了珊瑚礁和珊瑚岛，以及栖息在这一区域的 400 多种海洋软体动物和 1500 多种鱼类。

### （五）环境容量测量技术

旅游景区容量，又称为旅游环境承载力，基本含义是在保证旅游景区环境质量的前提下，旅游景区所能承受的各种活动的能力。旅游景区容量包括多个维度，是一个概念体系。旅游景区容量（TCC）取决于生态容量（ECC）、物质容量（PCC）和心理容量（SCC）3 个分量值。物质容量是旅游设施等物质条件对旅游活动的容纳能力；生态容量是自然生态环境对旅游活动的容纳能力；心理容量是基于游人和旅游社区居民的心理承受能力而建立起来的一种容量值。生态容量和物质容量合称自然容量（NCC），是指以资源利用为基础，与供给要求相联系的容量。

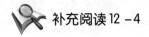 补充阅读 12 - 4

#### 旅游景区环境容量测定

1. 物质容量测算模型

$$PCC = \min（PCC1，PCC2，\cdots，PCCi）$$

$$PCCi = SSi，DDi，\cdots$$

其中，PCC 为物质容量，PCCi 为第 i 种要素形成的物质承载力，SSi 为第 i 种要素的日供给量；DDi 为第 i 种要素的人均日需求量，我国一般取宾馆床位、水资源供给、电力供给、交通运载 4 个要素。

2. 社区居民的心理容量测算模型

$$SCC = A \cdot Pa$$

其中，A 为景区或其依托的居民点（城镇）面积（单位、公顷）；Pa 为当地居民不产生反感的游客密度最大值（单位：人/公顷），若居民点与景区合二为一，则 Pa 值较大；若居民区与景区基本分离但作为其依托区，则 Pa 值较小；若景区与居民区不关联，旅游者到达不了居民区，则 SCC 取无穷大。

3. 旅游环境容量的测量

根据景区内景点分布的特征，设计以下模型：

（1）总量模型

一个均质空间的景区，景点均匀分布，有几个门可以出入，游客在区内随机运动，无规则行走，公式为

$$Dm = S/d$$

$$Dn = Dm \cdot T/t$$

式中，Dm 为旅游景区瞬时客流容量（单位：人）；Dn 为日客流容量；S 为旅游区游览面积（平方米）；d 为游人游览活动量佳密度（平方米/人）；t 为游人每游览一次平均所需时间（单位：小时或分钟）；T 为每天有效游览时间（单位同上）。其中

$$d = \max\ (d1,\ d2,\ d3,\ d4)$$

d1 为植物被踩踏而能够正常恢复生长所容许的游人密度，d2 为自然净化及人工清理各种污染物（如垃圾）状况下所允许的游人密度，d3 为游人因对个人空间需求而允许的心理密度，d4 为因噪声等因子造成的游客感应气氛容许密度（各项指标内容因景区性质不同而有所区别）。

（2）流量—流速模型

一个景区以苦干点为结点，以既定的精细均匀的游览路线为通道，连接成网络系统，游客按既定线路游览。适用于游览线的游客容量测算。

$$Dm = L/d'$$

$$Dn = V \cdot T/d'$$

式中，L 为游览区内游览线路总长度（单位：米），d′ 为游览线路 L 的游客合理间距（单位：米/人），Dm 及 Dn 的含义同前，V 代表游客的平均游览速度（米/分钟）。

（3）旅游环境容量综合值

$$TCC = \min\ (PCC,\ SCC,\ ECC)$$

 **思考与练习**

1. 旅游景区环境问题主要有哪些？
2. 旅游景区环境绿化的基本原则有哪些？
3. 旅游景区环境卫生管理的主要内容有哪些？
4. 论述旅游景区环境管理的方法。

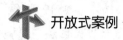 开放式案例 ----------------------------------------------------------

## 黄山景区：禁售方便面是为了保护黄山生态环境

分析提示：2013 年，安徽黄山风景区的各个经营点按景区管委会要求全面停止销售方便面，此举再次招致游客和网友热议。黄山风景区管委会回应：禁售方便面旨在避免大量的方便面包装盒、残留物给风景区生态环境造成破坏。

为避免大量的方便面包装盒给风景区生态环境造成破坏，黄山风景区 10 年内数次发出《关于禁止出售方便面的紧急通知》，要求景区内各经营单位、承包经营户立即停止销售方便面，违者一经发现立即没收，情节严重者由工商部门依法查处。早在 2005 年 3 月，黄山风景区就决定在景区内停止销售方便面，但游客反对的声音此起彼伏。

据统计，方便面在黄山景区内年销量曾经达到 3 万件（每件 24 碗）以上，旅游旺季，一个工商摊点一周就要售出 100 多件。方便面的包装盒虽然大都使用可降解材料，但降解效果均不尽如人意。尤其是盒装方便面上盖的锡箔纸，只能作卫生填埋处理。

景区方面介绍，禁售方便面是因为销售方便面给黄山的保护带来 3 方面压力：一是盒装方便面封盖的铝箔纸难以焚烧，留在山上日积月累成为难以处理的污染物；二是游客吃后的残羹大多倾倒在游览道的两侧、松树旁、悬崖下，造成沿途土壤盐碱化，植被受破坏现象严重；三是游客留下的残羹被山上的松鼠、鸟类等过量食用后呈"半饲养化"，对黄山的野生动物保护以及整个生态系统的良性循环十分不利。

（资料来源：2013 年 6 月 8 日．网易新闻）

----------------------------------------------------------

 推荐阅读

1. 胡炜霞．旅游景区周边环境研究——界定、评价、协调［M］．北京：中国环境科学出版社，2010.

2. 本书课题组．九寨—黄龙核心景区景观水系统及生态地质环境可持续发展［M］．成都：电子科技大学出版社，2009.

3. 李丰生．生态旅游景区管理——漓江生态旅游环境承载力研究［M］．北京：中国林业出版社，2005.

4. 陆诤岚，陆均良．景区饭店环境影响及其管理［M］．杭州：浙江大学出版社，2011.